微型金融学

Micro Finance

焦瑾璞◎著

中国金融出版社

责任编辑：丁　芊
责任校对：张志文
责任印制：陈晓川

图书在版编目（CIP）数据

微型金融学（Weixing Jinrongxue）/焦瑾璞著. —北京：中国金融出版社，2013. 11

（金融学系列教材）

ISBN 978-7-5049-7206-4

Ⅰ. ①微…　Ⅱ. ①焦…　Ⅲ. ①金融学　Ⅳ. ①F830

中国版本图书馆 CIP 数据核字（2013）第 263610 号

出版发行　中国金融出版社

社址　北京市丰台区益泽路 2 号

市场开发部　（010）63266347，63805472，63439533（传真）

网上书店　http://www.chinafph.com

（010）63286832，63365686（传真）

读者服务部　（010）66070833，62568380

邮编　100071

经销　新华书店

印刷　利兴印刷有限公司

尺寸　169 毫米×239 毫米

印张　17.25

字数　290 千

版次　2013 年 11 月第 1 版

印次　2013 年 11 月第 1 次印刷

定价　38.00 元

ISBN 978-7-5049-7206-4/F. 6766

如出现印装错误本社负责调换　联系电话（010）63263947

微型金融在中国

焦瑾璞

微型金融在中国经历了一个从无到有、从小到大的发展历程，与此伴随的则是社会认知理念的不断更新和政策配套的逐步跟进。新事物的兴起或许永远伴随着斗争与矛盾，相信当前关于微型金融的五个争论将使这个行业的发展前景更为广阔、稳健和可持续。

一、中国微型金融的发展历程

微型金融在中国的发展历程已有 30 多年。早在改革开放初期，国外就有一些非政府机构在我国云南、贵州、青海进行小额信贷项目的试验，这个过程一直延续到 1996—1997 年亚洲金融危机爆发为止。事实上，在 20 世纪 90 年代，我国金融体制就开始发生巨大变化。1994 年中央出台了两项重要规定：一是关于深化金融体制改革的决定，二是关于外汇管理体制和人民币汇率并轨。上述两项规定造成的结果就是大型商业银行更加注重经营管理，逐步撤并了一些在县、乡、镇设立的金融机构网点，同时原来依附于农业银行的农村信用社实现“行社分离”，另外还成立了三家政策性银行。总的来说，20 世纪 90 年代我国金融发展的重点在城市，而我国县、乡、镇的金融发展处于收缩状态。

我国微型金融发展的第二阶段始于 1998 年。1999—2000 年，我国政府开始高度重视对小微企业、农民个体户等微型主体的放贷问题。1999 年中国人民银行专门出台文件，明确由国家正规金融机构承担相关贷款，主要是两个贷款项目：一是个人信用贷款，二是联保贷款。这两项贷款最多的时候，大概覆盖了 8000 万农户，约占 2.4 亿农户的三分之一，这是很了不起的成绩。在 1998—2005 年期间，国家正规金融机构开始介入微型金融，这具有特殊意义，其中主要以农村信用社为主，中国农业发展银行也有一部分，但是比重很少。

第三阶段是2005年至今。在我国经济金融改革不断推进的大背景下，考虑到工农中建等国有大型商业银行要股改上市，基本无暇顾及微型金融，因此从2004年开始，我国正式提出要积极培育和发展小额信贷，2005年进一步提出要发展小额信贷机构。2005年12月国内五省七家小额贷款公司成立，标志着比较符合微型金融概念的小微金融机构正式出现。2006年12月，银监会批准成立农村金融的“新三类”，即村镇银行、贷款公司、农村资金互助社，这些都属于较为正规的小微金融机构。

近年来我国微型金融发展又出现了一些新情况。比如，像农业银行、民生银行、招商银行等商业银行专门成立了农村金融事业部或者微型金融业务线，还有一些商业银行单独出资或者合股成立村镇银行，这些都是带有银行牌照的微型金融机构。客观地讲，这几年我国微型金融发展成果非常丰硕。据统计，截至2013年9月底，我国有7398家小额贷款公司，贷款余额7600亿元，相当于一家中型银行的贷款规模；另外，还有800家村镇银行，337家农村商业银行，100多家农村合作银行。目前这些小微金融机构总资产已达到2万亿元左右，可见我国微型金融机构已经呈现出蓬勃发展的态势。

我国微型金融发展历程是一个社会认知水平不断提高、国家政策配套不断跟进的过程。在20世纪80年代初期，微型金融还只是停留在引进国外非政府机构项目的阶段，而到了2000年前后，国家已经认识到微型金融，特别是小微信贷在解决扶贫方面的重要作用，开始推行正规的金融支持。从小额信贷到微型金融，再到普惠金融，存在一个理论和政策的延续性。例如，2006年前的所有官方文件都使用“小额信贷”这一说法，到了2006年1号文件，官方首次提出“微型金融”概念。2013年中国人民银行行长周小川在《求是》杂志发表文章，提出金融包容性发展，倡导推动微型金融向普惠金融或者包容性金融迈进。

我国微型金融的发展成效在2008年金融危机期间得到了充分检验。在2008年金融危机之后，我国微型金融为解决小微企业以及个体户、农户的金融需求发挥了重要作用。根据我们在浙江的调研情况，金融危机之后，浙江140多家小贷公司共发放贷款200多亿元，确保了以小微企业为主体的浙江民营经济渡过了金融危机的难关。

二、我国微型金融发展中的几个争论

（一）关于微型金融概念的争论。什么是小额信贷？什么是微型金融？什么是普惠金融？这些概念尚未完全界定清楚。哈佛大学两位教授写过一本经典教材《微型金融经济学》，对这个争论有非常详细的阐释，然而把他们所总结的国际标准拿到中国来，仍然出现不适合国情的问题。按照国际通行标准，所谓小额信贷，其额度应该是当地人均 GDP 的 5 倍左右，以我国人均 GDP1.5 万 ~2 万元衡量，小额信贷的规模应该在 7.5 万 ~10 万元。但并非一定要按照国际经验来衡量我国的微型金融发展。例如，按照国际贫困线标准，我国的小额信贷应该只发 2000 元以下的贷款，可这点钱根本起不了什么作用。中国的经济社会发展已经远远超过孟加拉国、印度尼西亚、肯尼亚等国家的水平，因此我国的微型金融标准也应该有所超越。中国的小额信贷的运用，已经远不止于做小生意、解决种植等问题，而是大部分贷款都应用于生产性或经营性资金需求，那么这个标准或许应该提高到 200 万元。虽然这个数字可能大一点，但是它符合实体经济里小微企业以及个体户等的贷款资金需求量。因此，中国的概念已经超越了小额信贷概念，应该进入微型金融概念。微型金融在小额信贷概念上增加所有的金融功能，未来则将进一步迈进普惠金融的阶段。

（二）关于储蓄的争论。中国的一些微型金融机构和小额信贷机构需不需要储蓄？这个争论已久，尤努斯教授每次来中国都会提及这个问题。中国的微型金融机构和小额信贷机构事实上不应该过多涉足存款，因为存款在商业银行架构下带有信用创造功能，必须审慎监管。另外，中国广泛的商业金融机构基本能满足大多数人的存款需求，而微型金融机构开办储蓄业务则需要较高成本，例如需要配备防弹玻璃、大保险柜等硬件，成本高而且收益小，因此必要性不大。中国目前最缺的是贷款，微型金融发展应该是在贷款下工夫，把小额信贷和微型金融的技术普及到公众。如果按照教科书式的微型金融发展，贷款中必须扣除一定成本，实行强制储蓄，那将使得小额信贷的效果大打折扣。这样虽与国际一致了，但不符合中国实际。因此，到底是储蓄优先，还是贷款优先，仍需要看各国国情和实际情况。

（三）关于利率的争论。利率是完全放开好，还是有限制好？国内目前最广受争议的政策是贷款利率不超过人民银行法定利率的 4 倍。根据我们的调研，如果在中国，小额信贷利率完全覆盖成本，基本需要在 18% 左右，而按照利率 4 倍上限，那么就是 25%。因此，在 25% 之内，微型金融机构应该基本可以实现商业化。如果像有些国家那样，完全放开利率，使得利率上浮到 60%、70%，甚至达到 100%，那么到底能有多少贷款户愿意接受这样的高利率？实体经济中又有哪些经济机会能够承受这样的高利率？可能除了赌博和贩毒，很难找出其他具备如此高回报率的投资机会。另外，即使将来利率市场化了以后，小额信贷的利率趋势也只能往下降，而不应该往上涨。

（四）关于微型金融机构主体的争论。按照教科书理论，微型金融作为一项业务，可以由五类主体做，从非政府组织（NGO）到单独的放款机构，再到专业的放款机构和经营机构，以及大型商业银行。但是在中国，对于上述机构算不算微型金融的主体仍存在争议。比方说，邮政储蓄银行现在贷款余额大约是4万亿元，其中47%都在小微金融上。从资产总额来衡量，邮政储蓄银行可算是除了工、农、中、建、交之外的第六大银行，它也是名副其实的从事微型金融的大型银行。从这个角度看，中国不缺微型金融机构，中国微型金融机构的数量和规模都很乐观。

（五）关于微型金融商业化和政策性的争论。微型金融天然承担着双重使命：一个是扶贫，具有社会目标属性；另外一个则是商业化运行，这就是所谓的目标漂移、使命漂移问题。对于这个问题，中国该怎么发展？例如，在我国微型金融领域，现有最大的NGO是中和农信，其带有扶贫基金会的政策使命，但也还有大量的商业性业务。事实上，政策性再好，但财政资金毕竟有限，如果在扶贫和发展微型金融中不引入商业化的手段，那么一般的微型金融机构就不可能持续发展，发放不出贷款，谈何完成扶贫目标？如何处理微型金融机构商业化和政策性之间的关系，一直是争论比较多的问题，相信未来还会继续争论下去。

三、未来中国微型金融的发展前景

近年来，微型金融在国际上日益受到重视，相关议题甚至已经纳入G20高峰论坛，例如2013年9月的圣彼得堡G20高峰论坛有一个部分就叫做“金融包容、金融教育、消费者权益保护”，在全球最高层次论坛讨论相关问题，足以证明微型金融、普惠金融的重要性。

客观地讲，普惠金融是微型金融的延伸。在2005年联合国举行的一次会议上，在100多个专家联线讨论小额信贷和微型金融的大背景下，提出了普惠金融的概念。普惠金融的理念就是让更多的人去享受现代金融服务带来的机会和便利，这种理念怎么落实到实践上，则是未来的发展方向。结合我国的情况，未来微型金融和普惠金融的前景主要体现在以下几个方面。

首先，微型金融发展与我国实现共同富裕的社会发展目标相一致，目的是使更多人从贫困走向富裕。按照现在新的扶贫标准，我国还有1.2亿人处于贫困线下，要运用小额信贷、微型金融等重要金融工具进行创新，使贫困人口更好地实现脱贫致富。

其次，微型金融发展与金融改革方向相一致。现在的金融改革，大的商业银行体系已经建立，但是我国目前的金融体系是“倒三角形”结构，大量的资产集中于国有大型商业银行，而众多的小微型金融机构数量不多。未来要把这种“倒三角形”变成“正三角形”，即上面是一些具有国际竞争力的大银行，中间是一些商业银行开展基本业务，而底端则是很多专业化微型金融机构或者普惠金融机构。推进金融包容性发展，构建正金字塔形金融体系，将是下一步中国金融改革和转型的目标。

最后，微型金融和普惠金融发展与金融业创新发展也是一致的。近来互联网金融方兴未艾，P2P、手机银行、代理银行蓬勃发展，新兴技术手段是不是能够解决微型金融的网络和通道问题，这是一个新的问题，但两者的交互点是存在的，发展的方向也是一致的。

微型金融的发展前景的“三个一致”足以让人相信未来中国微型金融的广阔发展前景，希望更多的青年学子和有识之士投身于这个行业，也希望更多的人在这个行业取得更大的成绩。

2013 年 11 月 3 日

目　录

第1章

微型金融概述

本章将主要介绍微型金融的概念及其相关的知识，为本书课程学习奠定基础。微型金融的目标是为那些被正规金融体系排除在外的人提供金融服务。实现这一目标就需要提供微型金融服务的机构，并且这些机构能够具备永久的生存能力，即可持续性。微型金融服务可以给微型金融客户，即低收入家庭或者小微型企业等服务对象提供流动资产以及应对经济快速变化的需求和机会，并对客户和当地的经济产生可持续性的影响。

1.1 微型金融的概念

微型金融是指为那些被正规金融体系排除在外的人提供的金融服务，其服务对象是被正规金融体系排除在外的人，正规金融体系已经提供服务的上市公司，肯定不在微型金融服务的范围之内。

微型金融是从小额信贷项目演变出来的，到今天已经发展成为涵盖更大范围产品和服务的行业，从信贷和储蓄到保险和汇款。20世纪90年代以前，人们更多地使用小额信贷，反映出当时主要是强调贷款发放。直到20世纪90年代，小额信贷才逐渐转变为微型金融。进入21世纪，特别是2005年、2006年以后又逐渐转变为普惠金融。所以，现在许多人把微型金融与对低收入人口提供的小额信贷联系起来。应该说，微型金融包括小额信贷及其他产品，微型金融是在小额信贷基础上的进一步发展和完善，可以说小额信贷反映的是微型金融的起源，而不是它的现在和将来。因为小额信贷主要是提供一种贷款类安排，而现实情况下，仅仅提供贷款对低收入人群是不够的，还要有储蓄保险、汇兑。微型金融的概念再往前延伸就是普惠金融的概念。因此，微型金融旨在帮助那些被正规金融体系排除在外的众多不同客户，帮助他们克服为获得广泛金融服务所面临的多种障碍。

实际上，在现在的社会里，得到金融服务已经成为我们不可或缺的权利，即人们应该有享受金融服务的权利。所以微型金融探讨的是如何为更多的人提供金融服务，怎么克服各种障碍。理解微型金融的概念，就要重点把握以下几点：一是微型金融服务于被正规金融体系排除在外的那部分客户需求；二是微型金融不仅提供小额信贷，而且提供金融服务；三是微型金融的目的之一是为大家更好地享受金融服务而克服各种障碍，将更多的其他人纳入享受现代金融服务的体系中。

1.1.1 微型金融的特征

尽管微型金融有着不同模式，但各种模式的微型金融均包括以下四个基本特征：

一是服务于特定目标群体，这个特定的目标群体就是指被正规金融体系排除在外的客户群体；

二是额度小、周期短，以信用放款为主，但并不是不要抵押和担保；

三是合理定价、利率灵活；

四是信贷技术和服务方式的创新，例如贷款方法和利率定价等方面是对传统金融的一种扬弃，或者是对传统金融体系的一种创新，也是金融服务方式的一种创新。

1.1.2 微型金融与扶贫金融

微型金融的目标客户大多是弱势群体或者贫困客户，因此微型金融天生具有一定的扶贫作用。但微型金融与扶贫金融有着本质的区别。扶贫金融主要是指政府直接给弱势群体提供低利率的贷款，它的表现形式有很多，比如助学信贷、扶贫信贷等。扶贫金融主要是政府行为，也可能是社会强势群体的行为，比如一些富人设立的扶贫项目，或者提供的一些指定捐款，明确用于特定目标。

一般来说，政府承担着主要的扶贫任务，从这个意义上说，扶贫金融具有财政的实质，只是拿财政资金进行金融方式的运作，也就是说金融是它的实现形式。扶贫金融的载体可以是正规的金融机构，可以是其他社会组织，也可以是非正规的社会组织和个人；可以是银行，也可以是非银行的金融机构。我国的扶贫贷款原来由中国农业银行发放，之后主要由中国农业发展银行发放。2004 年，我国改变了扶贫贷款体制，选择了 30 个扶贫县进行试点，如果商业银行愿意发放扶贫贷款，财政会对扶贫贷款的利息进行贴息。具体方式是商业银行直接把扶贫贴息贷款放贷给农户，财政将贴息的资金直接贴给农户。比如，扶贫贷款利率是 10%，商业银行只能收 2% 的利率，剩下的 8% 是财政直接贴息给农户，农户还的 10% 的息率实际上 8% 是财政出的。微型金融不是扶贫金融，也不是政府行为，与扶贫金融有着本质的区别。

1.1.3　微型金融与商业性金融

商业性金融的“商业性”，使其在融资中具有四个特点：一是特许性，并不是任何人都有资格做金融机构的，即有资格融资的金融机构必须通过一定的法规程序注册登记。这表明融通资金是有法律保障的，比如说现在的工行、农行、中行、建行等商业银行的设立和经营必须遵守《商业银行法》。二是组织性，即资金来源与运用是通过管理层组织安排的，不是随意的，贷款有一套自己的程序。三是公众性，即金融服务的对象不是特定的社会成员，只要符合条件都可以成为商业性金融服务的对象，商业性金融服务针对的是社会公众。四是经营性，即经营时要比较成本与收益，追求利润最大化。

微型金融同样运用商业性金融手段运作，但是微型金融与商业性金融的区别主要在于其服务对象是特定的，兼有公益性的特点，这是一般商业性金融机构不能够具备的。

1.1.4　微型金融与小额信贷

微型金融从小额信贷演变而来，但其含义更广泛。小额信贷作为 20 世纪重要的金融创新之一，可以分为广义小额信贷和狭义小额信贷。从广义上讲，小额信贷是指一种面向个体或微小经济体的创业者、经营者客户群体的贷款活动；从狭义上看，小额信贷是一种以低收入群体为特定目标客户，为他们提供信贷服务，支持他们通过扩大生产和进行创业来实现自身的可持续发展并最终摆脱贫困的贷款活动，这些贷款通常具有无担保的、小额度等特点。

从小额信贷和微型金融来讲，微型金融是小额信贷含义的进一步延伸，微型金融服务是包括信贷、储蓄、汇兑、保险等小额金融的综合。

1.1.5 微型金融与普惠金融

普惠金融是小额信贷与微型金融的延伸与发展，旨在将一个个零散的微型金融机构和服务有机整合成为一个系统，将以小额信贷为核心的微型金融纳入正规金融体系与金融发展整体战略中去。一个国家的金融体系应当既包括大金融，也包括小金融，如果将以小额信贷为核心的微型金融纳入正规金融体系和金融发展整体战略中去，那就是普惠金融（Inclusive Financial System）或包容性金融。

普惠金融的目的是将小额信贷为中心的微型金融纳入正规金融体系之内，从而使其不再被边缘化。结合我国的实际情况，中国银行业监督管理委员会（以下简称银监会）只承认村镇银行、贷款公司和农村资金互助社等新型农村金融机构，但这些机构本质上就属于微型金融范畴；理论上小额贷款公司也属于微型金融的范畴，但是银监会未承认。而在其他的发展中国家，微型金融有的被纳入国家金融发展战略之中，而有的则没有。孟加拉国和南非有专门的微型金融管理局，旨在发展微型金融。在发展中国家，只有将服务于低端市场的金融服务纳入国家的整体金融体系中，才能实现小额信贷和微型金融的大规模可持续发展，才能更好地发挥金融支持经济发展和减贫致富的重要作用。

1.2 微型金融目标

如果微型金融能够为那些被正规金融体系排除在外的人提供金融服务，那么它必须达到相当的覆盖面且具备生存能力。良好的覆盖面意味着可以为更多人服务，尤其是为很穷的人提供有质量的金融服务。生存能力意味着机构能在一定利润水平上经营，这样就可以持续地提供金融服务。因此，微型金融的目标就是良好的覆盖面和持续的生存能力。与一般商业性金融相比，微型金融是双重目标。

1.2.1 微型金融的覆盖面

微型金融的覆盖面包括三个方面内容，即覆盖面的深度、服务的规模和服务的质量。

微型金融覆盖面的深度是指微型金融的经营可以服务于那些非常穷困和

难以覆盖的客户，后者包括在某些特定文化环境中的妇女或在人口稀少、基础设施很差地区的客户。这意味着，微型金融能够惠及最偏远的贫困群体，这刚好可以解决正规金融服务不到位的问题。深度的覆盖是非常重要的，也是值得努力的。例如，我国有3.6万个乡镇，按照银监会公布的数据，至2009年共有2 868个乡镇是金融空白乡镇，即没有金融网点，另外有8 901个乡镇只有一个金融机构的网点，二者合计约有1.2万个乡镇，全国约三分之一的乡镇存在着金融服务不足。这个数据说明了我国金融服务覆盖面不足的事实。

微型金融服务的规模主要是指能够获得微型金融机构服务的人数。全球大约有5亿潜在客户需要微型金融服务。我国广大的农村人口、城市低收入人群是潜在的微型金融客户。也就是说，微型金融服务的潜在需求很大，规模也很大，但实际上现阶段的微型金融只是服务了潜在客户的很小的一部分，规模潜力巨大。微型金融机构必须达到大规模的覆盖面，才能解决事实上存在的服务不足的问题。

微型金融服务的质量是指微型金融提供获得贷款（现金）的便利渠道、方便、实用以及贷款用途的弹性化。衡量微型金融服务质量最重要的指标是需求，即是否能够满足潜在客户的金融需求。

1.2.2　微型金融的生存能力

生存能力是微型金融机构的另一个目标。生存能力分为两种类型：财务生存能力和机构生存能力。财务生存能力，也叫财务可持续性，是指微型金融机构在使用利息和费用收入覆盖其成本方面的能力；机构生存能力，也叫机构可持续能力，是指微型金融机构作为可靠的金融服务提供者在实现长期健康发展方面的能力。问题的关键是，如果微型金融机构要在相当长的时间内为大量的人提供金融服务，它必须具有生存能力。

财务生存能力是指微型金融机构必须实现财务上的自负盈亏。微型金融机构首先要实现经营上的自负盈亏，能够以收入覆盖其所有的支出，即在现金流量上保持盈亏平衡。支出包括如工资、租金、固定资产折旧、贷款损失储备金以及借款的成本。这些支出包括所有的费用加上净资产通货膨胀及捐赠的价值，可以覆盖为未来发展所付出的资本金的成本。

机构生存能力即机构的组织能力，是微型金融机构发展的另一个重要方面。机构组织的能力具体表现为机构发展和有效提供服务的能力。机构生存能力取决于机构的类型、治理以及管理组织架构、人力资源和系统的能力。

强有力和可靠的管理为实现及维持生存能力提供保障。

微型金融机构在获得足够的覆盖广度和覆盖深度后能够获得财务自负盈亏与可持续发展。这两个既相互联系又相互矛盾的方面，构成了微型金融的完整要素，两者缺一都不能称为完善或规范的微型金融。从本质上讲，微型金融是将组织制度创新和金融业务创新的信贷活动与减贫项目有机结合成一体的活动。

1.3 微型金融机构

许多不同类型的机构为微型金融客户提供金融服务，包括商业银行、专业的微型金融机构、非政府组织、信用社和协会等。微型金融服务提供者具有多种多样的类型，其中部分并非法人机构。通常意义上讲，微型金融机构主要分为以下几种类型。

1.3.1 扶贫性小额信贷项目或非政府组织

为了某一特定目标如扶贫等而成立的小额信贷项目，一般来讲，项目结束，小额信贷活动就停止了。例如联合国开发计划署（UNDP）在中国48个县开展过50个小额信贷项目；例如为了扶贫或者某一特定支持目标，一些非政府组织针对目标群体发放小额信贷。非政府组织的小额信贷活动是其非政府组织的一部分，有的以小额信贷项目为主，有的以其他活动为主而以小额信贷配合。

1.3.2 不受监管的小额信贷机构

这类机构是指专门发放小额信贷的机构，既包括福利性质的小额信贷机构也包括商业性质的小额信贷机构。这类机构一般是以自有资金或者捐赠资金来发放小额信贷，并收取一定的手续费来维持运行和可持续发展。这类机构一般不属于金融机构，不受金融监管约束，有些非政府组织的小额信贷机构也归入此类。

1.3.3 受部分监管的小额信贷公司

这类机构具有部分金融功能，可以称为有限牌照金融公司。其特征是不吸收公众存款，也称为非存款类放贷公司，如我国的小额贷款公司、商业银行全资持有的贷款公司、农村资金互助社、金融消费类公司等等。

1.3.4　专门的小额金融银行

这类机构是以小额信贷为中心业务，同时也提供存款、汇兑等业务的银行类金融机构，是提供全面金融服务的小型银行。如我国的村镇银行按规定属于这类小额银行，另外主要服务于农村地区的农村信用社也可归为此类。

1.3.5　商业银行或非银行金融机构的小额信贷业务线

这类机构主要是指全金融牌照的商业银行介入小额信贷业务的模式，但小额信贷仅仅是其业务的一个组成部分。具体表现为在银行内部建立起完善的相对独立的小额信贷业务体系，设立独立经营的小额信贷机构，或者与上述四类机构进行联合合作经营小额信贷业务。如中国农业银行设立专门的“农村金融事业部”从事农村小额信贷业务，一些商业银行设立的微型金融中心等，这些都是当下比较流行的小额信贷方式。

1.4　微型金融客户

微型金融的需求者，也就是微型金融的目标客户。微型金融的客户是指金融市场中的低端客户。一般来讲，社会人群可分为贫困者和非贫困者，又可细分为六类：赤贫者、极度贫困者、贫困者、中度贫困者、边缘贫困者、非贫困者和富裕者。研究表明，大多数微型金融客户在做客户自我评估时都把自己正好定位于贫困线之上或者之下。一般来讲，微型金融的目标客户主要是小型企业、微型企业、个体工商户、城市低收入群体和农户（自然人）。理论上讲，微型金融的目标客户就是被正规金融机构服务排斥在外的那部分资源。他们可能是穷人和低收入者，也可能是非贫困人群，但缺乏金融服务渠道或者途径。他们一般是在贫困线附近的人群。除此之外，目前的微型金融机构和微型金融产品服务对象已扩展到小型企业甚至中型企业。

微型金融客户的贷款需求、债务与经济机会是人们经常争论的一个话题。可持续性的微型金融服务很少为特别贫困的人群服务，因为这部分人群缺乏经济机会，被排除在具有偿债能力的群体之外；贷款只有对那些具备还款能力的人来说才是有价值的金融工具。贷款需求，实际上是一种负债经济，只有当某项投资的盈利能够覆盖成本时，该投资才可能考虑举债融资。家庭经济学分析也表明，只有当家庭能够承担偿债能力，才会成为微型金融的客户。

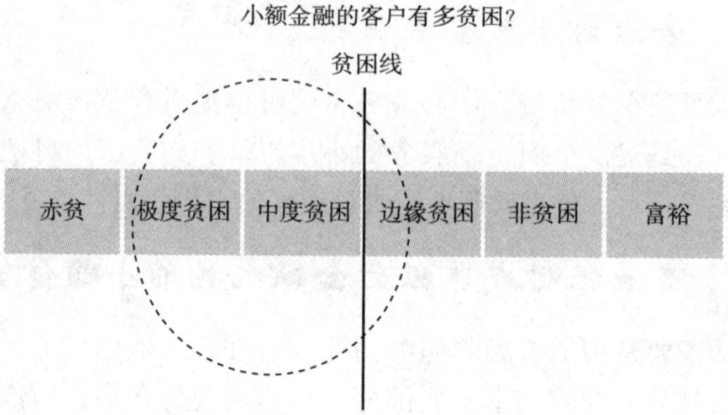

资料来源：Cohen，“The impact of Microfinance”.

图 1－1　微型金融的客户群

1.4.1　小微企业

小企业是指劳动力、劳动手段或劳动对象在企业中集中程度较低，或者生产和交易数量规模较小的企业。为了更好地促进中小企业发展，尤其是小型企业的发展，世界各国都根据本国的经济发展实际情况，对（中）小企业的范围和特征作出了明确的规定，并相应地确定中小企业的概念。对小企业的界定因地域、行业和时间的不同而有所区别。我国界定小企业的标准是依据企业职工人数、销售额、资产总额等指标，并结合行业特点制定的。2002年6月29日全国人大常委会通过《中华人民共和国中小企业促进法》，该法在2003年1月1日正式实施；同年2月19日，国家发展和改革委员会正式出台了中小企业划分标准，针对不同行业的不同特点，以职工人数、销售额、资产总额作为划分标准。

小型企业又可以细分为小企业和微企业。2011年7月，工业和信息化部、国家统计局、国家发展改革委和财政部四部门研究制定了《中小企业划型标准规定》，明确相关问题。规定指出，中小企业划分为中型、小型、微型三种类型，具体标准根据企业从业人员、营业收入、资产总额等指标，结合行业特点制定。如部分行业的微型企业认为标准为：工业从业人员20人以下或营业收入300万元以下；建筑业营业收入300万元以下或资产总额300万元以下；交通运输业从业人员20人以下或营业收入200万元以下；房地产开发经营营业收入100万元以下或资产总额2 000万元以下。

表1-1　　2011年中小企业界定标准

行业	中型企业	小型企业	微型企业
农、林、牧、渔业	营业收入500万～20 000万元	营业收入50万～500万元	营业收入50万元以下
工业	从业人员300～1 000人，且营业收入2 000万～40 000万元	从业人员20～300人，且营业收入300万～2 000万元	从业人员20人以下或营业收入300万元以下
建筑业	营业收入6 000万～80 000万元，且资产总额5 000万～80 000万元	营业收入300万～6 000万元，且资产总额300万～5 000万元	营业收入300万元以下或资产总额300万元以下
批发业	从业人员20～200人，且营业收入5 000万～40 000万元	从业人员5～20人，且营业收入1 000万～5 000万元	从业人员5人以下或营业收入1 000万元以下
零售业	从业人员50～300人，且营业收入500万～20 000万元	从业人员10～50人，且营业收入100万～500万元	从业人员10人以下或营业收入100万元以下
交通运输业	从业人员300～1 000人，且营业收入3 000万～30 000万元	从业人员20～300人，且营业收入200万～3 000万元	从业人员20人以下或营业收入200万元以下
仓储业	从业人员100～200人，且营业收入1 000万～30 000万元	从业人员20～100人，且营业收入100万～1 000万元	从业人员20人以下或营业收入100万元以下
邮政业	从业人员300～1 000人，且营业收入2 000万～30 000万元	从业人员20～300人，且营业收入100万～2 000万元	从业人员20人以下或营业收入100万元以下
住宿业	从业人员100～300人，且营业收入2 000万～10 000万元	从业人员10～100人，且营业收入100万～2 000万元	从业人员10人以下或营业收入100万元以下
餐饮业	从业人员100～300人，且营业收入2 000万～10 000万元	从业人员10～100人，且营业收入100万～2 000万元	从业人员10人以下或营业收入100万元以下
信息传输业	从业人员100～2 000人，且营业收入1 000万～100 000万元	从业人员10～100人，且营业收入100万～1 000万元	从业人员10人以下或营业收入100万元以下
软件和信息技术服务业	从业人员100～300人，且营业收入1 000万～10 000万元	从业人员10～100人，且营业收入50万～1 000万元	从业人员10人以下或营业收入50万元以下

续表

行业	中型企业	小型企业	微型企业
房地产开发经营	营业收入1 000万~200 000万元，且资产总额5 000万~10 000万元	营业收入100万~1 000万元，且资产总额2 000万~5 000万元	营业收入100万元以下或资产总额2000万元以下
物业管理	从业人员300~1 000人，且营业收入1 000万~5 000万元	从业人员100~300人，且营业收入500万~1 000万元	从业人员100人以下或营业收入500万元以下
租赁和商务服务业	从业人员100~300人，且资产总额8 000万~120 000万元	从业人员10~100人，且资产总额100万~8 000万元	从业人员10人以下或资产总额100万元以下
其他未列明行业	从业人员100~300人	从业人员10~100人	从业人员10人以下

根据亚洲开发银行的定义，微型企业指那些雇用工人（包括雇主及家庭成员工人在内，其中员工不包括专业人员及专业服务提供者）不超过10人的企业。微型企业不包括高科技企业。据此，微型企业的定义暗含着收入和资产的限制，通常它们可以被认为是穷人的企业。

与中小企业相比，微型企业具有许多不同的特点。

（1）组织管理方面：微型企业没有正式的组织方式，缺乏管理工作内容。中小企业有明确的组织结构，有正式的管理工作内容。

（2）金融支持方面：微型企业融资渠道主要是亲戚朋友和熟人，很少有正式的融资渠道。中小企业由合作伙伴共同出资，与正式的融资渠道有融资联系。

（3）固定资本方面：微型企业固定资本少，经营所需的工具和设备粗糙而简单，且大多是家庭生活用品。中小企业拥有机器、设备与专门的场地。

（4）销售模式方面：微型企业采用直销方式，且以服务本地市场为主。中小企业与产品相关的产业链、供应链有联系。

（5）薪酬制度方面：微型企业没有正式的薪酬制度。中小企业有正式的薪酬制度，实行岗位工资制。

（6）生产运作方面：微型企业有十分相似的经营模式，大部分是以“前店后厂”的模式组织生产运作；缺乏质量管理；采用劳动密集型的技术和手工艺；运作方式灵活而富有流动性。中小企业有一定的采购、生产、存货和质量管理制度；有一定的竞争战略选择。

（7）人力资源方面：微型企业员工以家庭成员为主，且大都是通过正式的就业渠道不能就业的人。中小企业有一定的招聘制度，进入企业的员工大都接受过专门的专业训练。

（8）财务会计方面：微型企业没有也不需要建立正式的会计科目，少量而不规范的会计活动也只是为了应付上缴的税费。中小企业存在面向中小企业的会计制度。

小型和微型企业在国民经济中的地位和作用不可低估。数量众多的小微型企业在促进经济增长、扩大劳动就业、推动技术进步、创造社会财富等方面越来越凸显其重要性。同时，它们也是减少贫困并促进社会和谐发展的稳定器。

1.4.2　个体工商户

个体工商户，是指有经营能力并依照《个体工商户条例》的规定经工商行政管理部门登记，从事工商业经营的公民。《个体工商户条例》第二条第一款规定："有经营能力的公民，依照本条例规定经工商行政管理部门登记，从事工商业经营的，为个体工商户。"

个体工商户是个体工商业经济在法律上的表现，其具有以下特征：（1）个体工商户是从事工商业经营的自然人或家庭。自然人或以个人为单位，或以家庭为单位从事工商业经营，均为个体工商户。（2）自然人从事个体工商业经营必须依法核准登记。（3）个体工商户只能经营法律、政策允许个体经营的行业。

个体工商户其实是最大群体的自由职业者，可以申请个体工商户经营的主要是城镇待业青年、社会闲散人员和农村村民，而国家机关干部、企事业单位职工，不能申请成为个体工商户，从这个意义上看，个体工商户就是经过工商注册的自由职业者。

个体工商户主要以商铺门店为经营方式，通过零售商品和提供民生服务为手段获得收入。一个注册个体工商户至少有一个个体工商户主。有的个体户在生意做大后雇用了许多员工，甚至超过100人，年业务规模超过1 000万元，基本已经形成小型企业的稳定规模，但只要没有注册公司，在统计意义上他或她就依旧是个体工商户，从一些专业市场上的"大户"，如服饰市场、建材市场、家具市场、水产市场、邮币卡市场、茶叶市场等都可以看到经营规模大、实力雄厚的"个体工商户"，有的甚至早已"前店后厂"，因为有一个在专业市场上的窗口，他们可以继续享受国家给予个体工商户的优惠政策。

在个体工商户这一部分，平均每一个体工商户除户主本人外，提供了1.02个就业机会；平均每户的注册资金只有3.53万元。

据沈纯道《走第三条道路——与你一起做自由职业者》的分析，中国的个体户，超过半数为生存型创业，而不是机会型创业。也就是说他们只能自我雇用、自己生存、自谋出路，不具有创造就业机会的功能，他们是自食其力的自由职业者。目前，中国实有私营企业750多万户，从业人员8 700万人，实有个体工商户3 200多万户，从业人员6 500万人，全国个体私营经济从业人员达到1.52亿人。这从另一个侧面来说明，个体私营企业大大缓解了社会的就业压力，而创业成功的非公有制企业则不断扩大着就业机会。

1.4.3 农户

农户一般指户口在农村的常住户，他们大多数靠小规模的种植和养殖来维持生活；也有一些发达地区的农户已经或正在向市场转型，进行专业化规模化的生产加工。农村的金融服务需求群体巨大，截至2006年末，中国农村共有3.7万个乡镇、62.4万个村、453.3万个村民小组，乡村人口7.4亿人，2.49亿农户，本身就是一个巨大的市场。

农户的资金需求量也是很大的。2003年中国农业大学课题组对浙江、宁夏的农户进行的问卷调查研究结论表明，在农户家庭经济可承受能力和现有利率水平下，样本农户中有64%表示存在贷款需求；关于未来两年内的贷款需求情况，有63%的样本农户表示有信贷需求（何广文、李莉莉，2005a）。2005年对贵州省铜仁地区铜仁、江口、石阡、玉屏4县市502户农户的问卷调查，其中，高达89%的样本农户表示了自己的贷款需求（何广文、李莉莉，2005b）；对铜仁地区万山、松桃等6县720户农户的问卷调查，84%的样本农户也表示需要从银行、农村信用社贷款（何广文、李莉莉，2005 b）。

但是，农村信用社和商业银行远远不能满足农村的巨大资金需求。20世纪中后期以来，中国国有商业银行大量收缩和撤并县及县以下机构，与1995年比较，2004年四大国有商业银行的分支机构网点数减少了49.8%，网点总量减少39 000多个；中国农业银行是中国传统的农村信贷银行，1995年，其机构网点数达到历史最高水平，至2008年末，其分支机构网点数仅有2.42万个，减少了60%以上。四大国有商业银行撤并的网点，均是直接为农户、中小型企业服务的机构，是离农户、中小型企业最近的机构。在撤并机构的同时，国有商业银行大量收缩县及县以下机构的贷款权。较多的传统地区和欠发达地区的国有商业银行分支机构，仅发挥吸储功能，近年以吸储上存方式从农村流出的资金估计达每年4 000亿元。

农村非正规借贷非常活跃，间接表明了农村小额信贷市场空间的存在。从近年的调研结论来看，农户和农村中小企业融资难问题仍然较为突出。2003年农业部农村经济研究中心课题组（朱守银，2003）对安徽6个县18个村的217个农户的问卷调查分析表明，在样本农户524笔借款中，没有一笔借款来自商业银行，来自农村信用社的借款有84笔，仅占16%，而民间借贷占79%；从借贷资金量上看，民间借贷约占80%，农村信用社仅占15%。

1.5　微型金融服务

对微型金融客户而言，金融服务的作用主要在：对经济机会作出反应、应对困难时期和对未来进行投资。

对经济机会作出反应，主要是指当出现经济机会时，如低买贵卖或者需要一笔资金才能低价购进原材料等，能够及时通过贷款来发送现金流，使其有能力对经济机会作出反应，大批购进低廉货物，以赚取差价，增加收入。

应对困难时期是指当家庭或者小、微型企业在发生紧急危机时，拥有储蓄或者能够获得贷款就可以更好地应付各种各样的经济困难。为应对困难时期，贫困家庭或者小微型企业采取的策略包括积累资产作为经济冲击时的缓冲和在受到损失时使用资金维持原有的消费等。这两种策略可以避免贫困家庭出售其经营性的资产。

对未来进行投资是指通过贷款资金，家庭或者小微型企业可以扩大其企业规模，扩大经营范围和获得多渠道收入来源。居民也可以为长期投资进行储蓄，比如孩子的教育、装修房子或者改善住房条件。

1.5.1　小额贷款业务

微型金融服务天然靠近服务对象，因此它有很多正规或者传统贷款服务没有的优势。

一是灵活性。当人们需要贷款时，肯定是亟需资金来应对企业或者家庭情况的变化，如果仍按传统金融需要提出申请并且指定资金用途等要求，肯定不能满足其灵活性要求。因此作为有效的贷款服务要充分体现出灵活性。

二是方便快捷。人们在捕捉转瞬即逝的经济机会或者其他应急情况时，要求审批贷款和发放贷款的速度非常快，不能推三阻四，耽误时机，而微型金融的贷款服务恰恰满足了这一点，并且这种有效服务应是微型金融的内在要求。

三是担保替代。大多数被正规金融服务排斥在外的潜在贷款需求者，他们并没有用于贷款担保的有价值的物品。微型金融的贷款服务可以不必依赖那些传统的贷款担保品，而是把社区关系、社会认可、声誉等作为担保替代，或者把传统金融机构通常情况下并不接受的物品，如生产设备、珠宝和个人财产等作为抵押品来发放贷款。

四是合适的贷款产品。许多微型金融机构在发放贷款时，会根据贷款对象的具体情况来设计合适的贷款产品，如适当地将贷款额度设定低一点，将贷款期限设定短一点，以便使贷款对象还款难度降低点。主要的考察对象是借款者个人或者家庭的偿还能力、社会关系等，而不是按照正规金融的标准化流程。

五是快捷方便的处理流程。微型金融由于大多属于关系型贷款，信息充分性强，服务半径短等，其交易流程天然具有便利、手续简便和交易成本低等优势。但需要注意的是，这并不意味着微型金融机构的贷款利率就一定要低于正规金融机构的贷款利率，其体现的更重要的是交易成本低和快速获得资金的便捷性，这样借款者才能及时获得所需资金，抓住经济机会，避免损失。

表1－2是几个典型的微型金融机构的贷款服务情况，从中可以看出其多样性，且与传统金融有所区别，如贷款期限、贷款额等规定。

表1－2　　几个典型的微型金融机构的贷款服务情况

	孟加拉乡村银行（GB）	玻利维亚乡村银行（BancoSol）	印度尼西亚人民银行（BRI）	村银行（FINCA Village Banks）
客户数	2 400 000	81 503	2 000 000 借款客户，16 000 000 储蓄客户	—
平均贷款余额	134 美元	909 美元	1 007 美元	191 美元
一般贷款期限	1 年	4～12 个月	3～24 个月	4 个月
妇女客户比率	95%	61%	23%	95%
经营地区	农村	城镇	主要在农村	主要在农村
是否团体贷款	是	是	否	否
是否要求担保	否	否	是	是
是否强调自愿储蓄	否	是	是	是
是否贷款额度累进	是	是	是	是
还款规则	每周	灵活	灵活	每周

续表

	孟加拉乡村银行（GB）	玻利维亚乡村银行（BancoSol）	印度尼西亚人民银行（BRI）	村银行（FINCA Village Banks）
目标客户	穷人	大多非穷人	非穷人	穷人
是否财务可持续	否	是	是	是
贷款名义年利率	20%	47.5% ~50.5%	32% ~43%	36% ~48%
1996年通胀率	2.70%	12.40%	8.00%	-

1.5.2 小额储蓄业务

在小额信贷和微型金融发展的初期，人们总是把“小额信贷”（Micro credit）仅仅理解为“小额贷款”（Microdebt）。19世纪70年代，一些农村金融学者开始呼吁我们应该要帮助穷人储蓄，或许我们更应该帮助穷人积累财富，而不是更多的负债。这种观点改变了我们的传统认识，使我们开始认识到储蓄对于穷人的意义。事实上，就全球范围来说，储蓄者要远远多于借贷者：2004年CGAP对全球“可选”金融机构的调查显示，储蓄账户数目是借贷账户的4倍。

有效的储蓄在微型金融服务中也是十分重要的。在微型金融机构中拥有一个储蓄账户，将会给穷人带来很多便利，其中一个重要的便利是能够将不时的零星资金存放在一个安全的地方并且在需要地时候，能够很方便地取出。微型金融在服务客户储蓄方面具有安全性、流动性、便利性和竞争性收益的特点。

一是安全性。将资金放在家里或者自己手里，可能会被家庭其他成员、朋友借用或者花掉，而存在微型金融机构中则有助于养成储蓄和节俭的习惯，这一点在现实生活中是非常重要的。

二是流动性。当需要时可以及时从微型金融机构的储蓄账户中将资金取出，高质量的储蓄服务具备流动性，有助于客户及时地把握经济机会，平稳收入流，更好地应对自然灾害或者其他不测。

三是便利性。微型金融储蓄服务的低成本、方便、快捷等特点对客户来讲很重要，特别是对文化程度低的客户，或者外出时间和经济成本高的客户。

四是竞争性收益。一般来讲，人们在某一机构存款都希望获得比传统机构更高的利息收入。当然，安全性、流动性和便利性是人们考虑是否在某机构存款的决定因素。但由于存款者需求的多样性，因此需要微型金融机构提供多种储蓄产品，例如，有的人需要将其存款用于应急或者捕捉一些短期的投资机会，这时他们需要在取款时不受限制的储蓄产品；而有的人为了长远的目标打算，如子女教育，就希望储蓄存款的收益要相对较高些，而流动性方面的要求就相对较低。

1.5.3 小额保险业务

保险是一项由非银行金融机构提供的传统服务，但在贫困和低收入群体中，这一市场要比信贷及储蓄市场小得多。

目前，关于小额保险的权威定义主要有两种：

（1）根据国际贫困扶助协商组织（CGAP）的界定，小额保险主要是面向低收入人群，依照风险事件的发生概率及其所涉及成本按比例定期收取一定的小额保费，旨在帮助低收入人群规避某些风险的保险。

（2）国际保险监督官协会（IAIS）关于小额保险的定义：小额保险是依据公认的保险惯例（包括保险核心原则）来运营的，是由多种不同实体为低收入人群提供的保险。

从国内发展实践来看，2006 年我国初识国际经验下的小额保险；2007 年 4 月中国保监会正式加入 IAIS－CGAP 小额保险联合工作组，并着手推动国内农村小额人身保险发展；2008 年 1 月与世界银行、IAIS－CGAP 小额保险联合工作组联合举办了研讨会（Microinsurance Workshop），中国保监会表示，要关注低收入人群的生活保障，积极推广小额保险产品。2008 年 6 月 24 日，中国保监会颁布了《农村小额人身保险试点方案》，标志着我国小额保险开始在中国农村地区正式启动。实际上，小额保险应该与小额信贷共同发展，互相促进。我国农村的不良贷款较高，其原因在于农村的贷款者缺乏贷款担保和贷款抵押，而小额保险的发展可以在一定程度上解决这个问题。

我国的农业期货尚未发展起来，广西和吉林等地的期货和保险试点均未取得预期结果，目前我国农业期货和农业保险市场仍然极度欠缺。

1.5.4 其他业务

汇兑、支付结算、金融租赁等业务也是通常意义上的其他微型金融业务，另外还有一些相对附加的业务，如教育、咨询、培训等。

1.6 微型金融环境

对成功的微型金融机构的研究发现，它们能在差异较大的环境中以及世界不同的地区生存、发展、繁荣兴旺。然而，也存在一些影响所有微型金融机构生存的特定因素。

第一是通货膨胀。每个国家都存在一定的通货膨胀，这是几乎所有微型金融机构都面临的问题。微型金融的存款和贷款产品设计和定价时要充分考虑通货膨胀，因为通货膨胀对于微型金融机构及其客户来讲，都会造成实际上的损失，那么通货膨胀所带来的成本损失也只能由贷款利率来覆盖，否则的话，微型金融机构的贷款本金和所有者权益或者净资产都会很快消耗殆尽。但是这并不是意味着微型金融机构不能在通货膨胀的环境下生存发展。成功的微型金融机构已经证明，微型金融机构可能根据通货膨胀的具体情况，通过调整贷款定价等形式来覆盖成本，实现在较高通货膨胀率下的生存。

第二是利率。在许多国家，由于法律和制度原因，存在着一些利率上限或者高利贷法的规定，这成为制约微型金融机构可持续发展的另一个外在的重要环境因素。由于微型金融机构放款数额小且管理成本高，为了覆盖成本，微型金融机构必须收取高于传统银行的利率。如果法律强制实施贷款利率上限，那么微型金融机构便不可能实现商业可持续发展。限制利率的做法实际上并不能达到保护穷人的预期目的。在微型金融的其他资金来源和服务还没有得到开发之前，利率上限往往已经阻断了穷人获取小额贷款的唯一渠道。

第三是经济发展水平。经济稳定并持续发展是微型金融发展环境的重要因素，不断扩展的经济活动刺激对金融服务的需求，特别是如果经济处于高速增长期，微型企业势必发展势头良好，那么微型金融发展的基础也就比较牢固。如果经济发展不稳定，这也势必影响微型金融和微型企业的风险水平和选择。

第四是法规和监管。多数微型金融机构都会受到法规的约束，而吸收储蓄的微型金融机构则通常由监管当局或会员来实施监管。现有金融监管法规很少适用于微型金融业务。微型金融的未来在于由持有正规执照的、能吸引私人资本的金融机构来提供服务。但是，急于监管而不给予微型金融机构积累当地经验的机会，可能会遏制新的微型金融机构的发展及其服务贫困和低收入人群这一巨大市场的潜力。理解微型金融在一个国家如何运作，积累政策制定者和监管当局可借鉴的经验，将使微型金融业为国家发展作出更大的贡献。

第 2 章

微型金融的产生和发展

虽然我们探讨的是微型金融的产生和发展，但是，我们有必要先从另一个名词——小额信贷说起，因为微型金融是从小额信贷的基础上逐渐发展起来的。那么，什么是小额信贷？从字面意思看就是一种额度较小的贷款。更准确的定义为，它是一种特殊的金融服务或金融机构，它在客户无力提供担保（抵押）品的情况下，以不同于正规金融机构的风险管理技术，为那些被排斥于正规金融体系之外的客户提供额度较小的金融服务，尤其是小额贷款服务。

有许多人认为，小额信贷就是一种组织化的按照或者模拟商业化原则经营的、为低收入群体尤其是农村的低收入群体提供信贷服务的信贷方式或者信贷业务。这实质上是将小额信贷视为“金融产品”的观点。

我们认为，小额信贷是一种不同于传统商业贷款技术的技术创新、业务创新与制度创新。小额信贷的客户是小企业、微小企业、个体工商户、农户以及城市中低收入居民，这些客户缺乏抵押品、担保品，甚至没有规范的财务报表。小额信贷为这些客户提供贷款服务采用创新的贷款技术控制风险，同时更加强调小额信贷的商业可持续性，而非扶贫性。

2.1　小额信贷在国际上的兴起

2.1.1　国际小额信贷兴起的经济社会背景

（一）贫困的大量存在

长期以来，由于经济发展不平衡和收入分配制度不公平等各种因素的存在，贫困问题一直是世界各国无法回避的社会现象。据世界银行（2012年）的数据，1950年以来，世界贫困人口的总数居高不下，1950年全球极端贫困人口（每人每日支出不足1美元）为13.8亿人，1990年为12.9亿人；2008年全球有12.9亿极端贫困人口（每人每日生活费用不足1.25美元）。贫困问题一直影响着全球各国经济的发展和社会的稳定。

从贫困产生的原因来看，贫困并不是与生俱来的，穷人也不是天生的，他们与富人一样拥有创造财富的愿望和能力，他们知道如何才能生存。多数情况下，他们所缺乏的是将生存技能转化为财富所必需的资金支持。

（二）穷人处于信贷市场的边缘

由于穷人的信贷需求具有额度小、缺乏抵押担保品、贷款使用监测困难（缺乏相关的财产和经济信息）、收贷难、效率低、成本高的特点，长期以来正规金融机构一般不愿意也很少为穷人提供信贷服务，使穷人在信贷市场中处于边缘地位。尤其在广阔的农村，正规金融服务的缺失，已经成为制约农村经济发展和农民摆脱贫困的主要障碍。

（三）贴息贷款扶贫方式的失败

为了解决穷人进入正规信贷市场的困难，许多发展中国家相机采用过贴息贷款扶贫的方式，希望通过向穷人直接提供贴息贷款来缓解穷人的资金需求，实现资金和劳动力的有效结合，帮助穷人摆脱贫困。这种贴息扶贫贷款方式的基本特征：一是单方面强调优惠贷款的作用，通常以低于市场水平的补贴性利率发放贷款，或附有其他优惠条款；二是以国有政策性金融机构为信贷投放主体；三是重视信贷投放而忽视储蓄的作用。

这种只重视信贷供给而忽视储蓄的贴息政策在几十年的国际实践中并没有获得成功，还造成了以下几方面的不良后果：一是扰乱了农村的金融市场秩序。低利率政策抑制了储蓄，阻碍了农村金融体系的发展，不利于贫困的持续缓解和贫困地区正常金融秩序的建立。二是当政策性信贷资金被更多地视为一种补贴或者拨款而不是贷款的时候，必将导致较低的还款率，并会进一步破坏信用环境。实践表明，非洲、中东、拉丁美洲、南亚和东南亚地区的政府信贷项目，绝大多数贷款违约率普遍为40%～95%。三是低利率信贷资金并没有使普通农户真正受惠，而是常常被那些乡镇社区中的有权阶层获得。一般情况下，财富和政治权力取代了盈利性，成为配置信贷资金的基础，而这种以财富和权力为标准的信贷资金配给方式，必然导致寻租和腐败的存在。世界银行研究发现，在印度的两个较穷的邦，借款人为了得到国营金融机构的贷款，用以贿赂当地官员或信贷人员的资金占其借款额的比重达到8%~42%。四是因贴息贷款不可能长期存在，所有的贴息贷款政策都不可能成为解决穷人资金短缺的可持续的经济方式。

基于对穷人进入正规信贷市场的困难和政府采取贴息贷款扶贫方式缺陷的考虑，一些致力于改善穷人经济和社会地位的人士借鉴传统的民间互助金融组织形式的优点，进行金融制度和金融工具的创新，创立了小额信贷这样一种适合穷人经济特征和社会特点的信贷形式。

经过30多年的实践，特别是近10年的发展，小额信贷已经从世界的少部分区域扩展到几乎覆盖整个发展中国家和部分发达国家。

2.1.2 小额信贷在国外的发展历程

早在中世纪，一些国家就存在各种形式的储蓄和贷款小组。18世纪，爱尔兰信贷体系就给没有抵押担保的贫困农民提供小额贷款。19世纪，欧洲出现了更加规模化和正规化的储蓄信贷机构。20世纪早期，拉丁美洲的部分地区出现小额信贷模式的信贷系统。20世纪50年代至70年代，各种国有发展金融机构、农民合作社及捐赠者们开始向小户农民及处于社会边缘的农民提供农业信贷，但这些特种贷款的大量违约导致了诸多问题。20世纪70年代，一些实验项目向贫困妇女提供小额贷款，帮助他们开展微型的生产经营活动，这些先驱者包括孟加拉的乡村银行（也称为格莱珉银行，Grameen Bank，GB）、拉丁美洲的行动国际（Accion International）和印度的自我就业妇女协会银行（SEWA）等。20世纪80年代开始，小额信贷在全球快速发展起来，世界上众多的小额信贷项目不断地改进创新，以便能够可持续发展并服务于更大规模的客户群体。20世纪90年代，“小额信贷”开始被“微型金融”（Microfinance）所取代。

现在，传统的小额信贷和较大规模的金融体系之间的边界开始模糊，在一些国家，银行和一些商业机构正在开展小额信贷业务。此外，人们也越来越强调应建立起为穷人服务的完整的金融体系。

具体来讲，根据各个时期小额信贷发展的不同特点，我们可以将小额信贷的发展历史划分为几个阶段：短命的实验、不懈的探索、持续的发展、双赢的战略四个阶段。

（一）短命的实验

自20世纪60年代开始，不少发展中国家和国际组织一直在试图为低收入阶层提供信贷服务。但国际组织援助和政府支持的为穷人提供信贷服务的项目，在60年代至70年代始终没有探索到既能为穷人提供信贷服务，又能解决信贷机构的自我生存的途径。不少曾经辉煌灿烂的项目，随着援助资金的转向而奄奄一息。这类项目被称为“短命的实验”、“乡村银行家的梦想”。例如，20世纪60年代开始的多米尼加发展基金会的小组信贷项目，在向农村穷人提供贷款方面占重要地位，这个基金会通过小组向三四千农户发放了贷款，这些农户大多没有其他正式的贷款来源。该基金会的贷款规模从1966年约10万比索（官方汇率为1比索兑换1美元），稳步地增长到1978年约630万比索，但在此之后该基金会发现，很难保持和扩大贷款规模。1973年接受贷款的小组和个人数量达到最大值，这一年约有400个小组的7 000名成员得到了贷款。从此之后，小组和成员数量急剧下降，1979年只有124个小组的2 590名成员得到了贷款。

尽管取得了许多重大成绩，但多米尼加发展基金会面临着许多非常困难的问题。正如可以预料的那样：个人、公司和外国基金会不可能对无休止地援助某一组织感兴趣。至少有两个主要因素使多米尼加发展基金会难以成为金融界的一名正式成员：（1）基金会在促使小组归还贷款方面面临越来越多的困难；（2）基金会提供贷款服务的质量没有得到改进。

实际上，相当多的组织与多米尼加发展基金会一样，起步阶段极为繁荣，收到大量赠款以开始它们的计划，效果也极为理想，但当援助组织要求它们独立生存时，它们就一蹶不振。在相当大的程度上，可以用简单的成本收益比较解释这些问题，最基本的原因是：基金会实施项目的操作成本为贷款的30%，而实际只收10%的利率。如果得到的赠款或补助达不到贷款的20%，基金会就无法保持其总贷款的规模。

应该说20世纪60年代和70年代开始试图为穷人发展提供信贷服务的尝试，为今日的小额信贷项目和机构的成功提供了可借鉴的经验教训。

尽管许多小额信贷项目的实践表明，农村地区经营规模很小的农户、商贩和手工业者可以成功地使用微型信贷，微型信贷可以大大增加收入、生产和就业，运作最优秀的项目可以实现信贷与金融管理技术的结合。但不幸的是，能显示出这些积极结果的项目为数不多。多数机构和组织留下的是失败的项目和以不断补助支持的、前景黯淡的企业。削弱项目活力的拖欠率、高额的管理费用支出以及为客户服务时令人沮丧的拖延，没有给有意愿开展此类项目的人们提供多少鼓励。这一时期金融机构或组织失败的原因在于：实施小额信贷时采用了正规金融机构的申请、审批和放贷程序，以及正规金融的抵押担保制度，此外过大的贷款额度和过长的还款周期不符合贫困户和小生产者的实际需求和能力。社会服务机构（非政府组织）失败的原因主要是缺乏金融运作经验，没有明确的商业目标，以及有效率的管理机制。

（二）不懈的探索

在20世纪70年代至80年代，一些为穷人提供小额信贷服务的项目和机构，在吸取以往教训的基础上，仍在持之以恒地努力并进行有益的探索，不断取得令人鼓舞的成绩，出现了像孟加拉的“乡村银行”、印度尼西亚人民银行（BRI）的农村信贷部（UNIT）、玻利维亚的“阳光银行”（BancoSol）、泰国的农业和农村合作社银行（BAAC）和国际社区资助基金会（FINCA）、信贷联盟和众多的非政府组织等一批小额信贷项目，它们成功地覆盖了大量贫困客户，小额信贷机构实现逐步制度化和自身财务的可持续性。小额信贷运动从80年代末全面展开。

绝大多数的小额信贷项目是由发展机构创立，盈利不是最终目标。但是，盈利是实现其社会目标的一种手段，这使其可以将有效的金融服务提供给尽可能多的穷人。由此可见，小额信贷的发展决定于提供服务的质量、客户贫困的程度和项目的规模。一个机构要成功地开展项目，必须在这三方面取得成功。因为这三方面是不同的，用单一的数字指标度量是不全面的。

小额贷款项目的客户是特殊的目标群体——穷人或低收入阶层。实际上，在小额信贷项目开展的前20年中（20世纪70年代初至80年代末），小额贷款项目并没有使用“客户”一词，而只是“穷人”的概念。这一期间在亚洲和南美的小额信贷项目服务的穷人略有差异。

在亚洲小额信贷项目中（特别是乡村银行模式项目中）的穷人包括小农和赤贫。“贫困借款”（Poverty Lending）这一术语已出现在小额信贷中，意味着贷款给最贫困人口，包括那些以前没有从事创收活动的人们。而此阶段以南美洲为代表的小额信贷被称为微型企业金融项目，它们服务于自己有微型企业的穷人，包括自我就业者。这一定义强调建立企业（即便是非常小的）同时包括季节性的或兼业的创收活动。

到20世纪80年代末，微型企业金融项目的服务边界已经大大拓宽。（1）最重要的是，提供自愿储蓄的机构已经扩展到它们服务地区的存款客户，甚至这些客户并没有经营企业；（2）这些机构在农村地区已经开始为畜牧业和种植业活动提供贷款；（3）一些机构已经开始增加借款额度以便能继续服务于机构中那些最成功的客户，他们的企业已有显著的增长。成功的微型金融机构可以提供更加广泛的服务并有较低的边界成本，这是基于它们自己的大量出资。微型企业金融的成长，使其扩展到更广泛的人口，超出了微型企业金融的范围，从而被“小额信贷”取代。

（三）持续的发展

20世纪70年代开展的小额信贷项目将重点放在如何使资金能够直接到达穷人手中，满足穷人对资金的需求，即小额信贷项目开展的第一步是试图解决穷人得不到贷款的问题。为穷人提供用于发展生产的资金同时确保高还贷率是这一阶段的中心任务，这一阶段还没有提出在项目的开展过程中操作成本问题。在实现为穷人提供贷款和保证高还贷率的同时，项目如何能够克服成本问题成为第二阶段的中心议题。至80年代末和90年代初，小额信贷快速发展成一种为穷人提供良好金融服务的途径，有助于微型企业的发展和社会质量的改进以及收入的提高。作为提供良好金融服务的项目或机构，其金融行为日益重要。

可以将小额信贷的持续发展分为以下三个阶段。

第一阶段：强调为穷人提供贷款资金和保证穷人偿还能力为中心目标。在小额信贷发展的第一个十年中，孟加拉的乡村银行和拉丁美洲的行动国际已开始先驱性的工作，发展了各种方法论以实现其还贷率持续在95%以上。而当时银行界和发展机构普遍认为穷人意味着高借贷风险，因为穷人在高商业风险的环境中操作，他们缺乏正规金融规章制度方面的经验。穷人信贷项目的高拖欠率经常被归结为天气、不完善的市场设施、经济衰退、缺乏商业机会以及客户错误地将贷款资金用于消费活动等原因。

成功的小额信贷项目通常表明：还贷率主要取决于信贷机构可控制的因素。例如，贷款的可靠性和服务的质量、明确的还贷预期和还贷前景、管理的有效性和与客户的密切关系等。穷人客户企业的非正规特征和其资本特征，使传统借贷技术在选择借贷人和按时还款这两方面几乎无效。因此，成功的小额信贷项目必须是创造出建立在穷人客户特征基础上的借贷新技术，更依赖于借款人表明的还款意愿，而不是他们担保的资产。成功的小额信贷项目更多的是建立在现行贷款行为风险评估的基础上，而不是花费时间和资源用于还款人还贷能力的技术分析。对于新客户，只提供小额度、低风险贷款，随着他们表明的还款能力和意愿增强，再逐步加大贷款额度。

成功的项目在选择、管理和收款中，常常结合社会知识，具体形式各不相同。有些项目包括4~5名成员的小组，他们有连带责任；另一种情况是项目与当地社区结合的村银行形式，这种形式中村领导参加贷款的整个过程，被聘为项目的工作人员。村银行项目组织为半自主的小组，小组人数为30~50人，这些小组可交流与贷款决策相关的信息和产生还贷的社会压力。

第二阶段：以项目收入覆盖借贷成本为目标。即使合理的贷款客户识别技术和高还贷率降低了小额贷款的成本，很小的贷款额度仍然使得成本仍显得过大。若干年来，主流的观点是这些成本必须得到补贴，而小额借款客户过于贫穷而无力支付。

但是，对非正规借贷市场的广泛研究，证实先行的小额信贷项目表明的结果，即微型企业资金极其缺乏，能将贷款资金以极高的生产率利用，因此他们常常以高得惊人的利率从“钱庄”那里借钱，因为“钱庄”提供灵活便利的贷款。项目研究表明：微型企业能够且愿意偿付覆盖它们借贷成本的利率。

20 世纪 80 年代中期，先行的小额信贷项目、捐助机构、政府部门和其他支持机构已卷入到反对要求收取覆盖成本的利率或至少是正实际利率并满足当地金融市场需求的激烈争论中。但至 90 年代中期项目运作 10 年后，所有成功的小额信贷项目实际上正在收取至少是与当地经济水平相当的或与商业银行一样高的利率；而且多边和双边机构已经接受市场利率是必要和可行的这一观点。目前，普遍认同是完全没有补贴的利率（完全覆盖成本）要比“市场”利率更高些。如果小额信贷机构希望将其服务扩展到更多的潜在客户，实行没有补贴的利率是必要的。

第三阶段：以寻找商业渠道资金实现金融持续性为目标。小额信贷项目运作约 20 年后（20 世纪 90 年代初）对小额信贷项目的评估表明：以发展为驱动力的小额信贷项目已初步实现运作的自立，贷款有较高的还贷率，借款人能够承受贷款的全部成本。这两点成就拓宽了覆盖大量穷人客户的前景，由此导致捐助机构廉价资金对小额信贷的支持大量增加。但与此同时，必须认识到：这种廉价的资金不可能永久存在，捐助机构的重点会发生周期性的改变，而且即使最好情况下捐助的资金也远远低于最终的资金需求。

自 20 世纪 80 年代末，部分小额信贷项目开始从当地储蓄寻找资金，而不是仅仅依靠捐助机构。拉丁美洲非政府组织的项目从商业银行部门找到资金渠道；印度尼西亚的几家机构通过为穷人提供储蓄服务得到资金。短短几年的时间，这两种策略都有成功的典范。1992 年，拉丁美洲主要非政府组织的小额信贷项目中，一半以上的小额信贷资金来自商业银行贷款；玻利维亚的阳光银行已从相关金融主管部门得到执照，由此可以动员商业储蓄；印度尼西亚人民银行的乡村信贷部，已从大约 1 000 万个贫困家庭动员了 20 亿美元储蓄，存款客户是其贷款客户的 5 倍。1995 年，11 个先行机构的实践已经反驳了传统的观点，即不能动员商业资源服务于穷人客户。

为了吸引当地储蓄和商业银行贷款，小额信贷机构必须证明其金融行为具有稳定性，这一点在20世纪90年代中期已经实现。杰出的机构已处于这样的位置：投资于小额信贷的资金已是其初始资本的2~3倍，由此到达大量的客户。它们可以力争从当地金融主管部门得到许可证（营业执照），直接向一般公众吸收存款，大大增加了其投资和到达潜在客户的能力。

尽管在小额信贷服务的覆盖面和金融持续性方面，已经都有了成功的典范，但小额信贷的出现和发展时间毕竟很短，绝大多数的小额信贷项目仍处于发展的初始阶段。据统计，1998年全世界有大约10 000个小额信贷项目，其中，实现运作持续性的项目不过50个左右，而实现金融持续性的项目和机构不过20个左右。而且，更值得关注的是，自90年代末至今的努力中，小额信贷的发展速度和可持续性的改善并没有像所预期的那样快。

（四）双赢的战略

1995年扶贫协商小组（CGAP）的成立标志着小额信贷被主流发展组织所接受。该小组是由世界银行发起并经过多方资助者的努力而建立的，目的是系统地增加用于小额信贷的各种资源。CGAP的资助目标目前主要集中在能力建设上。

1997年2月在美国华盛顿举办了首届小额信贷高峰会，标志着小额信贷运动的普及达到了新的高潮。这个会议启动了一个雄心勃勃的九年计划：到2005年，要向世界上最贫困的1亿家庭，尤其是那些家庭中的妇女提供自我就业贷款以及其他金融和商业服务。这届高峰会认为：众多的成就和大量的学术研究相结合，为小额信贷描绘了一幅美妙的蓝图，以及一项引人注目的反贫困和发展战略。所有这些成就汇聚在一起，就昭示了这样的可能，即我们能够在可预计的若干年内而不是几十年或几个世纪，迈向一个远离贫困困扰的世界。

这届小额信贷高峰会更进一步声称小额信贷具有帮助世界上10亿最贫困人口中绝大多数人的潜能。这个论断基于以下来自实践经验和评估性研究的七项发现：（1）极端贫困人口的风险很小，在互负连带责任的体制中尤其如此；（2）小额信贷项目的可持续性在发展中国家是可以实现的；（3）小额信贷模式已呈现出高度的可模仿性；（4）项目可扩展到为大量的极端贫困人口提供服务；（5）小额信贷项目帮助借款人以自己劳动的方式摆脱贫困；（6）小额信贷项目激励穷人进行储蓄和资产积累；（7）小额信贷项目成为实现多种理想的社会发展目标的手段。

这项计划设计了一个“双赢”局面，即小额信贷机构不仅能够在反贫困的斗争中发挥重大作用，而且能够在不需要补贴和可持续的基础上做到这一点。“双赢”命题的诱惑在于：遵循良好信贷原则的小额信贷机构，能够在很大程度上实现扶贫，而且最终不需要补贴并且能实现金融的持续性，小额信贷机构能够在不依赖捐助机构的情况下实现增长。按照这样的推理，在这一过程中，这样的机构能够比那些依靠补贴的项目服务于更多的穷人。一个关键的信念是：贫困户需要得到信贷，而不必须是“廉价”信贷。因此，项目能够收取高利率而不危及项目的覆盖面。“双赢”是这个阶段提出的概念，在后来的发展中对其理解在不断地深化。

但是，在20世纪90年代末和21世纪初的几年中，“双赢”战略并没有取得预料的效果，这一理念面临挑战，需要实践者、研究者、出资方和政策制定者更加深入地理解制约因素。

2.2 中国的小额信贷实践

20世纪90年代初期中国开始借鉴国际经验，实施小额信贷扶贫政策，但这类扶贫政策发展得并不理想，直到农村信用社开始介入小额信贷业务和新型小额信贷机构的兴起，我国小额信贷才逐渐展示出了蓬勃发展的生机。

2.2.1 我国小额信贷产生的历史背景

新中国成立以来强调工业化（优先发展重工业）为核心的“赶超战略”，一方面是我们集中了有限的经济资源迅速建立起门类齐全的工业体系，但另一方面也造成了农村经济发展滞后和城乡收入差距不断扩大的局面。始于20世纪70年代的改革开放虽然发端于农村，但在以建立家庭联产承包责任制为主要内容的中国农村土地改革之后的三十余年时间中，城乡经济的二元结构实际上仍在不断强化。农村金融改革和发展滞后，信贷资金不能有效配置，已经成为制约我国农村经济发展的瓶颈。

我国是一个人口大国，同时也是一个贫困人口大国。1978年未达到温饱的农村人口为2.5亿人，占总人口的比重为30%。经过十几年的努力，至1992年，贫困人口的比率下降为8.8%，但仍有约8 000万人口的温饱成问题，这些人大部分分布在西部各省的边远地区和山区。这些地方交通闭塞，信息不通，贫困深度大，扶贫难度大。为此，1994年国家实施了“八七”扶贫攻坚计划，打响了扶贫攻坚战。进一步加大扶贫力度，投入大量的财力、人力和物力。但是，以往的扶贫方法中，一个突出的问题是扶贫到户难，大多数攻坚目标的农户很少能享受到扶贫资金对他们的帮助。信贷扶贫在很大程度上达不到项目设计的目的，问题主要表现在以下几个方面：

第一，扶贫资金不能准确指向贫困农户。如1992—1993年，全国信贷扶贫资金只有30%用于农业方面，入户资金不到资金总量的20%。“八七”扶贫计划出台后虽有好转，但到户资金仍然不足一半，亟待解决温饱的贫困户收益更少。

第二，贷款的还款率低。大量的资金沉淀，还贷率只有50%左右，使扶贫资金的有效利用率大为降低。

第三，操作资金的组织机构缺乏有效模式，委托代理问题普遍，管理成本高昂，亏损严重。

第四，财政补贴难以持续。中央财政为扶贫资金提供的贴息随贷款总量的增加而不断上升，负担不断加重，而这些贴息贷款没有充分发挥扶贫效益。

怎样才能让扶贫资金直接到户，并为贫困农户创造一种自我“造血”的机制？这一直是政府和关心扶贫事业的人们共同思考的问题。扶贫攻坚任务的艰巨性和紧迫性，从客观上提出了对扶贫方式进行改革和完善的要求，小额信贷扶贫到户，正是在这种需求下应运而生的。

从金融机构的角度来看，正规金融机构作为农村信贷市场的主体，是贫困农户贷款的主要提供者。贫困农村地区农村信贷市场具有信贷风险高、资金需求者缺少担保抵押物、道德风险问题严重等特点。而且一般贫困农户贷款额度小，一定地域范围内贷款需求总量小，很难达到正规金融机构的最低经济规模。如果按照商业银行常规经营方式运行贫困农户的资金市场，就必须在贫困地区建立广泛的服务机构，雇用很多的工作人员，办理大量的日常手续，而收取的利息远远不能覆盖成本，这就是说正规金融机构为贫困户提供信贷需要支付的交易成本过于高昂。在这种情况下，贫困农户只能转而求助于非正规金融机构，这正是我国小额信贷产生的内在动力。

2.2.2　我国小额信贷的发展历程

我国最早的小额信贷始自1981年联合国国际农业发展基金（IFAD）在内蒙古八旗（县）开展的北方草原与畜牧发展项目。不过直到1993年以前，我国的小额信贷项目基本上都只是国际援华扶贫项目的一个组成部分或者一种特殊的资金使用方式而已。在1993年中国社会科学院农村发展研究所组建“易县信贷扶贫合作社”以后的十多年中，我国小额信贷发展经历了以下四个阶段。

第一阶段：初期试点阶段（1993 年末至 1996 年 10 月）。小额信贷作为一种扶贫理念和独特的信贷技术逐渐传入我国，并主要在国际资金（附有优惠条款的软贷款或捐赠资金）和技术援助下，由国内的非（半）政府组织操作，以非政府组织开始运行。这些非政府组织小额信贷在技术上绝大多数借鉴孟加拉乡村银行传统模式下的小组贷款（Group Lending）形式。后来，也有少数项目采用乡村银行（Village Banking）模式和个人贷款（Individual Lending）模式。

1993 年，中国社会科学院农村发展研究所首先将孟加拉乡村银行模式的小额信贷引入中国，成立了“扶贫经济合作社”，首先在河北省的易县、河南省的虞城县和南召县以及陕西的丹凤县建立了小额信贷扶贫社。从 1995 年开始，联合国开发计划署和中国国际技术交流中心在全国 17 个省的 48 个县（市）推行以扶贫为目标的小额信贷项目。随后，还有澳大利亚开发计划署（AusAID）援助的青海海东中国农业银行小额信贷项目，以及由中国扶贫基金会承办的陕西安康和四川阆中的世界银行项目等。这些小额信贷项目都采用了国际上成功的小额信贷所采用的贷款方式，如小组担保、分期还款、贷给妇女、动态激励等。从项目覆盖的县数和资金投入总量来看，在国际多边和双边捐赠机构中，国际农业发展基金会、联合国开发计划署、联合国儿童基金会、联合国人口基金组织和澳大利亚开发计划署是最重要的捐赠机构。

这一时期的小额信贷资金基本上完全依赖国内外捐赠，以国际捐赠为主，贷款本金、运作费用、技术支持费用基本靠捐赠和部分地方政府投入。这就使小额信贷机构和项目的管理、运行和模式均受到捐赠机构和当地政府的影响。当时，捐赠机构的捐赠目标主要是扶贫和社会发展，没有将小额信贷机构的可持续发展作为项目的重点。由于大多数项目没有后续资金安排，在不可持续的情况下，只能争取进一步的投资。

第二阶段：项目扩展阶段（1996 年 10 月至 2000 年）。为实现千年扶贫攻坚计划和新世纪扶贫任务，在借鉴非政府组织小额信贷技术和经验的基础上，我国政府机构和金融机构（中国农业银行和中国农业发展银行）主导的政策性小额信贷扶贫项目开始在山西、四川、云南、河北、广西、贵州等地区迅速发展起来。政策性小额信贷扶贫项目以国家财政资金和扶贫贴息贷款为资金来源，国务院扶贫办系统、民政部门、社会保障部门、残疾人联合会、妇联和工会等先后参与其中。这些政策性小额信贷项目，大多数分布在农村地区。占我国扶贫资金大部分的扶贫信贷资金，由中国农业银行管理并直接以扶贫贴息贷款的形式发放到户，这也是我国政策性小额信贷的重要组成部分。

第三阶段：农村正规金融机构全面介入和各类项目进入制度化建设阶段（2000 年至 2005 年 6 月）。在促进“农业、农村、农民”三农发展的战略背景下，为了解决“农户贷款难”问题，人民银行相继颁布了《农村信用社小额信用贷款管理暂行办法》、《农村信用社农户联保贷款管理指导意见》，增加了信用户评定内容，要求农村信用社在农户信用评级制度基础之上，在我国大范围开办农户小额信用贷款。这一阶段的明显特征是，农村信用社借助中央银行再贷款的支持，在加强信用户、信用村镇建设的基础上开展“农户小额信用贷款”和“农户联保贷款”。这标志着我国正规金融机构开始大规模介入小额信贷领域，而小额信贷的目标，也从“扶贫”领域扩展到“为一般农户及微型企业服务”的广阔空间。

第四阶段：商业性小额贷款组织试点阶段（2005 年 6 月以后）。在农村金融总体改革框架之下，为了适应农村金融市场开放的政策取向，由私人资本投资的商业性小额信贷机构开始在试点地区出现，其标志为 2005 年底七家小额贷款试点公司的成立。截至 2009 年末，我国小额贷款公司达 1 334 家，从业人数 14 500 多人，资金来源达到 940 多亿元，各项贷款余额超过 700 亿元。从 2006 年起，中国银监会推动了在农村地区新设村镇银行、贷款公司和农村资金互助社三类新型金融机构的试点工作。截至 2008 年末，已经开业的新型农村金融机构 107 家，其中村镇银行 91 家，贷款公司 6 家，农村资金互助社 10 家。新型机构发放的中小企业贷款余额约 19 亿元，其中农户贷款余额约 14 亿元。这一阶段小额信贷发展的突出特点是：（1）由国家金融管理部门（中国人民银行或中国银行业监督管理委员会）推动；（2）由商业性资金或者正规商业银行投入和经营；（3）试图使我国小额信贷在政策性目标和商业性资本之间走新路，最终在业务覆盖面和机构可持续两方面同时获得进展。

2.3　国际小额信贷发展的新趋势

2.3.1　由福利主义小额信贷转向制度主义小额信贷

目前，世界上存在着的小额信贷以其服务的目的可分为制度主义和福利主义两大流派。

福利主义小额信贷组织以社会发展为首要目标，不仅仅为贫困人群提供小额信贷服务，同时也为他们提供技术培训、教育、医疗等社会服务，旨在帮助穷人解决基本生存问题。该流派以孟加拉格莱珉乡村银行为主要代表，被一些社会发展机构和非政府组织推崇。

制度主义小额信贷组织则更强调机构的可持续性，尤其是财务可持续性，并在此基础上扩大服务覆盖率，为广大的低收入群体提供信贷服务，一般不涉及培训、教育、医疗等问题，不强调提供社会福利的职能。它侧重于从金融创新角度分析小额信贷对农村金融体系的发育、发展和推动作用，强调小额信贷机构运行和财务的可持续性。该流派以印度尼西亚人民银行的乡村银行体系和玻利维亚团结银行为主要代表机构，目前正被援助赤贫者（CGAP）及其主要成员组织等作为“最佳实践”总结推广。

国际小额信贷发展的实践证明，制度主义更符合小额信贷商业化的要求，成为国际小额信贷的主流发展趋势。福利主义小额信贷试图通过培训、教育等方式从根本上提高贫困人群改善生活水平的能力，这种理念应当提倡，但是对于从事小额信贷业务的机构而言，应当在实现机构可持续发展的基础上量力而为，或者通过提供适当的培训来降低信贷风险、提高业务质量，而单纯的社会福利职能更多地应当由政府机构承担。20 世纪 60 和 70 年代小额信贷国际发展主体是福利主义，但是 80 年代更强调制度主义，并逐渐成为当今世界的主流。

2.3.2 从小额贷款发展为微型金融、普惠金融

微型金融为被排除在正规金融体系之外的人提供金融服务，这种金融服务包括信贷、储蓄、汇兑、保险等。小额信贷更多地反映的是微型金融的起源，微型金融业从小额信贷项目演变而来，微型金融机构已经成长为覆盖更大范围产品和服务的机构。当前的微型金融很大程度上游离于正规金融领域之外。

普惠金融是小额信贷与微型金融的延伸与发展，旨在将一个个零散的微型金融机构和服务有机整合成为一个系统，将以小额信贷为核心的微型金融纳入正规金融体系与金融整体发展战略中去。普惠金融目的是让针对穷人的、带有一定扶贫性质的微型金融不再被边缘化。在发展中国家，只有将服务于贫困人口的金融服务纳入国家的整体金融体系中，才能实现微型金融的大规模可持续的发展。低收入群体对微型金融有需求，而且从普惠金融理念来看，低收入群体应当享有接受多样化金融服务的权利。这些权利主要包括：

（1）小额储蓄需求。农村传统储蓄方式的存在说明农户有储蓄需求。一直以来农民得不到正规金融机构储蓄服务。主要有以下两方面的原因：一是

金融机构，尤其是商业银行，不愿意在落后地区设立网点，因为机构偏远增加了其储蓄成本和不便利性，在这些地区设网点成本远远超过了收益；二是从小额储蓄的客户角度考虑，开立和持有储蓄账户需要缴纳费用，而小额存款可获得的利息又相当微薄，低收入群体不愿意选择到金融机构储蓄。

（2）小额汇款需求。就我国实际情况而言，由于银行、邮政等正规金融机构汇款手续费较高，而且正规金融机构在农村地区设的网点很少甚至是空白，资金到账时间比较长，取款很不方便。综合上述各种因素，大量在外务工的农民虽然有汇款的需求，但是出于节约成本的考量，更愿意随身携带现金回乡。

（3）小额保险需求。传统商业保险和社会保障体系都没有完全覆盖中低收入人群，尤其是农民，农业具有先天的弱质性和高风险性，更加需要保险的保障与互助作用。在具有高风险特征的农业中，保险制度的缺失正是我国农村金融改革所面临的重大问题之一。由于农业保险具有回报率低、风险高的特征，在缺乏明确的扶持政策的情况下，保险业的发展在农村地区停滞。同时，商业化保险公司的高额保险费用也是低收入群体无法承担的。

事实上，小额信贷机构具备向微型金融客户提供小额储蓄、小额汇兑、小额贷款等金融服务的条件和能力。首先，许多小额信贷机构已经或正在转化为正规金融组织，具有经营全面金融业务的条件。比如，早在孟加拉国乡村银行还是非政府组织时，尤努斯制定了强制储蓄的制度，主要是帮助低收入群体养成储蓄习惯，以脱离贫困或者应对突发的资金需要。其次，小额信贷机构具有发展微型金融的优势。微型金融的服务对象和小额贷款的对象具有相似性，小额信贷机构主要是服务所在地区的低收入群体和小型、微型企业，具有地缘优势（对业务地区的地理环境、人文环境、经济发展等情况比较熟悉），有利于降低业务风险；同时和服务对象生活、工作于同一区域内，与大型金融机构相比，提供服务的成本有所降低。

2.3.3　强调小额信贷组织的可持续发展

小额信贷的可持续发展的内涵是小额信贷机构提供的金融服务所获得的收入可以覆盖其营业成本和资金成本，以实现其独立生存并不断发展壮大。小额信贷组织的可持续发展不能依靠政府补贴、慈善性捐款等资金来源维持。小额信贷组织的可持续发展包括财务的可持续性、管理的可持续性和技术的可持续性。小额信贷组织的可持续性发展主要通过商业化运营和市场化利率来实现。

1. 机构运营的商业化

强调小额信贷商业化的发展趋势与由福利主义转向制度主义的发展趋势相关。从国际小额信贷发展经验来看，无论是福利主义或是制度主义，都主张扶贫不能一味地依靠政府发放补贴，扶贫机构也不能充当一个“送钱”的行政机关。这样的机构无法实现可持续发展，反而使贫困人群丧失一个持久、稳定的融资渠道。商业化经营是小额信贷实现可持续发展的必然选择。成功的商业化经营不仅可以实现小额信贷机构的可持续发展，而且可以为贫困人群提供持久的资金获取渠道，帮助其脱离贫困，实现两者的双赢。

2. 利率的市场化

小额信贷的成本很高并不是因为向贫困客户提供贷款的内在风险更高，而是因为小额信贷需要面对面的交流以及人与人之间的直接联系，而不是正规金融机构的财产担保和可计算的资信指数，这就使得交易成本变得很高。而另一方面，贫困人口普遍认为，能够持续地获得信贷服务比为此支付成本的高低更为重要。强制规定利率上限让正规和半正规的小额信贷机构很难甚至是无法覆盖成本，最终被挤出市场。而贫困客户要么无法获得金融服务，要么只能去非正规的信贷市场借钱，支付更高的费用。因此，商业性小额信贷的利率要遵循市场化原则。小额信贷的管理成本高于大额贷款的管理成本，因此，能覆盖小额信贷运营成本的利率通常要高于正规金融机构主导的商业贷款利率。小额信贷商业化要求小额信贷机构的运作必须以市场机制为基础，自负盈亏，以实现财务自立和可持续性为目标。当前，国际小额信贷机构普遍注重信贷可得率，而非利率高低的问题；一些国家在利率覆盖风险和成本的基础上，完全放开利率管制，由机构根据市场决定利率，如孟加拉国、印度尼西亚。

我国早期小额信贷失败的原因之一就在于认为低利率才是扶贫，这一方面使得商业化的金融机构不愿意从事小额信贷业务，或者从事小额信贷业务的机构只能依靠外部资金，其中又以政府拨款为主，但政府无法向成千上万的贫困人群提供稳定的资金扶持，从而也就无法实现小额贷款机构的财务独立。另一方面，低利率吸引部分非贫困人群利用权力、金钱等不合理的途径获取小额信贷，而真正需要资金的贫困人群却无法获得信贷机会。

2.3.4 商业性小额信贷机构的多样化、正规化、专业化

（一）商业性小额信贷机构的多样化

国际上建立小额信贷机构的方式主要有三种：（1）商业银行下移模式，

即已有的正规金融机构商业银行设立小额信贷部开展小额信贷业务。比如美国，小额信贷主要是作为一种盈利性的金融工具，各大银行或其他金融机构都有运用。目前中国也正采用这种模式，如中国农业银行设立三农事业部制，各国有大型商业银行设立中小企业贷款部。（2）转型方式，即将半正式的小额信贷组织，如非政府组织，改造成获准经营和受到监管的正规金融机构。孟加拉国乡村银行是这种方式的代表。（3）新设机构模式，即设立新的正规金融专门从事小额信贷业务，例如乌克兰小额信贷银行。

（二）商业性小额信贷机构的正规化

正规化主要有两种实现途径：非政府组织转变为正规金融机构和正规金融机构从事小额信贷业务。机构正规化的优势在于：第一，小额信贷机构正规化有助于实现小额信贷的可持续发展。正规金融机构可以从事较为全面的金融业务，最关键的是可以吸纳存款，能有效解决小额信贷机构信贷资金匮乏的问题。当然不能盲目地允许小额信贷机构吸收存款。第二，小额信贷机构正规化使得小额信贷机构被纳入监管范围。以正规金融的标准来规范小额信贷机构，可以促进其有序发展、维护市场的稳定和繁荣。第三，小额信贷机构正规化有利于使更多的人获得小额信贷服务。值得注意的是，我国的小额贷款公司一定意义上可以视为准金融机构，虽然有别于国外小额信贷机构正规化的培育方式，也可以将其视为小额信贷机构正规化的途径之一。

（三）商业性小额信贷机构的专业化

商业性小额信贷机构的专业化，主要表现在设立专门从事小额信贷业务的机构或是正规金融设立专门从事小额信贷的部门等，强调小额信贷项目应当保持独立性。小额信贷涉及的群体有别于正规金融的其他服务对象，一些小额信贷机构还涉及各类技能培训。

商业性小额信贷机构专业化的优势主要体现在以下几方面：第一，小额信贷机构的专业化有利于小额信贷业务的规范运作和可持续发展；第二，小额信贷机构的专业化有利于降低市场风险、提高资金的回收率，保证贷款质量；第三，小额信贷机构的专业化符合社会化专业分工的原理，有利于工作效率的提高；第四，可以使得从事小额信贷业务的机构在为低收入群体提供金融服务方面具有比较优势。

2.3.5　适当监管的形成

（一）区别于传统银行的监管

由于吸收存款、发放贷款，传统银行具有创造信用的功能，具有系统性风险。因此，银行监管的目标一般包括：（1）保护存款人和金融消费者利益；（2）维护金融体系安全和稳定，增强市场信心。但是小额信贷的经典意义是向中低收入居民和微型企业提供额度较小的金融服务，主要是小额无担保（抵押）贷款服务，小额信贷机构在面向低端市场时往往通过适当的金融创新来实现不同层次的可持续发展，故小额信贷本质上是一类包含独特管理机制的金融服务工具，特别是在信贷风险方面。因此在监管措施、标准等方面，小额信贷机构应当区别于普通银行和其他金融机构。

第一，从机构性质上来说，小额信贷机构，即使是商业性小额信贷机构，都与普通银行有所不同，带有一定程度上的“扶弱”意义。因此对于小额信贷机构的发展，政府也应当给予扶持，包括通过简化监管程序、消除不必要的监管措施等方法降低小额信贷机构的监管成本。

第二，小额信贷机构在运作模式、组织形式、资本规模、业务种类、服务对象、风险特征等方面与传统银行存在差异，如果直接将银行监管制度应用于小额信贷组织的监管实践中，不仅不会产生良好的监管效益，还可能适得其反。

第三，小额信贷机构的监管目的和价值也有所不同。除了通过监管防范小额信贷机构经营风险，稳定金融市场，确保金融安全之外，更主要的是通过监管，规范小额信贷机构的运行和业务操作，确保小额信贷机构服务低收入群体和中小企业的金融功能。

（二）区分审慎性监管和非审慎性监管

审慎性监管是指专门的金融监管机构为了维护整个金融体系的稳定以及保护存款人存款的安全，依据严格的监管标准进行监管。对于小额信贷机构的监管应当根据是否吸收存款区别适用审慎性监管和非审慎性监管：（1）对于不吸收存款或者仅吸收借款人强制性储蓄的小额信贷机构，采用非审慎性监管。实行强制储蓄制度的小额信贷机构，由于储蓄主要是用作贷款的担保，客户的借款额往往大于其储蓄存款，客户是净借款人，因此，该类小额信贷组织的经营风险不会造成公众资金的损失。而不吸收存款的小额信贷机构根本不涉及存款人的利益问题。（2）对于吸收转贷款和公共存款的小额信贷机构，采用审慎监管，以保护存款人的利益。具体包括注册资金、资本充足率、资产分类及贷款损失准备金计提、风险集中度、内部人借贷、备付金和流动性要求等指标，较非审慎性监管严格，又普遍低于对银行业的监管标准。

审慎监管通常比大多数非审慎监管复杂和困难，成本也更高。审慎监管（比如，资本充足性标准或流动性要求）总是要有专门的金融管理机构来从事这项工作。但是，非审慎监管大都实行自主监管，而不是由金融管理机构监管。对全国范围所有执照机构实施监管需要大量的物质投入和较高的专业技能水平。对于中央金融监管当局来说，这是一个沉重的负担。因此，一条重要的原则是：应避免用繁复的审慎规则从事非审慎监管的目的。就是说，如果目的不是为了保护储户资金的安全和金融的整体稳定，那么中央银行不必负责监控和保护小额信贷机构的稳定。只要求登记注册，提交“健全及恰当”的检查，公开小额信贷机构的拥有者和管理者的信息，在正常情况下就是足够的。部分非审慎管理可以放在一般商业法规下进行，由相关政府部门负责。

2.4　微型金融兴起的原因

上一节我们介绍了微型金融在国内外的兴起，这一节我们将探讨微型金融兴起的原因。我们将从三个方面来分析：一是正规金融在服务于贫困人口或微小企业方面的缺陷，二是非正规金融在弥补正规金融上的不足，三是微型金融自身的优势。

2.4.1　正规金融体系的缺陷

中国的正规金融体系是指由国家政策性银行、国有控股大型商业银行、股份制商业银行、城市商业银行、农村商业银行、农村合作银行、农村信用社、村镇银行、贷款公司、资金互助社、信托公司、企业集团主办的财务公司、证券公司、基金公司、保险公司等非银行金融机构为主要成分构成的一个比较完整的金融体系。其中国家政策性银行、国有控股大型商业银行、股份制商业银行、城市商业银行、农村商业银行、农村合作银行和农村信用社在这一庞大的体系中处于主导地位。

正规金融是相对于非正规金融而言的。实际上正规金融在我们的金融体系中是处于绝对主导地位的。但是，在面对一些特殊的人群的时候，比如低收入群体或微型企业主，正规金融这种融资方式似乎失效了。下面我们从几个方面来分析正规金融失效的原因。

（一）信贷配给

在间接融资方式下，出于信息不对称、资金安全、风险定价技术水平等方面的原因，微型、小型企业或个人在向正规金融中介机构借贷时处于弱势的地位，信贷配给现象严重。

古典经济学家认为，交易双方对信息的掌握是对等的，并且都具有充分的信息，信贷市场资金价格（即利率）会调节信贷资金的供给和需求，这使信贷市场最终出清并决定均衡利率。然而，在现实的信贷市场上，利率并不能够完全引导银行信贷供给。很多情况是，即使一些借贷人愿意支付较高的利率，同时银行也有提供信贷的能力，但银行仍不愿意向这些借贷人提供信贷。

斯蒂格利茨和魏斯（Stiglitz and Weiss，1981）将信贷配给定义为以下两种情况：一种是在无差别贷款申请人中，一些人获得了贷款而另一些人没有获得贷款，那些没有获得贷款的人即使愿意支付更高的利率还是得不到贷款；另一种为无论贷款的供给多么充足，总会有一些人在任何利率水平下都无法得到贷款。他们将信息不对称和道德风险引入到S—W模型中以解释银行的信贷配给。

在信息不对称的情况下，利率上升到超过一定程度$\hat{r}^*$之后，银行预期收益曲线向下弯曲，即银行预期收益下降。这是因为越是接受高利率贷款的企业就越有可能不偿还银行贷款，即存在逆向选择问题；这给银行造成的贷款损失将会大于银行提高贷款利率所形成的收益，所以银行的预期收益反而会下降。因此，当利率水平低于$\hat{r}^*$时，利率上升会导致银行预期收益增加，银行资金供给增加；当利率大于$\hat{r}^*$时，利率上升会导致银行预期收益减少，银行资金供给减少。

因此，信息不对称会导致银行采取信贷配给（Credit Rationing）策略。假设低风险和高风险的借款人同时提出借款申请，在D1情形下银行无法区分这两类借款人，而在D2情形下银行能够区分这两类借款人。在D1情形下，为了避免逆向选择，银行将采取信贷配给策略，对所有借款申请者收取相同的利率$\hat{r}^*$，对信息透明度高的大企业提供足额贷款，而对信息不透明的小企业不提供贷款或只提供部分贷款。在D2情形下，银行将向信息透明度高的大企业收取较低利率，而对信息不透明的小企业收取较高利率。因此，由于中小企业本身固有的信息透明度低这一问题，其贷款难和贷款贵问题就是金融体系的理性选择。

（二）金融抑制

20世纪70年代初，以爱德华·肖和罗纳德·麦金农以及斯蒂格利茨为代表的经济学家，以发展中国家为样本论证了金融发展与经济发展相互制约、相互促进的辩证关系，提出了金融抑制理论（Finance Repression Theory）。麦金农（McKinnon，1973）和肖（Shaw，1973）认为，金融抑制是发展中国家的一个共同特征，主要表现为政府对金融活动的强制干预，如名义利率限制、高准备金要求等。由于发展中国家本身物质资本存量就不足，而政府又往往规定了低于市场利率的存贷款利率上限，这压抑了居民的储蓄；同时较低的贷款利率刺激了借款人过度的借款要求，从而导致资金供不应求。在利率受到抑制的情况下，它对储蓄者和投资者均发出了有关储蓄投资的错误信息，从而破坏了金融资产价格的市场形成机制，进而导致了“黑市”的盛行；一国金融体系的落后又严重压制了经济的发展；被压制的经济反过来又阻碍金融发展，从而使金融和经济陷入“促退”的恶性循环之中。

在金融抑制下，因为存款的真实利率很低，所以储蓄率很低，这降低了经济中资本积累的速度；同时，强制的低利率导致银行倾向于选择低收益和低风险项目，而高收益和高风险项目反而会被淘汰，这进一步降低了资本积累的效率。

在金融抑制下，政府按照自己的偏好将金融资源投入大项目和国有部门中去，而对中小企业和非国有经济部门支持不够。在金融约束下，银行部门拥有较强的激励和动力支持实体经济，但由于制度和技术方面的原因，中小企业的融资需求难以满足。

金融抑制会阻碍经济的发展；反过来，滞后的经济又限制了资金的积累和金融业的发展。金融压抑的消极作用是限制了银行体系适应经济增长需要的能力、降低了金融体系的效率、加剧了经济的两极分化、降低了经济潜在增长率。

根据麦金农和肖的金融抑制理论，金融抑制对中小企业融资存在不利影响。如果贷款利率向上浮动、信贷缺口缩小，将有利于满足中小企业的资金需求。现实情况说明，当前中小企业存在强烈的信贷资金需求，利率仍然存在上浮空间。尽管国家的政策已经全面放开信贷利率上限，但是，在其他因素的干扰下，实际贷款利率不可能无限度上浮。一方面，金融机构为平衡风险与收益，在信息不对称的条件下，将不得不对中小企业要求较高的利率；另一方面，受制于其规模影响，中小企业还款能力有限。因此，在银行与中小企业的信贷博弈中，银行具有更多的话语权，可以选择不贷或者少贷，中小企业处于劣势，中小企业信贷融资难的现状长期得不到有效解决。金融抑制的结果是中小企业贷款难，大企业贷款使用效率低，形成资源浪费。由于贷款数量有限，从而使得民营企业中小企业贷款难，不得不求助于民间借贷或高利贷，形成巨大的财务风险。国有企业贷款相对容易，但不少国有企业内部治理不善，造成了银行的大量不良债权。

此外，金融机构信贷通常会在利率和风险之间进行选择。银行为了控制贷款风险，会将贷款风险责任落实到个人，如果不能通过提高利率来降低风险，银行自然会将资金转移到无风险或低风险的投资方向。这将直接导致对中小企业的资金供给不足。这是金融抑制对中小企业信贷融资所产生的又一个不利影响。

（三）交易成本

根据张五常的定义，交易成本可以看作是一系列制度成本，包括信息成本、谈判成本、拟定和实施契约的成本、界定和控制产权的成本、监督管理的成本和制度结构变化的成本。具体到信贷市场，交易成本主要包括银行获取贷款客户信息的成本、监督成本以及违约成本。

一般来说，微型金融的贷款客户具有以下几个特点：第一，缺乏系统完整的财务报表，甚至没有基本的财务信息和信用记录；第二，居住分散或者居住于交通不便的地区；第三，没有稳定的收入来源，有的投资于风险极高的项目；第四，单笔贷款的需求额度很小。

从银行的角度来说，上述几个特征决定了银行向这些客户提供金融服务的成本是极其高昂的。首先，在缺乏客户的财务信息和信用记录的情况下，根据传统的信贷方法，银行很难判断客户的类型，因此很难作出是否授信的决定。其次，微型金融客户居住分散，大部分居住于交通不便的地区，这使得银行很难监督贷款人的资金使用情况，甚至贷款的催收都变得极为困难。再次，由于客户缺乏稳定的收入来源，一旦高风险的项目失败，银行就面临着极高的违约成本。最后，单笔授信额度很小，使得面向微型金融客户贷款的平均固定成本极高。

银行作出贷或不贷的决定取决于银行向客户收取的利息是否能够覆盖成本。一般认为，微型信贷业务的成本可以达到传统信贷业务的几倍，如果可以向客户收取足够高的利率，银行是愿意提供这种服务的。问题在于，类似银行这一类的正规金融机构总是受到政府颁布的利率上限的控制，不能随心所欲地提高利率。这种金融抑制带来的后果就是，金融机构将这部分人群排除在正规金融体系之外。

从微型金融需求者的角度来说，同样面临着很高的交易成本。他们面临的成本除了必须付给金融机构的利息成本之外，还有一些隐性成本。这些隐性成本包括搜寻合适的贷款人的信息成本、繁杂的程序以及路途上耗费的时间成本，甚至一些潜在的心理成本，比如担心被银行歧视。因此，这些低收入人群很难鼓起勇气向正规金融机构提出贷款申请，即使有人这样做了，大部分也是抱着一种侥幸心理。

总之，无论从供给者还是需求者的角度来说，正规金融的大门对低收入人群来说都是关闭的。因此，他们只好转向非正规途径，但是非正规途径是否总是能满足这些人的金融需求呢？答案是否定的。

2.4.2　非正规金融的不足

非正规金融是指不受国家法律法规保护和规范、处在金融当局监管之外的各种金融机构、金融市场、民间金融中介（地下钱庄或地下银行、储金会、基金会或私募基金、贷款经纪、贸易信贷或商业信贷、合会、抬会、轮会、钱中与钱背）等所从事的各种金融活动。非正规金融又称为民间金融。

（一）我国非正规金融的发展历史

从中国的传统来看，在农村地区，非正规金融要比正规金融发达得多。中国的非正规金融具有多种表现形式，包括民间的无息借贷、高利贷、私人典当、私人钱庄、农村合作基金会以及各种各样的互助会（Rotating Savings and Credit Associations，ROSCAs），等等。

民间无息借贷在中国是历史最为悠久且覆盖面最广的一种非正式融资形式。它是指亲朋好友或邻里乡亲之间建立在亲情或友情基础上的一种临时性的、比较小额的借贷形式。其最大的特点就是借钱一般不必支付利息。据考证，民间无息借贷在中国最早始于西周，距今已有约三千年的历史了（徐唐龄，1996）。即使是到了正式金融已经很发达的今天，民间具有友情性质的无息借贷在中国仍然是一种十分重要的融资渠道。

中国高利贷的历史也很长，影响力也很大。已有的研究结果表明，中国的高利贷起源于西周（刘秋根，1992），距今也有约三千年历史了。在这三千年间，高利贷活动一直都很活跃。特别是在新中国成立以前的乡村社会，借贷关系基本上是高利贷占主导。比如说，以 1934 年为例，在全国农民的借贷结构中，以银行和合作社为主的正规融资只占了 5%，另外的 95% 为非正规融资，其中高利贷融资占了 67.7%（李金铮，2000）。从 20 世纪 20 年代末开始，中国共产党从其所立足的根据地开始逐步地对高利贷实施了一系列限制政策，并最终以信用合作社取代了高利贷。新中国成立后，中国政府继续采取高压政策从各个方面打压高利贷。直到 20 世纪 80 年代，伴随着农村政策的开放以及农村经济的不断活跃，高利贷又逐渐开始在一些地方活跃起来。

尽管政府一直都在采取十分强硬的政策坚决予以打击，但实际效果并不理想。

典当业在中国古代是一种以动产抵押借贷为特征的非正规金融业务。它起源于汉代（刘根秋，1995）。从民国开始，中国的典当业已经表现出了明显的衰退迹象。中国共产党执政后，典当业不论是在农村还是在城市，基本上被清理干净了。自中国实施改革开放政策以来，典当业又逐渐开始复苏起来。

私人钱庄也是中国传统的非正式金融形式之一。它在中国的出现与发展相对较晚，到了明朝才出现这样的金融组织。其最初的功能主要是从事银两和制钱的兑换（清朝中后期以前），后来也从事存款、贷款、储蓄、汇兑以及发行钱票的业务。钱庄服务的对象非常广泛，既有城市里的商人和小企业主，也有农村里的小商贩和农民。新中国成立后，私人钱庄也被取缔了。1984 年9 月，浙江省温州市苍南县的钱库镇政府批准本镇居民方培林开办了新中国自成立以来的第一家私人钱庄——方兴钱庄。这个钱庄主要是为当地的个体户以及集体工商业办理存款和贷款业务，存款不限地域，贷款只限本镇。利率自由浮动，存款利息一般比当地信用社高 7 厘（指月息 0.7%）以上；贷款利息一般比当地信用社高出 5 厘以上，但却仍比民间借贷要低出一分（指月息 1%）左右。在开业 4 个月办理了存贷款业务共 210 万元后，该钱庄被国家金融管理当局强制关闭（萧耕春，1997）。直到现在，私人钱庄仍然被政府明令禁止，全国仍然没有出现公开的私人钱庄。

1984 年前后出现的农村合作基金会应该说是一种比较特殊的金融制度安排，它既不是完全的民间金融组织，也不是完全的政府金融制度选择，而是由乡村集体股金相结合而成的一种社区性资金互助合作组织。尽管管理当局要求“不以盈利为目的”、“不另外办理吸收存款，不对外发放贷款，只在内部相互融资”，但作为一个金融机构，实际上它很难做到不突破这些限制。虽然农村合作基金会在很短的时间内发展到了相当大的规模，而且对有效管理农村集体资金、支持农业生产和乡镇企业发展、抑制农村的高利贷等都起到了重要的积极作用；但在亚洲金融危机发生后，为了防止金融危机在中国农村爆发，中央政府还是于 1999 年 1 月下决心作出了在全国范围内统一关闭和取缔农村合作基金会（质量好的农村基金会合并到农村信用社）的决定。这项工作已经于 2000 年末在全国范围内基本上完成了（张晓山、何安耐，2002）。

作为一种传统的互助合作性的金融组织，合会从唐宋发展到现在已经历了一千多年的历史了（王宗培，1935；陈宝良，1996；李金铮，2000）。实际上，合会有多种形式，但人们更多的是将其与民间的资金融通相联系，特别是将其与农村和农民的资金融通联系起来看的。合会的表现形式也是各不相同的：有轮流坐庄的轮会，有通过摇骰子决定资金使用次序的摇会，有通过投标利息而决定资金使用次序的标会，还有通过连会的形式而形成会会相连及大小相套的抬会，等等。由于抬会在现实中已经暴露出了一些比较严重的问题，所以，各级金融监管部门一直坚决反对任何形式的抬会。对于轮会、摇会和标会，各级政府与金融监管部门的态度通常不是很明朗。但有一点却是比较清楚的，政府和相关监管部门目前仍然不鼓励这些民间金融组织的发展。但是，如果我们从现实情况来看的话，一个非常清楚的重要事实是：不管政府的态度如何，老百姓自己组织这些合会的激情是不会消失的，而且，这些合会的积极作用也是无可否认的。这一点至少在浙江省的温州农村地区表现得很清楚。

（二）我国非正规金融存在的基础

非正规金融能够在我国长期存在，有它的客观基础。

地缘优势是它存在的第一个基础。亲朋好友、邻居、熟人之间的信息获取便捷而容易。如果说金融机构是通过对信息的加工和整理来判断借款者的信用的话，那么民间融资中的这些放贷者就有其特殊的优势，它不仅看你提供的信息，更看重你的人际关系，看你和什么人交往，你有什么样的教育背景，等等。如果这些情况都掌握的话，实际在很大程度上可以帮助放贷者作出一个较为全面真实的风险判断和风险识别。因此，民间融资具有信息成本低、手续简便、方式灵活、交易成本低、放贷效率高的优点。

存在的第二个基础是充足的民间资金供给。近年来，中国经济蓬勃发展，社会财富集聚，民间资金越来越多。从资金供给方来说，无论企业还是个人都产生了相当规模的富人阶层。中国存款每年增加很多，包括居民储蓄存款和企业存款。

存在的第三个基础来自于需求方。中国经济这些年的持续快速发展，中小企业像雨后春笋一样发展起来，资金需求十分旺盛。和强大的资金需求形成强烈对比的是中小企业融资难。小额贷款公司作的业务，要么是面向中小企业的，要么是面向个人的。真正大的而且信誉特别好的企业一般也不会向小额贷款公司借款，更不会通过民间借款进行融资。

资金借贷双方都有需求，促使民间借贷市场逐渐活跃起来。

（三）我国非正规金融的现状：规模、利率、风险

1. 我国民间融资的规模

近年来，我国实体经济领域的改革取得了举世瞩目的成就，经济总量一跃成为仅次于美国的第二大经济体。但同时，我们的金融体制的改革却没有跟上实体经济的步伐。经济的发展对资金的需求日益膨胀，而正规金融又难以完全满足增长的需求，因此，民间金融再度活跃起来。

从融资规模来看，中国人民银行的抽样调查显示，企业民间借款户均余额和发生额都有所增长，这一部分是源于经济总量的增长，另外也含有通货膨胀的因素。自然人借款户均余额从2006 年的1.1 万元增加到2008 年第一季度的1.6 万元。

从结构上来看，统计结果显示，企业民间融资规模小于自然人。中小企业民间借款余额0.85 万亿元，占民间借贷总额的34%；而自然人民间借贷1.14 万亿元，占民间借贷总额的66%。自然人没有资产负债表，而企业有，因此正规金融通常认企业，不认自然人。但民间融资是不一样的，自然人所占市场份额较大。民间借贷里面还有一块是农户借款，余额达0.8 万亿元，占民间借贷总额的32%。所以农户和中小企业借钱比较多，而个体工商户和城镇居民在民间借贷中的占比不是特别大。

此外，人民银行抽样数据显示，民间借贷户均缺口从2006 年的26 万元扩大到2008 年第一季度的71 万元，从这点来看资金需求在扩大，但满足度却不够。①

2. 民间融资的利率

利率在民间融资市场中具有很重要的作用，然而，由于发展中国家的民间融资市场并不是一个统一的市场，而是呈现出一个多层次和多元化的市场结构，相应地，这些金融市场上的资金价格——利率也不是统一的，而是各不相同甚至差异很大。

那么，民间融资的利率到底由什么因素决定呢？苏布拉塔·加塔克（Sutrata Ghatak）等从供给的角度分析了乡村利率的决定过程，他认为，乡村利率（r）基本上由四个因素决定：

$$r = a + b + \rho + \pi$$

式中，a 为管理费；b 为风险补偿；ρ 为放款的机会成本；π 为垄断利润。

在非正规金融市场上，贷款人一般不需要正式的经营场所，也不必付出大量的人力成本，因此管理费不会很高；机会成本也很低，因为正规金融机构的储蓄利率是比较低的。这样，民间融资的利率就主要取决于风险补偿和

① 资料来源：张健华．民间融资状况分析［J］．金融纵横，2009（5）.

垄断利润两个因素。当然，这仅仅是从供给者的角度分析的，实际上，民间融资的利率还受到其他一些因素的影响，比如资金的需求、区域文化和行政力量等。但是，上面的模型仍不失为一个较好的分析框架，借此我们可以对比分析正规金融机构借款与民间借款的利率。

（1）向正规金融机构借款。假设各正规金融机构执行统一的贷款利率 r_0。借款方式采取存折抵押导致成本 c_1（自己的或借来的，现实中这种方式比较普遍）。在中国，向正规机构申请贷款的手续是比较复杂的，引起成本增加 c_2。因此，实际利率为

$$r = r_0 + c_1 + c_2 + \sigma$$

式中，σ 为其他因素导致的成本增加，如心理成本。

（2）向民间借款。可能有两种情况，一种是向亲朋好友无偿借款，显性成本为0，即

$$r = 0$$

但这种情况实际上有着隐性成本，比如下次对方可能向你借款，或附加其他条件，其担保则是亲属或朋友等之间的关系（$r = \sigma_1$）。

在商品经济较发达的地方，上述情况越来越少，往往只有为生活目的而借款时才有可能发生。一般情况都要支付一定利息，利息的计算方式有许多种。第一种，利息等于资金的机会成本，即存在正的利息支出 $r = \rho$。

第二种，完全由资金的供求状况决定，也依赖于借款的用途，如为生意目的的借款利息就要高一些。

从实证分析来看，各地农村的实际利率都要高于法定利率。如中国社会科学院农村发展研究所农村金融课题组在湖北汉川调查过程中发现民间高利借贷有高达年息20%～60%的现象，这也是民间融资市场供求状况的真实反映。

根据人民银行2008年的调查显示，民间融资的利率总体算下来不是很高，平均约为12.1%，其中，中小企业相对高一些，2008年第一季度平均是13.2%。调查样本里的最高利率也有达到55%的，但是这种年利率很高的民间贷款多数是短期的，借款人基本能承受（张健华，2009）。

3. 民间融资的信用风险和资金来源

民间融资越来越呈现出规范化的趋势，大多要签订书面合同，以前可能只是打个欠条，现在合同里的要素已经越来越完备。但是，多数民间借贷不需要担保，基本是信用贷款。据调查，企业民间借贷中超过40%的部分是无担保的，自然人中60%～70%是无担保的。另外，民间借贷的担保形式也更

灵活一些，包括第三方信用担保、动产担保等。

相对来说，民间借贷催债手段不一样，就目前的信用状况来看还没有发生太大问题，但未来不能保证，毕竟法律制度还不是很完善。当人们提起民间融资时，往往将其和高利贷、“黑社会”联系在一起。在以前，民间融资催债有会采用特殊手段的，还有请专业催债公司的。但随着社会法制的健全，这种情况在逐渐减少，更多的是寻求法律途径。比如浙江义乌，该地法院2007年受理民间借贷纠纷案件有1 000多起。

民间融资的资金来源渠道是多样化的，但是仍然以个人为主，基本占了50%以上。近年来，中国的收入分配没有得到改善，甚至是恶化了。中国涌现了一批富人，但我们的金融市场目前还不是很发达，所以有些人把资金转到了民间融资领域。其实不只是中国，日本这种高利放贷人也是很多的。为什么呢？因为尽管风险大，但是利润比正规金融机构高很多，日本的利率最高可以达到29.2%，这是法律规定的，只要不超过就会受法律保护。所以很多人愿意做这个领域，包括通用电气、花旗，都有比较大的放贷公司，但又不是持银行牌照的金融机构，它们专门做消费信贷。

（四）非正规金融的优势与缺陷

与正规金融相比，非正规金融具有独特的优势，主要表现在以下几方面。

第一，非正规金融的服务效率要比正规金融高，有利于发挥小而快、快而好的优势，是正规金融的必要补充。非正规金融机构资金规模相对较小，内在推动力是其服务效率高，而且重点服务中小企业。在民营经济发达的浙江省，非正规金融机构为大量中小企业融资提供了巨大的方便，并且这种方便是国有商业银行不能比拟的。如浙江一家非正规金融机构在接受一家小企业几万元的信贷申请后，能在24小时内为其发放贷款。这种服务效率与方式是国有商业银行不能比的，尽管现在国有商业银行在支持中小企业方面已经有相当大的改进。

第二，非正规金融机构拥有获得中小企业信息的优势，有利于控制道德风险。与正规金融机构的经营取向不同，非正规金融机构比较愿意为中小企业提供融资服务。这除了因为它们的资金少、无力为大企业提供融资外，主要是因为非正规金融在为中小企业提供服务方面拥有信息上的优势。非正规的资金供给者比正规金融更了解借贷人的信用和收益状况，可以更好地克服信息不对称（林毅夫、孙希芳，2005），因而能够更有效地为中小企业提供资金服务，有利于控制道德风险。

第三，非正规金融在一定程度上有利于与中小企业建立长期稳定的合作关系。非正规金融机构一般是地方性的、专业性的金融机构，专业化地为地方中小企业服务。通过长期的合作关系，非正规金融机构对地方中小企业经营状况的了解程度逐渐增加，这有助于在非正规金融机构和地方中小企业之间形成长期互动关系（Banerjee 等，1994）。

第四，非正规金融机构体制和机制较为灵活，同时也在某种程度上迎合了中小企业的要求。中小企业贷款需求具有资金需求频率高、需求数量小，贷款偶然性大、时效性强的特点，这些特点要求贷款机构为其提供“方便、灵活、快捷”的服务，这个要求是非正规金融机构可以达到的，而大银行或中小银行就没有这个优势。

非正规金融内生于市场需求，充分运用了我国社会文化中重视民族、乡土、家庭、亲友关系的特点，借助于这些天然的人际关系网沟通信息，可以较好地获得信息，并以此开展交易，并履行监督。所以，非正规金融是一种关系型借贷（徐涛，2005）。理论界认为非正规金融的存在是金融抑制、信息不对称和交易成本共同作用的结果。由于非正规金融建立在人缘、地缘或者其他商业关系基础上，可以方便地获取小企业的诸如企业主的经营能力、企业的经营状况等软信息，这些软信息甚至可以从日常的闲聊中获得。对于小企业的贷款事后监督，非正规金融同样具有自己的优势。通过亲缘和道德监督在小企业存在的特定环境里监督成本是最低的。与正规金融部门相比，非正规金融部门无论在小企业贷款前的信息获取还是贷款后的事后监督，都有自己的优势。非正规金融部门的信息优势使其在为小企业服务时产生了正外部性，提高了信贷市场的信贷资金配置效率，这是非正规金融能够存在的根本原因。刘杨、宋瑞敏（2007）认为，信息不对称造成的逆向选择和道德风险问题是非正规金融广泛存在的根本原因，金融抑制助推了非正规金融的产生和发展，利率管制以及市场准入导致了正规金融体系不发达、融资渠道单一、资本短缺的结果。很多借款者不得不向正规金融体系之外寻找资本。这在很大程度上强化了非正规金融产生和发展的基础。

从目前情况看，非正规金融的发展上存在两个需要突破的问题：

第一，非正规金融活动处于非法律保护状态。非正规金融一般在中小企业、个体经济和居民个体之间运行，通常是以“地下金融”形式出现，缺乏法律对其权利、义务的明确与保护，而仅仅由个人之间的关系、主管预期、历史声誉等因素来保障合同的实施。各种民间金融组织更是没有法律地位，同样是由参与者之间的关系、信任来维持。如若出现违约，就只能以法律之外的方式（比如暴力）来处理。同样，没有法律身份也使这些活动暴露于巨大的法律风险里，比如随时可能遭政府取缔。资金供给者往往以提高资金价格（利率）的方式来弥补这种高风险，而高资金成本侵蚀了非正规金融的效率。

第二，非正规金融融资成本高、经营风险大。首先，社会资本的关系性和地域性特征决定了非正规金融的交易通常只能局限在一个小圈子里进行。范围和规模的狭小一方面不利于资金在更广阔的空间进行有效配置，造成了效率的损失；另一方面使得小范围的个体风险无法通过多样化进行有效分散，导致了较高的风险关联。其次，非正规金融部门的资金来源有限且不稳定，抗衡外部冲击的能力脆弱。再次，非正规金融的小规模经营会使得单笔金融业务无法通过规模扩大来分摊固定成本，这导致其平均成本比较高，无法实现规模效益。最后，由于非正规金融在法律保护之外，为了避免高风险下带来的损失，往往会以较高的成本抵补高风险下可获得的利润。

非正规金融是一种重要的金融资源，是制定和实施金融政策的重要参考依据，特别是其所独具的与中小企业天然的亲和力，决定了其在中小企业发展中的地位。因此，我们对非正规金融的态度是肯定的，政府和金融当局应为非正规金融的发展积极创造条件，使非正规金融更好地为我国中小企业融资服务，以促进国民经济健康、快速发展。国际上一些国家和地区有关非正规金融的实践经验，以及国内外专家学者提出的政策建议，为我国现阶段对非正规金融的发展，在法律、法规和政策的制定上提供了借鉴。

通过前面的分析，我们至少可以得出一个结论：正规金融机构在满足低收入群体的金融需求方面具有先天的缺陷，而非正规金融虽然在一定程度上弥补了这些缺陷，但本身也蕴含着某些方面的不足，而最为关键的是，非正规金融目前远远无法满足民间融资的需求。微型金融的出现，有望在一定程度上解决这些问题，这是因为，微型金融在某些方面克服了正规金融和民间金融的不足。

2.4.3 微型金融自身的优势

（一）缓解信息不对称的途径

在金融市场上，市场的某一方占有的信息可能少于另一方，这种不平等叫作信息不对称。事前的信息不对称会导致逆向选择，而事后的信息不对称会导致道德风险。在信贷市场上，逆向选择表现为：那些最有可能造成信贷风险的借款人，常常就是那些寻找贷款最积极，而且最有可能得到贷款的人。由于逆向选择使得贷款可能招致信贷风险，贷款者可能决定不发放任何贷款，即使市场上有信贷风险很小的选择。道德风险是指在交易发生之后，由信息不对称所造成的问题。金融市场上的道德风险，指的是借款者可能从事那些贷款者不希望的活动的风险，因为这些活动使得这些贷款很可能不能归还。鉴于此，贷款者可能决定宁愿不放贷款。最终的结果是，逆向选择和道德风险会导致信贷配给现象，它们是金融市场正常发挥功能的重要障碍。而贷款抵押，能够被用于缓解信贷市场存在的这些信息不对称或合同不完全所带来的后果。

正规金融机构难以服务于穷人的主要障碍之一，是因为穷人缺乏它们所要求的抵押品。小额信贷作为一种为穷人服务的金融中介，可以通过系统创新，克服或缓解缺少抵押对穷人进入信贷市场的制约。理论依据是，无完全信息的外地放贷人利用有完全信息的本地人。

小额信贷机构通常是一个不居住在村庄中的外部放贷机构。靠正规的银行职员监测村庄中借款人行为时，面临极高的成本。小额信贷的创新在于以下两点：一是在每个村庄，由固定的工作人员负责，非常频繁地往来于村庄和办公室之间；二是每个村庄选出适宜的村民，作为本村的负责人（中心主任），这个负责人长期居住在村庄中，有一定威望，了解村庄中每个农民的类型，这样他可以无成本地监督本村所有借款人的行动。假设小额信贷机构不是在完全竞争性的市场中运作，即本地人可以从小额信贷机构得到报酬而不是自己放贷以获得信息优势租金，小额信贷机构获得投资收益，两者的联合扩大了市场，降低了成本，其中激励与约束是关键。这是小额信贷机构克服道德风险的一种重要途径。如果是在竞争性市场，表现为有完全信息的本地放贷人与无完全信息的外地放贷人之间的竞争。

（二）放松抵押担保制约的还款制度安排

穷人无法从正规金融机构得到贷款，是因为他们无法有效显示出自己具有偿还贷款的能力和意愿。他们没有银行需要的、传统意义上的抵押和担保；他们基本上与正规金融机构鲜有业务往来，正规金融机构没有他们的信用记录。从这个意义上讲，穷人无法得到贷款的困境，是他们没有抵押担保，从而无法显示还款意愿。所以需要专门设计的制度安排将他们的还款意愿和能力显示出来。

小额信贷探索显示还款意愿的替代的非经济途径，小组联保是最主要的创新。这种形式是建立在穷人经济资源薄弱，但具有可利用的社会资源基础上。穷人长期居住在某一传统社区，名誉对于穷人来说是一种社会财富，具有很高的价值。因此，对违约实施社会惩罚容易得多。小额信贷的另一种创新是分期还款，在这种制度下，小额信贷机构可以及时发现借款人的还款意愿并采取措施应对拖欠。还有其他的一些创新，比如循环存贷协议、强制储蓄、动产抵押等，我们将在以后的章节中详述。总之，小额信贷机构通过专门的制度安排，使正规金融需要的抵押担保化解风险的做法得以通过不同方式实现。

（三）降低交易成本的技术

穷人进入信贷市场的主要障碍是交易成本。因为交易成本大多是固定成本，较小的交易通常有较高的单位交易成本。

交易成本是进入金融市场的一种准入费用，是由于需要与金融中介建立和维持金融关系而引起的。降低交易成本，是降低穷人进入金融市场"门槛"的主要途径。为此，小额信贷进行了一系列创新的制度安排。具体方式可能包括，简化贷款程序和文件，使客户本人就能完成借款手续；信贷员全程负责发放和回收贷款的所有工作，与客户建立起可以依赖的关系；定时定点在村庄中履行业务交易，降低客户的交通费用支出；工作人员入户评估和监督，客户无须书面的项目计划书就可以申请贷款等。

在一定程度上，减少客户的交易成本，是以增加机构的操作成本为代价的。因此，小额信贷机构需要实现的制度安排是，客户交易成本的节约，远远大于机构操作成本的增加。这样，客户可以将他们节约的交易成本的一部分，以利率的形式支付给小额信贷机构。这也从一个方面解释了，为什么小额信贷有效贷款利率比正规金融机构贷款利率高很多。例如，为了回收100元钱，可能需要一个工作人员大半天的时间，而且还需要跋山涉水，步行几十里路。工作人员为此得到的工资和交通补贴，计入到机构的操作成本中，但客户的交易成本大大降低。虽然这种管理方式以企业文化和操作程序的形式出现，从理论上讲，这是机构操作成本替代客户交易成本的选择。因为规模化和专业化，小额信贷机构的操作成本能够降到可持续发展的水平。这可以解释小额信贷机构需要适当提高利率，而且客户也愿意在这个利率水平上借贷。如果能够做到这些，我们可以认为实现了一种帕累托改进。另一方面，上面这些制度安排可能降低客户的违约成本，提高贷款的还款率，这在一定程度上弥补了小额信贷机构为此付出的操作成本增加。

小额信贷机构降低客户交易成本和控制操作成本的制度安排，是其能够长期发展和对客户有价值的必要条件。否则，小额信贷机构就会面临生存的困境。

由于以上的优势，小额信贷作为一种新的制度创新，出现并将长期存在于金融市场。

第3章

微型金融的微观运行机理

第2章我们主要讲述微型金融的发展历程和实践，本章将进一步从理论上进行阐述，主要阐述微型金融的理论根源、微型金融兴起的理论基础，以及微型金融的核心机制。本章与上一章是相辅相成的，应结合起来理解，从理论和实践两个方面探讨微型金融的理论和发展。

本章内容主要分为三部分。第一部分内容是农村金融发展理论概述。微型金融是基于不发达地区发展起来的，最基本的是农村金融，在理论研究方面也要从农村金融入手。第二部分内容是探讨微型金融兴起的理论基础。弱势群体本来是各类机构都不愿接触的领域，按道理说资本不应该向这一领域流动，但是最后为什么兴起来了，为什么微型金融能兴起，这是这一部分要讨论的问题。第三部分内容是讨论微型金融的核心机制。讨论它有哪些不同于其他主要运作规则，即它的特殊性，以及如何解决上述问题。

3.1 农村金融发展理论概述

金融是现代经济的核心，而农村金融是金融整体发展中的一个重要组成部分，因此农村金融发展理论也就必然受到现代金融发展理论及政策主张的影响。在农村金融理论的演变过程中，现在主要有农业信贷补贴论、农村金融市场论和不完全竞争市场理论三个学派。这三个学派各有利弊，并分别主导了20世纪80年代以前、80年代和90年代以来的农村金融发展。

3.1.1 农业信贷补贴理论

农业信贷补贴理论又称农业融资理论，在20世纪80年代以前是处于主导地位的农村金融理论。该理论支持信贷供给先行的农村金融战略。

农业信贷补贴理论认为农业和农村存在以下几个问题，这些问题也是该理论的前提。第一，由于经营农业的农户收入低、农业比较收益差，导致农村居民特别是贫困阶层没有储蓄能力，农村面临长期资金不足问题；而农业需要的现代设备和现代生产资料如杀虫剂、化肥和农耕设备需要大量资金。第二，由于农业的产业特性，即由于自然风险和市场风险导致的农业收入的不确定性；由于农产品生产的周期长导致的农业投资的长期性，由于农产品需求弹性低于1和农业具有低收益性，农业很难成为以利润为目标的商业银行的融资对象，农村地区信贷缺乏。第三，由于农村资金需求旺盛，而供给不足，导致大量非正规金融机构存在，尤其是高利贷者的存在，而贫穷的农业借款人无力负担这么高的利率，难以归还贷款。

该理论因此得出结论：一是为增加农业生产和缓解农村贫困，政府要干预农村金融市场，从农村外部注入政策性资金，并建立非营利性的专门金融机构来进行资金分配。二是为缩小农业与其他产业之间的结构性收入差距，对农业的融资利率必须低于其他产业。三是非正规金融的供给主体如地主和商人资金供给是以高利率为特征的，这使得农户更加穷困并阻碍了农业生产的发展，为促使其消亡，有必要通过政策性银行的农村支行和农业信用合作组织将大量低息的政策性资金注入农村。

实际上农业信贷补贴理论在实践上做了两件事，一是建立专门的政策性金融机构进行资金分配，二是实行低利率的信贷政策。在实践中，以贫困阶层为目标的专项贷款兴盛一时。

农业信贷补贴理论对于农业特性的描述是科学的，它提出政府机构提供农村低息信贷资金有利于帮助农村的贫困农户，有利于减少或消灭农村高利贷，促进农业生产力发展等。即便是目前发达国家也在对本国农户的信贷给予低息和大量财税补贴。该理论的实践在一定程度上促进了农业生产增长、扩大了向农村部门的融资，但总体来看效果不佳。由于政府性农村金融机构缺乏经营管理自主权以及操作程序不健全，所以财务方面的表现大多都是非常糟糕的，不仅产生了巨大的经济成本，对宏观经济的稳定造成了不利的影响，还妨碍了农村金融市场的发展改善。

农业信贷补贴论存在固有的缺陷，主要表现在：

第一，对于理性的农民，如果相信利率上限的规定并预期可以持续获得廉价资金，那么农民就会缺乏储蓄的激励，这使得信贷机构无法动员农村储蓄以建立自己的资金来源，从而农业信贷成为纯粹的财政压力，比如扶贫贴息贷款。

第二，信息的不对称性、农户和资金供给者的机会主义行为导致了低息贷款存在道德风险问题。首先，利率上限过低使得农村信贷机构无法补偿小农户贷款造成的高交易成本，贫穷农民难以成为低息贷款的主要受益人，低息贷款及其补贴被集中并转移到使用大笔贷款的较富有农民。由于信贷机构的机会主义行为，大农户更容易获得借贷信息，二者更容易形成合谋，导致官方信贷的分配就会偏向于照顾大农户。其次，由于农业收益的高不确定性，那些获得低息贷款的农户很少把贷款用于农业。

第三，政府支持的农村信贷机构不具有多少经营责任，没有动力去监督借款者投资和偿债行为，容易形成贷款重点错位。农业信贷补贴论强调重数量而忽视质量，重农业生产而忽视农村非农生产，重贷款发放而忽视贷款管理，从而有可能造成贷款的违约和大量拖欠，形成大量的呆坏账。

第四，农业信贷补贴论前提假设有关农户没有储蓄能力是不符合现实的。许多亚洲国家的实践表明，如果存在储蓄机会和激励机制，很多贫困农户也会储蓄。农村金融机构在其资产负债表中有更多的储蓄而不是政府借款后，他们在分配贷款时会更加谨慎和更有效。

有研究认为，对消除贫困贡献最大的，可能既不是贷款也不是储蓄，而是建立一种可持续发展的金融机制。政府以特定目标信贷的方式对金融市场大加干预，是基于对农村社区面临挑战的严重错误认识，只考虑到农村金融机构不足的表象而没有了解其真正原因，因而导致了储蓄动员不力、过分依赖外部资金、资金回收率低下、偏向中上层融资等一系列的问题，不仅没有实现增加农村收入和减少贫困的目标，在某些情况下，反而使农村地区的问题趋于恶化。也有研究认为当前的整体环境不利，各国的粮食价格补贴政策、粮食进口补贴、农产品价格控制和汇率扭曲等因素，再加上缺乏农村基础设施投资和政策法律缺位等，最终导致了该理论实践的失败。如果借款者缺乏信用、无力偿还贷款或因收入低而没有能力进行储蓄，那么农村金融市场不可能成长。而农业信贷补贴政策会逐渐损害金融市场的可持续发展能力，导致信贷机构活力的衰退，这最终使得农业信贷补贴政策代价高昂，但收效甚微。实践表明，农业信贷补贴论下的专门农业贷款机构，从未发展成为净储户与净借款者之间真正的、有活力的金融中介。总之，就构建一个有效率且自立的金融体系来说，农业信贷补贴理论及其实践是失败的。从20世纪80年代开始，这种传统的直接农业信贷支持就逐渐减少，到21世纪初，多数国家政府已大幅度地削减了这方面的支出。

3.1.2 农村金融市场论

农村金融市场论又称农村系统论，自20世纪80年代以来，逐渐替代了农业信贷补贴论。农村金融市场论是在对农业信贷补贴论批判的基础上产生的，强调市场机制的作用，其主要理论前提与农业信贷补贴论完全相反。

农村金融市场论理论的前提：

（1）农村居民以及贫困阶层是有储蓄能力的。对各类发展中国家的农村地区的研究表明，只要提供存款的机会，即使贫困地区的小农户也可以储蓄相当大数量的存款，故没有必要由外部向农村注入资金。

（2）低息政策妨碍人们向金融机构存款，抑制了金融发展。

（3）运用资金的外部依存度过高，这是导致贷款回收率降低的重要因素。

（4）由于农村资金拥有较多的机会成本和风险溢价，非正规金融的高利率是理所当然的。有证据表明农村地区特别是农业的机会收益率是工业的十几倍，有的地方高达49倍，因为农村地区的产业结构导致其存在很多不可贸易、独特的经济，价格可以随意地提高。

该理论主张对传统农村金融理论实行改革，主要措施包括：

（1）农村金融机构的最大作用在于金融中介（资金盈余部门和资金短缺部门之间的贷借中介）功能，而储蓄动员则是关键的关键。

（2）为了实现储蓄动员、平衡资金供求，利率必须由市场决定，实际存款利率不能为负数。

（3）农村金融的成功与否，应当根据金融机构的成果（资金中介量）及其经营的自立性和可持续性来判断，而计算融资对于农业生产的贡献则是困难的。

（4）没有必要实行为特定人群服务的目标贷款制度。

（5）非正规金融具有合理性，不应一概取消，应当将正规金融市场与非正规金融市场结合起来。

农村金融市场理论完全仰赖市场机制，极力反对政策性金融对市场的扭曲，特别强调利率的市场化。在20世纪80年代该理论被人们广泛接受。该理论认为，利息补贴应对原有农村信贷体系的一系列缺陷负责，而利率市场化可以使农村金融中介机构能够补偿其经营成本，这样就可以要求它们像金融实体那样运行，承担适当的利润限额；利率市场化也可以鼓励金融中介机构有效地动员农村储蓄，这将使它们不再依赖外部的资金来源，同时有责任去管理自己的资金。不过，农村金融市场论的功效或许并没有想象中的那么大。例如，通过利率市场化能否使小农户充分地得到正式金融市场的贷款，仍然是一个问题。自由化的利率可能会减少对信贷的总需求，从而可以在一定程度上改善小农户获得资金的状况；但高成本和缺少担保品，可能仍会使它们不能借到期望数量的资金，所以仍然需要政府的介入以照顾小农户的利益。在一定的情况下，如果能够建立起适当的体制结构来管理信贷，那么对发展中国家农村金融市场的行政介入仍然可能是有道理的。

进入20世纪90年代以后，人们逐渐认识到市场机制并不是万能的，没有充分的信息，金融市场就不能有效运行。实际上，在农业和农村利率市场化改革比较成熟的发达国家，包括美国、法国和日本等，农户尤其是中小农户（而不是农村居民）的贷款依然是政策性的优惠的低息贷款。同时由于发展中国家农村金融市场信息不完全和搜寻成本高，农村金融市场建设严重滞后，农户自身缺少担保品和信贷的成本高，即使在利率市场化之后，很多小农户仍然难以获得信贷。搭便车、道德风险、逆向选择等与信息有关的外部性和激励问题导致了金融市场失灵。在农村金融市场上，当金融机构无法使其成本与收益内在化时，农村金融市场就无法有效配置资源。虽然政府和私人部门一样面临外部性和信息不对称的问题，但政府能够使其社会成本和收益内在化，因此对农村金融市场进行一定程度政府干预是有必要的。

3.1.3 不完全竞争市场理论

20世纪80年代拉美出现了倒债风波，90年代前苏联和部分东欧国家向市场经济转型过程出现各种混乱，90年代后期东南亚发生了严重的金融风暴，人们认识到为培育有效率的金融市场，仍需要一些社会性的、非经济要素去支持它。尽管市场竞争对活跃农村金融市场具有重要的意义，但农业的弱质性、范围不经济、农村金融市场的不完全竞争性与信息不对称，决定了完全依靠市场机制无法培育出有效率的农村金融市场。受信息不对称的影响，金融市场上普遍存在逆向选择和道德风险；而在农村信用市场的信息不对称更为严重，潜在借款人会采取带来负外部性的借款对策。

农村金融市场是不完全竞争市场，不完全竞争市场论由此产生，其基本框架是：发展中国家的金融市场不是一个完全竞争的市场，尤其是贷款一方（金融机构）对借款人的情况根本无法充分掌握（不完全信息），如果完全依靠市场机制就可能无法培育出一个有效率的金融市场。为了补救市场的失效部分，有必要采用诸如政府适当介入金融市场以及借款人组织化等非市场要素。

不完全竞争市场理论的政策主张有：(1) 金融市场发展的前提条件是低通货膨胀率等宏观经济的稳定；(2) 在金融市场发育到一定程度之前，相比利率市场化，更应当注意将实际存款利率保持在正数范围内，并同时抑制存款利率的增长，若存在信用配给和过度信用需求问题，可由政府在不损害金融机构动员储蓄的前提下从外部供给资金；(3) 在不损害银行最基本利润的范围内，政策性金融（面向特定部门的低息融资）是有效的；(4) 政府应鼓励并利用借款人联保小组以及组织借款人互助合作形式，以避免农村金融市场存在的不完全信息所导致的贷款回收率低下的问题，利用担保融资、使用权担保以及互助储金会等办法是有效的；(5) 融资与实物买卖（肥料、作物等）相结合的方法是有效的，可促进贷款的回收；(6) 非正式金融市场一般效率较低，为促进金融机构的发展，应给予其一定的特殊政策，如限制新参与者等保护措施。

不完全竞争市场理论又为政府介入农村金融市场提供了理论基础，但显然它不是农业信贷补贴论的翻版，该理论主要是强调政府应为农村金融市场发展扫除障碍。不完全竞争市场理论认为，尽管农村金融市场可能存在的市场缺陷要求政府介入其中，但必须认识到，任何形式的介入都必须要求具有完善的体制结构。因此，对发展中国家农村金融市场的非市场介入，首先应该关注改革和加强农村金融机构，排除影响农村金融市场有效运行的障碍。这包括消除获得政府优惠贷款方面的垄断，逐步取消补贴而使优惠贷款越来越集中面向小农户，放开利率使农村金融机构可以完全补偿成本。尽管外部资金对于改革金融机构并帮助其起步是必需的，但政府和相关单位首先应着力于机构建设，这包括培训管理人员、监督人员和贷款人员，以及建立完善的会计、审计和管理信息系统。

不完全竞争市场论作为一种动态的政策制度，强调政府的适度干预和贷款提供的机构的介入，但有效地克服市场缺陷的途径在于完善的体制结构。不完全竞争市场理论强调，借款人的组织化等非市场要素对解决农村金融问题是相当重要的。Ghatak（2000）、Laffont 和 Guessan（2000）等认为，小组贷款能够提高信贷市场的效率；Ghatak（1999，2000）、Ghatak 和 Guinnane（1999）、Tsaael（1999）等认为在小组贷款下，同样类型的借款者聚集到一起，有效地解决了逆向选择问题；Besley 和 Coate（1995）、Stiglitz（1990）等认为正规金融的信贷中，银行无法完全控制借款者行为而面临着道德风险问题，但是在小组贷款下，小组中同伴相互监督却可以约束个人从事风险性大的项目，从而有助于解决道德风险问题。

不完全竞争市场理论为新模式的小额信贷提供了理论基础。新模式的小额信贷强调解决农村金融市场上的信息不对称和高交易成本问题，而旧模式的小额信贷强调通过便宜的资金帮助穷人。旧模式的小额信贷基本上是信贷补贴论的翻版，由于忽略机构的可持续性而难以为继。因此，不完全竞争市场论比较符合中国等发展中国家的农村金融实际。

3.2　微型金融兴起的理论基础

3.2.1 正规金融体系的缺陷

农村正规金融服务体系就是经过中国人民银行（银监会）等金融管理当局批准设立的金融机构在县及县以下地区提供的包括存款、贷款、汇兑、保险、期货、证券等在内的各种金融服务；与之相对应的是非正规金融服务，也称民间金融服务，即没有纳入中国人民银行等金融管理机构常规管理系统的金融机构（也包括一些没有组织形态的民间金融活动）提供的金融服务。因此，正规金融是相对于非正规金融而言的。作为一种融资方式，正规金融在我们的金融体系中实际上是处于绝对主导的地位的。但是，在面对一些特殊的人群，比如低收入群体或微型企业主的时候，正规金融这种融资方式似乎失效了。关于正规金融体系缺陷方面的理论至少有以下三个。

（一）信贷配给理论

信贷配给是对信贷资金需求方的约束，是信贷市场供需的一种失衡，它既是一个绝对的概念，又是一个相对的和动态的概念。在间接融资方式下，出于信息不对称、资金安全、风险定价技术水平等方面的原因，微型、小型企业或个人在向银行等金融中介机构借贷时处于弱势的地位，信贷错配现象严重。即由于在信贷市场上存在逆向选择和道德风险等信息不对称的情况，银行可以利用利率的选择效应和激励效应来判断不同借款人的还款概率、风险态度和行为。因此，贷款者的预期效用是贷款利率和贷款风险的函数。贷款人基于风险和利润的考虑，不是完全依靠利率机制，而往往附加各种贷款条件，或者按照所报的契约条件，使借款人受到非价格因素的影响而被拒绝。

这表现为供过于求（信贷过度）和供不应求（信贷不足）两种情况：在借款人信用状况、抵（质）押物等基础上，一部分借款人可以充分得到贷款，甚至出现信贷过度情形，即信贷供过于求；另一部分则遭到拒绝，即使后者愿意支付更高的利率也得不到贷款，或只得到部分的满足，即信贷供不应求。

（二）金融抑制

金融抑制是由麦金农和肖（1973）针对发展中国家实际提出的理论，指在政府对金融活动的强制干预下，如名义利率限制、高准备金要求等，正规金融机构在向农村地区小额借贷者服务上不成功，银行成为政府、大公司、共有企业、跨国公司的附属物，经济中其他部门的融资仅能由非正规金融机构的少量资金来部分满足。该理论认为，金融抑制是发展中国家的一个共同特征，在金融抑制下，政府按照自己的偏好将金融资源投入大项目和国有部门中去，而对中小企业和非国有部门支持不够。在金融约束下，银行部门拥有较强的激励和动力支持实体经济，但由于竞争不足，中小企业的融资需求难以满足。

（三）交易成本理论

交易成本理论是用比较制度分析方法研究经济组织制度的理论。它是英国经济学家罗纳德·哈里·科斯（Coase，1937）提出来的，其基本思路是：围绕交易费用节约这一中心，把交易作为分析单位，找出区分不同交易的特征因素，然后分析什么样的交易应该用什么样的体制组织来协调。科斯认为，交易成本是获得准确市场信息、谈判和经常性契约的费用。交易成本可以看作是一系列制度成本，包括信息成本、谈判成本、拟定和实施契约的成本、界定和控制产权的成本、监督管理的成本和制度结构变化的成本。具体到信贷市场，交易成本主要包括银行获取贷款客户信息的成本、监督成本以及违约成本。科斯的结论是，通过建立一种无限期的、半永久性的层级性关系，或者说通过将资源结合起来形成像企业那样的组织，可以减少在市场中转包某些投入的成本。

一般认为，微型金融客户的特点决定了微型信贷成本可以达到传统信贷的几倍，如果可以向客户收取足够高的利率，银行是愿意提供这种服务的。可问题是类似于银行这一类的正规金融机构总是受到政府利率上限管制，不能随心所欲地提高利率。这种金融抑制带来的后果就是，金融机构将上述人群排除在正规金融体系之外。

3.2.2　非正规金融的不足

非正规金融是指不受国家法律法规保护和规范，处在金融当局监管之外的各种金融机构、金融市场、民间金融中介（地下钱庄或地下银行、储金会、基金会或私募基金、贷款经纪、贸易信贷或商业信贷、合会、抬会、轮会、钱中与钱背）等所从事的各种金融活动。经济学界又把非正规金融称为民间金融。

（一）中国民间金融的历史

从中国的传统来看，在农村地区，非正规金融要比正规金融发达得多。

非正规金融是我国新旧体制转轨时期的特殊产物。改革开放以前，为了大规模、快速、有计划地发展国民经济，我国实行了高度集中的计划经济体制，这时公有制经济一统天下，与之相协调的财政信贷管理体制为公有制经济的发展提供了资金支持。在此阶段，金融所能起到的作用非常有限，由于社会资金大都通过财政无偿分配，银行不能随意挪用资金，因此，其作用只是相当于政府的出纳而已。而非公有制经济在那时是被严格禁止的，甚至连农民的家庭副业、自留地都被看作是资本主义尾巴。这种环境导致非正规金融根本就没有生存的空间，当时人们即使有闲置的资金也无处投放（非公有经济在当时被禁止），更何况当时人们的收入水平很低，解决基本生活需要后几乎没有多少剩余可供投放。1979 年以后，鉴于传统计划经济体制存在的种种弊端，我国逐步开始了渐进式的经济体制改革。改革主要分三个阶段进行：第一阶段（1979—1991 年），市场化改革的初始阶段；第二阶段（1992—2000），初步建立社会主义市场经济体制阶段；第三阶段（2001—2020 年），完善社会主义市场经济体制阶段。随着社会主义市场经济体制改革目标的确立以及以公有制为主体、多种所有制经济共同发展的基本经济制度的确立，个体、私营等非公有制经济迅速发展，市场逐步繁荣，经济日趋活跃。非公有制经济成分的发展又在客观上也刺激了公有制经济的发展，为在公有制经济内部进行改革提供了经验并创造了条件。然而，这种渐进式的改革又必然造成经济的双轨制：一轨是传统的公有制经济成分，它们作为国民经济的支柱，国家在改革过程中必然要采取更多的保护性措施，给予更多的关注；尤其是在金融资源方面，国家必然要对公有经济成分（特别是重要部门的国有企业）注入更多的金融支持，这也因此成为正规金融部门的首要任务。另一轨即为新兴的非公有制经济成分，正规金融部门的重点主要放在为公有制经济成分提供信贷支持，因此非公有制经济想通过正规途径进行融资非常困难，这就为非正规金融的产生创造了条件。

随着我国市场经济体制改革日趋深入，正规金融部门的商业化改革步伐也日益加快。例如我国在90年代初期，为了更有效地推进中国工商银行、中国建设银行、中国银行、中国农业银行四大国有专业银行的商业化改革进程，先后建立了国家开发银行、中国农业发展银行、中国进出口银行三家政策性银行，办理原来由四大专业银行办理的政策性业务，实现了政策性金融与商业性金融的分离。这一方面有利于原四大专业银行尽快向商业银行转化，另一方面也有利于在市场经济条件下，保证对投资期限长、收益低甚至无收益的国家基础项目和重点项目的资金支持。随着正规金融部门商业化改革的深入，它们逐渐转变了原来的排斥非公有制经济、偏好公有制经济的思想观念。但由于正规金融部门的贷款条件比较严格，而那些个体私营企业往往规模小、抗风险能力差，又缺乏合格有效的抵押担保物，因而难以通过正规金融途径获得资金。急需资金的农村、中小企业、民营企业等在正规金融领域碰壁后，其对资金的渴望进一步促成了非正规金融的产生和发展。因此，非正规金融是我国新旧体制转轨时期的特殊产物，从根本上说，也是正规金融部门的金融供给不能满足社会多领域金融需求这一矛盾发展的产物。

中国的非正规金融具有多种表现形式，包括民间的无息借贷、高利贷、私人典当、私人钱庄、农村合作基金会以及各种各样的互助会等，各种形式都有各自不同的制度变迁路径。

1. 农村合作基金会

农村合作基金会是中国当代农村地区最大的民间信用组织，它是在农村实行家庭联产承包责任制后出现的一种具有互助合作性质的农村民间金融组织。1984年开始试办，1992年全国已建立了以农村合作基金会为主要形式的农村合作金融组织，1994年末全国入会资金规模为450亿元，贷款接近600亿元；1996年末全国已有2.1万个乡级和2.4万个村级农村合作基金会，融资规模大约为1 500亿元。其宗旨：为农民服务，为农业生产服务，为发展农村集体经济服务。但是，这种受到政府充分肯定的农村金融制度安排，却由于它的行政依附性及自身发展过程中存在的一系列问题，导致不断出现支付危机，扰乱了农村金融秩序，1999年1月，国务院发布文件，将其在全国范围内统一清理和取缔。目前个别地区依然存在极少量的农村合作基金会组织，只是经营方式已由以前的公开转为地下。就这一点而言，其和地下钱庄实际上已经没有很大差别。

2. 合会

合会即互助会，是一种广泛存在于发展中国家和发达国家移民社区的非正规融资活动。我国合会已有一千多年的历史，它在血缘、地缘关系的基础上带有合作、互助的性质，是传统的、自发的、具有广泛群众性的资金互助组织，属于低层次合作金融性质，主要集中在我国浙江、福建、广东、江苏和台湾地区，名称也是五花八门，有标会、轮会、摇会、呈会、台会、日日会、月月会等。其一般规则是会首召集若干会脚建会，每人每期出资若干，通过抽签或竞标的方式将会金交给一人使用，然后重复进行，直到每个人得一次会，该会终结。会首首先使用资金，且不用支付利息，但是当有会脚违约时，会首要承担连带责任。参加合会，能够促进资金的周转，调节资金余缺，促进人们的消费或投资活动，并且可以为暂时不用资金的人带来利息收入。但是和所有的自发性金融组织一样，合会也伴随着极大的违约风险，当合会的规模相当巨大时，就完全背离了资金互助的性质，一旦资金链断裂，将会导致“倒会风波”，酿成严重后果。

3. 钱庄

钱庄是一种古老的民间金融组织，又称钱铺、银号、钱中、钱背等，曾是旧中国金融领域的霸主。20世纪80年代以来，温州的个体私营经济发展迅速。在发展过程中，资金一直困扰温州的企业经营者，在初期，一些企业主自发组织起来，每人出一点钱，形成摇会或抬会，根据内部的协议，在一定时间内，这些资金集中提供给一个合伙人使用，并支付约定的利息。经过多年的发展，这些企业主大多发了财，有了闲置资金，原先带有互助性质的摇会或抬会对他们已经作用不大，而同时社会上有许多人需要资金。为此，这些企业主将原先用于内部互助的资金向外放贷，私人钱庄便诞生了。钱庄经营的灵活性尽管克服了银行经营的各种制约给用户带来的不便，但其高利率扰乱了农村金融市场秩序，国务院于1998年7月发布《非法金融机构和非法金融业务活动取缔办法》，中国人民银行于2002年1月31日发出《关于取缔地下钱庄及打击高利贷行为的通知》，此后私人钱庄逐渐转入地下。

4. 典当行

典当是指出当人将其拥有所有权的物品作抵押，从当铺取得一定当金，并在一定期限内连本带息赎回原物的一种融资行为。典当业曾在我国民间金融业中扮演过重要角色，目前国家也承认典当业的合法性。但由于大多民间金融得不到法律认可，因此一些民间金融为规避法律经常以典当业的名义存在，导致一些典当行以典当之名进行纯粹的民间借款业务，甚至同基金会和储金会联手搞“地下钱庄”。

5. 互助会、储金会

互助会、储金会，是在群众自愿集资入股基础上建立的一种自治、自享的互助经济组织，其宗旨是救灾备荒、治穷致富、扶贫扶优，基本类似于农村基金会，只是不像农村基金会那样曾得到官方认可。

6. 自由借贷

自由借贷是指发生在亲朋好友、邻里之间的贷款额度较小、期限较短的借贷关系。一般不需要正式的合同，只是一个口头协议，或者是一张借据。一般而言，借贷利率的高低与双方关系的紧密程度呈反向关系，也与双方对信息的了解程度呈反向关系。

7. 民间集资

民间集资是我国农村改革后出现的民间借贷新形式，是由资金需求者和供给者以偿还本息为原则，不经中介，双方直接洽商的资金融通。主要有以资代劳、招股集资、联营集资和行政性集资四种形式。集资尽管对民营经济的崛起和快速发展发挥了重要作用，但由于风险大，而且被认为扰乱了农村金融秩序，一般都受到抑制。

从我国农村非正规金融主要形式的产生和发展可看出，我国农村非正规金融制度是由民间部门自下而上形成的诱致性制度变迁，其大致路径是：由民间进行制度创新，国家对那些与政府目标不一致的制度创新可能会给予严格的限制，而对那些还不清楚其实际绩效的制度创新则会采取旁观的态度。如果该制度创新能提升社会经济效益，政府则会介入，并往往会在某些地区进行试点，这样既能控制风险发生的范围，又能降低制度变迁带来的风险。在诱致性制度变迁过程中，可能存在自增强作用，非正规金融这一制度一旦生成，就具有某种程度上的稳定性，即锁定在非正式、不规范和低效率的状态中。

（二）我国非正规金融存在的基础

非正规金融能够在我国长期存在并具有普遍性，有它的客观基础。

第一个基础是地缘优势。农户和农村中小企业有贷款需求，但由于农村地广人稀，正规金融机构对农户和农村中小企业的信息了解程度相对较差，信息不对称的情况比较严重。而我国农村非正规金融因其地缘优势而具有明显的信息优势和担保优势。由于农村非正规金融常常发生在“同伴”之间，这里的“同伴”可能来自同一个宗族、同一种职业、同一种年龄或者同一种宗教团体，大多数成员都有比较紧密的社会关系，成员之间的相互了解程度远远大于商业银行和客户之间，贷款者在对借款人的资格审查、贷后监督等方面具有更大的优势，获取信息的成本较低，克服了借贷双方的信息不对称现象。同时，通常在非正规金融活动中有一种特殊的约束，如果不能按时还款，借款人将丧失自己的土地、收成、劳动力，或者社会地位甚至生命，这种约束甚至比正规金融中法律体系的约束更加有效，即存在一种隐性担保机制。

第二个基础是充足的民间资金供给。随着农村生产力的不断提高和农村商品经济的快速发展，农村集体经济、个体经济发展迅猛，农民收入有了大幅度的提高，农民手中的资金日益增多，这为农村非正规金融的发展提供了大量的资金供给。而国内投资渠道的狭窄性和风险性又使农村居民望而却步，导致大量资金处于闲置状态；正规金融机构的存款余额逐年攀升，但难以充分调动滞留在农村领域的闲置资金。因此，民间资金更倾向于投资于本区域内较为了解的企业或借给熟悉的人，这样就有了充足的、多元化的民间资金供给。

第三个基础是正规金融难以满足农村中小企业和农户的贷款需求。农村多元化的所有制形式和对生产生活质量水平提高的需要产生了一批多元化的资金需求主体，而正规金融机构往往难以满足这些特殊需求方的贷款需求。一是正规金融机构要遵循严格的贷款审批程序，贷前工作较多、时间较长，往往难以适应农业生产季节性强的特点。二是农村居民和企业往往不具备正规金融机构所要求的贷款条件，农村企业多为规模较小的中小微企业，大多无法提供符合条件的抵押产品，农户一般也不具备存单等质押品。此外我国农村领域尚未建立起完善的信用体系，企业和农户都缺乏较完整的信用记录。三是农村居民和企业的贷款额度小、次数多、工作量大，金融机构需要花费很大的精力收集信息及贷后监督，交易成本较高，而贷款利息总额较少，因此正规金融机构一般更青睐大企业、大项目，农户和中小企业单笔很小但总额巨大的贷款需求被忽视。

（三）非正规金融的优势与缺陷

非正规金融与正规金融相比，具有独特的优势。

一是效率高。与正规金融机构信贷审批权限集中、手续复杂、审批时间长及利率和期限固定相比，非正规金融经营方式灵活，借贷双方可就贷款的归还期限、利率、归还方式等进行创新和变通。管理层级少，贷款决策速度快效率高，资金提供及时，非常适合农户、中小企业“时间急、频率高、额度小”的资金需求。

二是信息充分。非正规金融发生与农村地区，基于一定的地缘、血缘、业缘关系而成立，与农户和中小企业有着天然的密切联系。他们依靠人缘、地缘、血缘和亲缘优势，通过相互之间紧密的联系，获取借款方的信息特征，如人品、收入水平、偿付能力等。非正规金融的交易活动通常建立在充分掌握对方信息的基础上，信息不对称的问题得到了有效解决。

三是在一定程度上有利于与中小企业建立长期稳定的合作关系。数以万计的农村地区的中小企业是非正规金融赖以生存的市场基础，非正规金融为这些中小企业的生存与发展提供了有力的金融支持。中小企业受经营规模、市场信誉、资金实力、地区分布等限制，正规金融机构常常不愿为它们提供信贷支持；而非正规金融机构由于与这些企业有着邻居关系、老乡关系、亲戚关系或者合作伙伴关系等天然的联系，信息不对称程度较弱。这样，中小企业的闲置资金乐于存交非正规金融机构，而非正规金融机构又会把中小企业作为贷款发放的主要对象，建立了长期稳定的合作关系。

四是非正规金融机构体制和机制较为灵活能够满足中小企业的要求。因中小企业和农户没有满足条件的抵押物可供抵押或担保，从而影响了其从正规机构获得融资。非正规金融的体制和机制则可以灵活巧妙地处理上述问题，满足中小企业的要求。第一，在正规金融市场上，不能满足抵押条件的资产在非正规金融市场可以作为抵押物，比如农民的房屋和土地；第二，在农村非正规金融市场借款人和贷款人存在交叉合约，他们不仅仅在借贷市场上存在借贷合约，可能在商品市场上也存在合约。贷款人可以通过信贷市场以外的商品合约掌握借款人的信息和偿还能力。这种贸易合约也可以认为是一种抵押，增加了借款人违约成本，贷款人可以控制借款人正确使用贷款，并及时归还贷款。

尽管非正规金融具有上述优势，但我们同时也必须认识到，这些优势是相对的。同正规金融一样，非正规金融同样有缺陷。

1. 非正规金融在活动范围和规模上存在劣势

首先，非正规金融范围和规模的狭小使得其风险无法通过在较大范围内多样化进行有效分散，导致了较高的关联风险。同时，非正规金融活动范围狭小，因此资金的转移只能在小范围内实现，不利于资金在更广阔的空间进行有效配置，造成了效率的损失。其次，金融是一个追求规模效益的行业，非正规金融的小规模经营会使得单笔金融业务成本无法通过规模扩大而分摊，因此非正规金融业务的平均成本往往比较高，难以实现规模优势。

2. 非正规金融的融资能力有限

相对于正规金融机构而言，广大非正规金融机构部门的融资规模非常小，抵御市场风险的能力也比较弱。这使得非正规放贷人放贷的周期不够长，金额不够大，无法满足一部分农户渴望扩大农业规模或是转向非农投资的信贷需求，这使其缓解农村金融抑制的作用大打折扣。

3. 非正规金融的存在可能会对正常的金融秩序造成一定干扰

由于非正规金融是融资主客体的自发行为，不受管理部门的监督和约束，其经营活动相当随意，从事借贷活动仅是为了获利，而不管其借款用途是否合法。又由于非正规金融没有纳入金融监管的范围之内，国家的金融调控对于非正规金融的影响较弱。随着非正规金融的发展，其规模不断扩大，对县域经济发展的影响不断扩大，因此对国家宏观调控有一定的不利影响。此外，一些非正规金融活动具有一定的蔓延性，每个当事人都在自己的小圈子里活动，但这些不同小圈子的活动在一定情况下又能够被联结在一起，结成较长链条或互相交叉的网络；只要有一个环节衔接不好，债务危机就可能爆发并蔓延，整个社会的正常生产经营秩序可能会受到影响。

4. 非正规金融存在很大的风险隐患

首先，由于非正规金融的制度建设落后于正规金融机构，融资和交易管理通常很不规范，一般都没有合法的交易手续以及可靠的担保抵押，并且放贷者与贷款者之间缺乏有效的书面合同，在实际操作中往往存在纠纷等风险隐患。其次，由于缺乏对每笔贷款的贷前、贷中及贷后的调查和管理，在贷款者对借款者的信誉及贷款用途难以知晓的情况下，随着非正规金融机构规模的扩大，这一风险便会急剧扩大。最后，由于其运行缺乏有效的监管，仅靠自律和信誉维持，一旦有外部诱因刺激，就极其容易演变为投机行为。

3.2.3　微型金融自身的优势

微型金融发展至今，基本上结合了正规金融机构和非正规金融机构的优点，包括民间金融机构的优点。

（一）缓解信息不对称的途径

微型金融充分吸纳了非正规金融与农户和中小企业有着天然的密切联系的优势，通过人缘、地缘、血缘和亲缘等获取信息优势，通过相互之间紧密的联系获取借款方的信息特征，高效而低成本地缓解了信贷的信息不对称的问题。

（二）放松抵押担保制约的还款制度安排

正规金融机构无法满足农户、中小企业的贷款需求的一个重要原因就是抵押担保制度与农户、中小企业的实际情况不相适应。微型金融针对城乡居民较为贫穷、无力提供担保（抵押）品的现实，创造性地通过联保贷款合约、动态激励机制、分期还款制度和各种替代性担保等特殊方法管理信贷风险。

（三）降低交易成本的技术

如前文提到，非正规金融机构得以发展的一个基础是正规金融机构因为为农户、中小企业提供贷款的交易成本高而不愿开展此项业务，对于很多非正规金融机构或组织，高交易成本同样存在，但是非正规金融机构利用其自身的灵活性致力于降低借款者的交易成本，诸如在便利的地方开设分支机构以及制定符合借款者特点的简单的标准程序，优化经营过程中最重要的两个成本因素——基础设施和人力资源等。事实上，交易成本的降低是微型金融得以快速、蓬勃发展的一个重要因素。

所以从本质上说，微型金融是一种金融组织创新，它将促进经济发展的政策性目标和金融机构商业化经营原则有机地结合起来，在传统目标和现代方法之间走出了一条新路。微型金融的优势主要体现在其核心机制。

3.3 微型金融的核心机制

微型金融旨在向低收入客户提供微型金融服务，这些客户既没有足够的自有资本作为银行服务的担保（抵押）品，也不能提供可信的资信报告（财务报表）和信贷记录。在这种情况下，微型金融机构赖以成功的关键要素，是在不同于传统的（标准的）金融服务合约的方向上，重新整合各种价格和技术要素，不断创新金融产品和相关的风险控制手段，以兼顾扩大目标客户到达率和保障资产质量的双重目标。事实上，这些处于关键地位的金融创新，正是推动微型金融产生、发展和不断完善的核心力量。在客户缺乏经济资源的背景下，各种创新的微型金融机制事实上都将目标客户群的“社会资产”(Social Assets)[①] 作为激励约束机制赖以建立的关键。

① 经济文献对社会资产（Social Assets）的关注由来已久。按照 Joel Sobel（2002）的解释，社会资产是指个体在某个团体或组织中的成员身份及相应权责，个体可以依赖这种社会资产保障他的某种利益；早些时候，Pierre Bourdieu（1996）指出，社会资产是个体存在于社会环境中的固有特征，个体可以通过有意识的行动得到社会资产并将之转化为一般的经济收益。而个体获得社会资产的能力取决于社会关系的性质及其强度，将之转化为一般经济收益的能力则受制于经济资源的可得性。粗略地说，社会资产可以理解成我们常说的人际关系或组织关系。

微型金融的主流模式中，用以缓解交易成本问题和解决信息问题的微型金融运行机制主要包括各种形式的团体贷款（Group Lending）机制、以借款额度为主要标的的动态激励（Dynamic Incentive）制度、整借零还的分期还款制度（Frequent Repayment）、不同形式的担保替代安排（Collateral Substitute）以及对妇女客户的特殊关注（Targeting Women）等。这些创新活动是相对重要的，此外还存在许多处于辅助地位的非核心制度安排，如团体贷款机制中的“定期召开乡村中心会议”和对保持操作过程透明度的要求。所有这些富有个性的合约特征，都使微型金融看起来是那么与众不同。从微型金融20世纪70年代初出现，这些核心机制就如同基因在生物遗传中的作用一样，在微型金融的传播和发展中扮演着关键作用。实际上，国际社会对微型金融财务可持续性的期望，即制度主义微型金融的目标，在相当大的程度上最终需要通过更多有效的金融创新来实现。

3.3.1　团体贷款的作用机制

在各种微型金融运行机制中，哪一种是更基本的制度或者说具有更好的实践效果，以往的研究并没有给出令人信服的一致性结论[①]。但是，孟加拉乡村银行传统的团体贷款模式，可能是最具有传奇色彩，也是经济理论文献关注最多的一种。如我们所知，传统的孟加拉乡村银行模式中，贷款小组由村民自发组成，成员之间并负有连带担保责任。已有文献对这类团体贷款的研究大体上分为两类，分别关注这一机制对于逆向选择和道德风险的作用机制。我们将在一个只考虑当期收益的一期模型框架内[②]，来阐述联保小组贷款模式的作用机制。

（一）团体贷款模式缓解逆向选择问题的作用机制

在借贷合约签署以前，概括地说，在团体贷款制度下，那些互相之间比较了解且风险水平相近的借款人将会自动组合成联保小组（Peer Selection），并把风险较高的潜在借款人排除在小组之外。通过这样的机制，放贷机构实

---

① 实际上，由于数据的可获得性及其质量问题，或者由于小额信贷实践者和研究者一相情愿的主观原因，小额信贷研究领域的实证文献是严重欠缺的。这将许多必须由实证给出答案的理论争议置于不可证伪的尴尬地步。比如，前文提到的制度主义和福利主义小额信贷之争，争论的答案事实上就必须由实证研究给出。

② 这里强调只有一期的静态模型特征，可能是非常重要的。后面我们将会看到，这一假定对联保团体贷款模式的作用机制具有重要影响。做这种假定的初衷，也是为了详细考察不同的贷款机制，如“联保小组”和“动态激励”的区别和联系。在后文对“动态激励”机制的考察中，我们会考虑合约存续多期的情况。

际上把个体贷款模式下本应由自己承担的风险识别责任的绝大部分，转嫁给了互相之间更加了解的潜在客户群体。这种联保小组机制的信用发现功能，有利于克服信息不对称造成的逆向选择问题，也有助于减轻贷款机构承担的高昂的交易成本。有研究（Ghatak，1999）表明，这种自动的信用发现功能，有助于降低微型金融的市场利率、提高贷款的偿还率并提高社会福利水平。

我们通过一个简单的模型来表明上述筛选机制和自动匹配功能。

我们考虑一个完全竞争市场上的微型金融机构（Microfinance Institution，MFI）面临的情况，完全竞争市场的假设只是为了简化问题。假设 MFI 面向许多潜在客户，比如一个自然村的全体村民开展业务，每一个村民都面临一个融资问题，如果没有贷款就不能开展独立的投资项目，但是所有的村民都无力为银行提供任何担保（抵押）品。我们把全体村民按照其潜在投资项目的风险程度，简单地划分为安全（S）和风险（R）两类。另外，作为外来机构，MFI 并不确切地知道每一个潜在客户属于 S 还是 R，但它知道在全体村民当中，S 和 R 的比例分别是 q 和 $1-q[q \in (0,1)]$ ①。同时我们假定有关每一个村民投资项目风险类别的信息，是村民之间的共同知识②（Common Knowledge）。另外假定每一个村民的偏好特征或效用函数都是风险中性的，这一假定使得我们可以简单地以预期收益率代替效用（Utility）来优化借款人的行为。

对于安全类借款人（S）来说，每投入一个单位资金，他将以 100% 的概率③得到一个单位收益 Y_s（我们在这里定义 Y_s 同时包含本金和收益率，所以对于每一单位的贷款来说，$Y_s>1$）；而风险类借款人（R）项目成功和失败的概率分别是 p 和 $1-p[p \in (0,1)]$，如果成功则有收益率 Y_r（定义与 Y_s 相似），如果失败则收益率为零。为了分析的简便，我们假定两类借款人具有相

① 这里实际上隐含了一个重要假定，如果 MFI 对于村民的信用状况真的一无所知的话，我们要求任何村民之间没有达成一种道德风险类型的秘密的合谋协议。设想在 MFI 未开展任何业务之前，村民之间无论安全类还是风险类达成了一种秘密的合谋协议，他们彼此约定在借款和后续的生产过程完成后，无论投资成功还是失败，就是说无论盈利大于还是小于零，他们将一起向 MFI 隐瞒事实，并且所有的人都拒绝还款。这样，我们将会发现，下面将要讨论的这个模型是失效的。在这种合谋存在的情况下，团体贷款的自动匹配功能就失效了。那么如何设定借贷合约以避免这种合谋的出现呢？我们后面再来讨论。

② 共同知识是一个严格的概念。举例来说，假定游戏中有两个参与人 A 和 B，如果一个信息是共同知识，那就意味着 A 和 B 都知道这一信息，且从 A 的角度上看，A 知道 B 知道这一信息，B 也清楚 A 知道自己知道这一信息……而且 A 和 B 的情况完全对称。

③ 实际上，即使安全的借款人也很难保证成功投资的概率达到100%，但是这样的假定将使分析变得简单，同时并不影响对于问题实质的理解。而且如果需要，这个假定可以很容易地放宽。

同的预期收益率，即 $Y_s = Y_r \times p$，另外，假定村民进行借贷从而进行独立投资的机会成本是 w，可以理解成为当村民选择受雇于其他雇主时可以获得的市场平均水平的工资。

我们考虑最简单的一种两人小组①的情况。村民必须首先自发组成一个两人小组，组内的两人彼此承担连带偿还责任，申请贷款必须以小组名义进行②。由于 MFI 对借款人的风险类别一无所知，所以它将对所有借款人要求同样的利率水平。作为分析的起点，我们先来看一个竞争性的 MFI 将如何确定贷款的利率水平 i 。注意，这里 i 是对产出而非借款本金而言的利率。

我们知道，竞争性的 MFI 的最优利率 i ，将在其利润为零的地方取得。我们假定 MFI 的平均资金成本③为 c，那么在上述一系列假定之下，MFI 的均衡利率 i^* 将由下式给出：

$$i \times \{Y_s q + [Y_r p + 0(1-p)](1-q)\} = c$$

所以，完全竞争的 MFI 的均衡利率为

$$i^* = c/Y_s$$

彼此了解风险类别的借款人可以组成三种两人小组，即 *S&R*，*S&S* 和 *R&R*，我们逐一考虑这三种情况。

（1）*S&S* ，即两个安全类借款人一起组成小组，他们将获得相等的预期收益。

$$Y_{ss} = Y_s(1-i^*) = Y_s - c$$

（2）*S&R*，即由一个安全类和一个风险类借款人组成小组。

S：如果 R 成功，则 S 的收益是 Y_s $(1-i^*)$；如果 R 失败，则 S 需要承担连带责任，那么他的收益将减小到 $Y_s - Y_s i^* - Y_r i^*$ 。所以 S 的预期收益是

$$Y_{sr} = p(Y_s - Y_s i^*) + (1-p)(Y_s - Y_s i^* - Y_r i^*) = Y_s - c/p$$

---

① 多人小组比如孟加拉传统模式中的 5 人小组的情况可以类推。

② 我们在这里假定小组成员之间承担全额的连带责任，这将使我们的分析简便许多。当然，在更加一般的情况下，我们可以通过设定一个连带责任比例系数，来将模型加以扩展。比如可以设定当同伴违约的时候，当事人需要赔偿其同伴违约金额的一个固定比例 α，实际上，α 取值的变化可以由 MFI 组织外生决定，这也是这个模型中对于 MFI 来说唯一的可控变量了，所以，将我们的模型在这方面加以扩展将是重要的。Ghatak（1999）证实，如果连带责任的比例或者额度设置合理，那么自动筛选机制将成为一种有效的价格歧视手段，可以帮助 MFI 对不同风险类别的借款人征收不同的费用，尽管合同上的名义利率都是相等的。

③ 这里的资金成本的定义和 Y_s、Y_r 类似，包括本金和其他附加成本，其他附加成本可能包括 MFI 所要支付的利息和所有的交易成本，是 MFI 为了不发生亏损，要求其收益必须覆盖的那些支出和费用。

R：因为 S 成功的概率是100%，所以 R 的预期收入是

$$Y_{rs}=p(Y_r-Y_ri^*)=Y_s-c$$

（3）$R\&R$，即两个风险类借款人一起组成小组，他们也将获得相等的预期收益。

$$Y_{rr}=p^2(Y_r-Y_ri^*)+p(1-p)(Y_r-2Y_ri^*)=Y_s-c(2-p)$$

因为 $Y_{ss}>Y_{sr}$，$Y_{rs}>Y_{rr}$，所以无论对于安全类借款人 S，还是对于风险类借款人 R 来说，选择一个安全类伙伴比选择一个风险类伙伴更好。还需要考虑的一种情况是，S 和 R 组成小组的时候，R 将可以考虑用其收益的增加值（$Y_{rs}-Y_{rr}$）来补贴 S 收益的减少（$Y_{ss}-Y_{sr}$），但是由于

$$Y_{rs}-Y_{rr}=c(1-p)<c(1-p)/p=Y_{ss}-Y_{sr}$$

所以，这种补贴是不可行的，就是说 $S\&R$ 是不可行的。那么，我们已经证明了，在模型假定的条件之下，由于安全类借款人只愿与安全类组合，那么风险类借款人就只能与风险类进行组合了（$R\&R$ 可行），所以说具有连带责任的团体贷款必然导致潜在借款人按照其风险特征自动分类匹配。这对于微型金融组织减少与客户信用发现过程相关的交易成本，以及缓解逆向选择问题，具有重要的理论意义。

我们还需要关注的一点是，在 $Y_{ss}>w$，$Y_{rr}>w$ 的时候，安全类和风险类借款人将同时留在市场中，而如果 $Y_{ss}>w$，$Y_{rr}<w$，则风险类借款人将发现取得借款进行投资的预期收入低于受雇于他人取得的平均工资收入，这样风险类借款人将退出市场，而只剩下安全类借款人。

（二）团体贷款模式解决道德风险问题的作用机制

在借贷合约签署以后，贷款机构实际上面临两类道德风险问题，一是借款人也许并不十分努力地进行投资和工作，或者将资金投资到那些具有更高风险的项目上去，这都使投资项目失败的概率变得更大；二是即使借款人投资成功却隐瞒获得利润的事实而抵赖还款。我们将会发现，团体贷款模式要求联保小组成员彼此承担连带责任，这会导致成员对于伙伴是否进行安全投资和是否努力工作进行监督，但并不能有效地防止小组成员在还款环节上可能采取的隐瞒和抵赖行为。就是说，只考虑当期的静态联保小组贷款机制，可以缓解第一类道德风险问题，但对第二类道德风险问题却无能为力。

我们以一个简单的模型框架来说明，团体贷款中的连带责任条款能够促

使同一小组中的借款人互相监督，保证伙伴不进行具有更高风险的冒险性投资①。我们只需对前文关于联保小组可以缓解逆向选择的模型框架进行简单的修改，就可以很容易地做到这一点。

考虑借贷合同签署以后的一个两人小组的情况。按照前文的结论，这两个成员就其风险类别而言是同质的。但是合同既然已经签署，借款人就有偏离合同从事更高风险投资的动机，如果这一投资可以带来更高的预期收益的话②。我们假定银行对借款人事实上从事何种投资并不知情③，但借款人之间则很容易进行互相监督，并可以在其认为需要的时候对伙伴的冒险行为进行惩罚④。我们把投资项目简单地分为安全项目（S）和风险项目（R）两类⑤。安全项目以100%的概率获得收益 Y_s，风险类项目（R）成功和失败的概率分别是 p 和 $1-p$ ［$p\in(0,1)$］，如果成功则有收益率 Y_r，如果失败则收益为零。其他一切假定维持不变。这样，当MFI的利率确定为 $i^*=c/Y_s$ 的时候，小组中两个成员面临一个简单的完全信息静态博弈，博弈结构见表3-1。

表3-1　　一个两人联保贷款小组对投资过程的监督博弈

		成员1	
		冒险投资	安全投资
成员2	冒险投资	$(Y_{rr},\ Y_{rr})$	$(Y_{sr},\ Y_{rs})$
	安全投资	$(Y_{rs},\ Y_{sr})$	$(Y_{ss},\ Y_{ss})$

注：如前文已经证明的，我们有 $Y_{ss}=Y_{rs}>Y_{rr}>Y_{sr}$，在完全信息和共同知识的假定之下，容易发现这个一次性完全信息静态博弈存在两个均衡解，即 (Y_{rr},Y_{rr}) 和 (Y_{ss},Y_{ss})，但我们有 $(Y_{ss},\ Y_{ss})>(Y_{rr},\ Y_{rr})$。

---

① 相同的模型结构也可以等价地证实，连带责任导致的互相监督可以避免小组中的合作伙伴不努力工作可能带来的风险。从这两种不同的角度进行的分析，实际上是等价的。

② 在本书的讨论中，因为我们前面假设了安全类投资和风险类投资具有相等的预期收入，所以 $Y_{ss}=Y_{rs}$，就是说给定对方进行安全投资，那么偏离行为的收益和不偏离是相等的。这看起来和实际情况稍有出入，但不妨碍我们对一般情况的理解。

③ 和第一个模型一样，如果MFI真的对于借款者的实际投资行为一无所知的话，我们也需要假定小组成员之间的秘密合谋协议是不存在的。如果存在这种合谋，两个借款人一起向MFI隐瞒事实，那么这里的讨论就失效了。因为两人的投资行为实际上不再有任何联系，而是可以独立进行、自负其责。如何避免这种合谋的问题，将在下文论及。

④ 在模型中，我们不考虑其他惩罚手段，只考虑对不合作进行惩罚，因为正如下文将看到的，这样的手段就已经足够了。当然如果考虑其他的惩罚手段，将只会强化我们的结论。

⑤ 这种划分是为了简单起见。这里对道德风险问题的分析，看起来似乎只是针对由两个安全类借款人组成的联保小组的，其实并非如此。对于实际中投资项目的安全和冒险的划分都是相对的，因而这里的分析对于由两个风险类借款人组成的小组也是适用的，只不过，在那里安全投资和冒险投资分别对应的是签约前已知的那种风险项目和具有更高风险的项目。

这个博弈存在两个纳什均衡，即（Y_{rr}，Y_{rr}）和（Y_{ss}，Y_{ss}），就是说小组内的两个人将选择一致的行动，即“你冒险我也冒险，你安全投资我也安全投资”。但是这两个均衡解本身存在差别，即（Y_{ss}，Y_{ss}）>（Y_{rr}，Y_{rr}），就是说双方都进行安全投资将是更好的选择。一旦一方采取了冒险行为并很快被对方发现，那么对方也将随之采取冒险行为，均衡就由（Y_{ss}，Y_{ss}）转为（Y_{rr}，Y_{rr}），而这会使双方的预期收益都遭受损失。

这样我们就证明了联保小组成员间的互相监督和仅仅采取不合作态度的惩罚手段，就可以保证小组内的借款人具有足够激励从事安全投资而避免采取冒险行为（或者怠工行为）。

下面我们来证明为什么一期静态博弈下的联保责任无法解决第二种道德风险行为。如前文所述，第二种道德风险是指当小组借款人都已经完成了投资和生产，无论其成功与否，都可能对 MFI 隐瞒实际收入，对还款计划进行抵赖。进一步分析会发现，这个过程包含着两种可能性。

第一，早在借贷合约签署以前，小组借款人之间进行合谋，约定项目结束时将一起向 MFI 隐瞒收益情况，这将使得他们当期的预期收益最大化。当项目结束时，无论项目成败与否，他们都没有违背该秘密协议的动机①。这样的合谋严重威胁 MFI 的信贷安全。但令人遗憾的是，在前文联保贷款模型的严格假定下②，团体贷款模式对于这个问题是无能为力的，这一点构成了团体贷款模型的重大缺陷。在这里，我们像前面一样，仍然假定不存在这种合谋。实际上，我们将会发现，后边讨论的“动态激励机制”将可以有效地解决这个问题。第二，排除小组借款人在最开始的时候达成上述合谋协议③的可能，当某个投资成功的借款人自行隐瞒实际收入进行抵赖的时候，其他的成员是否有动力对其进行监督和揭露呢？我们在表 3－2 中全面考虑了一个两人小组可能遇到的各种情况（表 3－2 借鉴了一般的静态博弈表达习惯，但却不是一个静态博弈的精确表达方式）。

---

① 如果组员项目都成功，就都有遵守合谋协议的动力；如果有的成功有的失败，成功者必然有遵守合谋协议的动力，而失败者也没有违背合谋协议而选择告密的动力，因为那是损人不利己的事情。

② 所谓严格，是指我们讨论的模型被假定为一个一次性静态博弈，即只有一期存续，当事人都不考虑本期行为对将来的影响，只追求当期收益最大化。这个假定我们下文会予以放宽。

③ 这里是指事前的合谋协议没有达成。如我们将看到的，事后的默契也许可以达到相同的效果。

表 3－2　　一个两人联保贷款小组在偿还贷款中可能遇到的各种情况和相应策略

		成员 1	
		投资失败	投资成功
成员 2	投资失败	不隐瞒且不揭露，不隐瞒且不揭露	隐瞒且不揭露，不隐瞒且不揭露
	投资成功	不隐瞒且不揭露，隐瞒且不揭露	隐瞒且不揭露，隐瞒且不揭露

注：表 3－2 包含了两人借款小组中的两个组员在投资成功和投资失败时可能遇到的各种情况。我们假定投资失败的借款人不会隐瞒实际收入，投资成功的借款人必然会隐瞒实际收入；当伙伴是投资失败者从而不会隐瞒的时候，借款人没有必要揭露，当伙伴是投资成功者从而会隐瞒的时候，借款人无论是成功者还是失败者也都不会揭露。这一点并不难理解，在一期模型下，如果"你"是成功者，"我"是失败者，揭露"你"对"我"而言是损人不利己的；如果"我"也是成功者，那么"我"也隐瞒了自己的收入从而可以被当作失败者来处理，这样的话，揭露"你"对"我"而言同样是损人不利己的，何况这样做还可能招致"你"的报复行为，使"我"自己也被揭露。

从表 3－2 中发现，只考虑当期情况的联保小组，几乎必然招致 MFI 贷款额的全部损失，因为小组的组员在还款阶段，几乎不会互相揭露任何欺瞒行为，即使我们已经排除了小组成员在事前达成合谋协议的可能性。需要注意的是表 3－2 中右下角的方框，当两个组员都获得投资成功的时候，他们即使事先没有任何合谋协议，但他们都还是会非常默契的一致抵赖并不会揭露对方。这乍看起来有些不可思议，但却是一种双方基于当期利益最大化的理性选择。

总结一下上面的两种情况，在严格的模型框架内，如果我们只考虑当前期限的潜在收入，那么无论小组成员是否事先达成一个旨在逃避还款义务的共同抵赖的合谋协议，无论实际上借款人是否盈利，借款人都将集体违约，互相监督机制不会自动实现。MFI 的全部贷款注定有去无回。

模型中联保合同存在这一缺陷的关键因素是什么呢？其实我们只需要关注一个问题，投资失败者有没有动力去揭露成功者的欺瞒行为？如果失败者没有动力揭露，则结论将是令人沮丧的。现在反过来考虑一下，如果失败者基于某种原因愿意揭露成功者的欺瞒行为的话，我们就会得出十分不同的结论。首先，我们先前考虑过的那种事前合谋将变得的不稳定，因为即使事先有约，到了最后，除非所有组员都获得成功，不然小组中的失败者必会进行揭露，结果导致合谋破产。其次，不存在合谋的情况下，当成功者试图隐瞒实际收入的时候，作为失败者的对方也会选择揭露。所以如果失败者基于某种原因愿意揭露成功者的欺瞒行为，那么便能改进对还款行为的监督。这在一定程度上解释了，孟加拉乡村银行传统的联保贷款模式中，为什么存在一个小组共同基金的原因。如果考虑这个小组基金的影响，即使在一期的静态模型下，那些投资失败了的借款人也会揭露投资成功的借款人的欺瞒行为，因为这可以使他在小组基金中的份额免受更大的损失。

现在仍然遗留一个问题，当两个借款人都获得了投资成功也都隐瞒了收入的时候，他们会揭露对方吗？实际上，无论是否存在事前合谋，双方的行为都将变得难以预测①。现在，如果我们再加入一个假定，要求每个小组组员对于伙伴的揭露都采取针锋相对②的报复措施，并且这种威胁切实可信，那么无论是否存在事前合谋，双方就都不会揭露对方。

那么，什么样的原因可能导致失败者会主动揭露成功者的欺瞒和双方采取针锋相对的策略呢？对于第一个问题，当我们考虑多期限模型的时候，就可以找到答案了；对于第二个问题，实际上，我们有理由相信，村民之间相互约束力可能是很强的，他们可能非常相信对方在自己背叛的时候也会报复性背叛。

综上所述，只考虑当期收益的静态联保小组贷款模型，并不能有效地防止借款人在获得成功之后可能采取的隐瞒实际收入的策略。小组组员之间的互相监督机制，在还款的环节上是完全失效的。

3.3.2 动态激励的作用机制

动态激励机制就其本身而言，是指在多期重复博弈的环境中，将借贷双方对未来的预期和对历史记录的考察纳入合约框架，设计的能够促进借款人改善还款行为的机制。在微型金融领域，动态激励机制已经被证明是行之有效的风险管理手段，无论是在团体贷款还是个人贷款的场合均得到广泛使用。与团体贷款合约相比，具有动态激励机制特性的信贷合约可能被更多的微型金融机构所采用。动态激励的一个特征是，可以以较小的贷款额度来进行尝

① “难以预测”是指这个博弈结构存在多重均衡。实际上在严格的框架内，存在如下的博弈结构

y 表示全部项目收入		成员 1	
		不揭露	揭露
成员 2	不揭露	(y, y)	$(y, 0)$
	揭露	$(0, y)$	$(0, 0)$

可以发现，这个博弈结构具有多重均衡，每个方框都是一个纯策略均衡。

② 所谓针锋相对的策略，就是说如果“你”揭露“我”，那么“我”就一定揭露“你”。

试，借以发现借款者的真实信用水平，在长期的重复博弈中发展借贷双方的业务关系和借款人的信贷记录（Ghosh 和 Ray，1997）。

一般而言，微型金融领域的动态激励机制可以分为两类。第一类是简单的重复博弈（Repeated Loan），即如果借款人在借款后续的还款过程中表现良好，那么他就可望反复得到相同的信贷服务，而如果借款人发生拖欠或者未能偿还贷款，他再次获得贷款的可能性随之降低，甚至再也不能得到任何贷款。第二类是在第一类的基础上，还款表现良好的借款人将可望在后续合作中获得更高额度的贷款，即贷款额度的累进制度。

（一）个人借款合约下一个简单的无限期重复博弈框架

假设市场上存在一个借款人和一个 MFI 放款机构，借款人相信该 MFI 将会无限期存在（$t\to\infty$）。该 MFI 采用的动态激励合约规定，如果借款人能每期按时足额偿还贷款，那么将会在下一期得到一笔更高额度的贷款，而如果借款人在某一期违约，那么它将再也不能得到任何贷款。我们假定借款人具有资本规模报酬不变的生产函数，即每期的产出会随着每期贷款从而投资额的增加等比例提高。在这里我们可以假定贷款人第一期的收入（我们假定收入就是产出）为 Y，如果他能按照合约的要求偿还贷款的话，后续各期他的收入将分别为 $Y_t=a^{t-1}Y$，$(a\geqslant 1)$，我们称 a 为激励系数，并且特别地，当 $t=1$ 时，$Y_t=Y$。每期的利率设为 i，和前面的模型一样，i 是对产出而非借款而言的利率。我们设 δ（$\delta<1$）为借款人对未来收入的贴现率。

如果借款人在第一期（$t=1$）时就违约，则其全部收入为

$$Y_{npv}^{1}=Y$$

如果借款人在第 $t-1$ 期（$t\geqslant 2$）以前都有良好的还贷记录，而到了第 t 期因故违约，那么他在前 t 期所有收益的贴现值为

$$Y_{npv}^{t}=\sum_{n=1}^{t-1}Y_n(1-i)\delta^{n-1}+Y_t\delta^{t-1}=\sum_{n=1}^{t-1}a^{n-1}Y(1-i)\delta^{n-1}+a^{t-1}Y\delta^{t-1}$$

即

$$Y_{npv}^{t}=Y\times\left[\frac{(1-i)(1-a^{t-1}\delta^{t-1})}{1-a\delta}+a^{t-1}\delta^{t-1}\right]$$

特别地，当 $t=2$ 的时候，借款人的全部收入的贴现值为

$$Y_{npv}^{2}=Y(1-i)+aY\delta$$

下面我们可以求出借款人在第 t 期不违约的充要条件，即借款人在前面的 $t-1$ 期都没有违约，并且在第 t 期也没有违约，这要求下列的 t 个不等式都成立，计算结果如下：

$$Y_{npv}^{2} > Y_{npv}^{1} \Leftrightarrow i < a\delta$$

$$Y_{npv}^{3} > Y_{npv}^{2} \Leftrightarrow i < a\delta$$

……

$$Y_{npv}^{t+1} > Y_{npv}^{t} \Leftrightarrow i < a\delta$$

我们发现，在模型假定的条件下，只要 $i < a\delta$ 成立，则借款人是否违约与期限无关，即当这个条件满足的时候，借款人永远不会违约；而当 $i > a\delta$ 时，借款人在第一期就会违约。

下面仔细观察一下这个重要的关系式 $i < a\delta$，可以得到如下结论：

第一，MFI 确定的利率不能太高，当利率水平低于 $a\delta$ 的时候，借款人不会违约；

第二，a 的取值将影响借款人的行为，a 越大，即贷款额度累进的速度越快，借款人违约的可能性越小，银行可收取的利率水平也变大。特别地，当 $a = 1$ 的时候，条件简化为 $i < \delta$，这使 MFI 在保证借款人不违约的条件下，可得的利率水平 i 的取值范围达到最小。

实际上，a 的取值是等于 1 还是大于 1，分别对应于我们前面提到的两类动态激励机制，即贷款额度不变和贷款额度累进的动态激励。由上面的讨论知道，后一种的激励效果要优于前一种。

第三，δ 是贴现率，可以理解为借款人对于未来收入的重视程度或者是否具有耐心，δ 越大，说明借款人越重视未来的收入，这时借款人不违约的可能性增加了。这个结论其实是非常直观的，你越重视未来合作可能带来的收益，现在就越不愿意违约而破坏这种合作关系。

上面讨论的是一个无限期博弈模型，这实际上要求借款人在第 t 期（t 取任何自然数）必须明确预期到，只要他履约还款，那么他在第 $t+1$ 期必然能够得到 MFI 承诺的贷款，同时在条件 $i < a\delta$ 成立的时候，借款人才会有动力履约还款。所以需要强调 MFI 机构必须帮助借款人形成无限期的长远预期，只有这样，上述动态激励机制才会生效。在一个极端严格的框架内，任何有限期的重复博弈（t 取一个有限的自然数）都会失败，其形态和 $t = 1$ 是完全一样的。因为，如果借款人知道 t 是最后一次了，那么它在第 t 次就不会还款了，而 MFI 如果知道了这一点，那么他在 t 期就不会放贷了；如果 MFI 的这个想法也被借款人准确预期，那么该借款人在第 $t-1$ 期就不会履约还款了……最后，借款人发现他的最优行为可能是第一次就不还款，而 MFI 则干脆第一次就拒绝放贷。这样，市场从一开始就失败了，任何交易都不会发生。

当然，这是一个严格的子博弈精炼纳什均衡①，其结论的成立需要相当强的假设②。实证文献也已经发现了这方面的证据，Pulley（1989）发现，在印度的农村综合开发计划（Integrated Rural Development Program，IRDP）中，只有11%的借款人从该机构获得过一次以上的贷款。这样，到 1986 年的时候，IRDP 所发放贷款的还贷率下跌到了41%（Pulley 和 Robert，1989）。这是很直观的，“既然只能得到一次贷款，那为什么还要还款呢?”

（二）动态激励机制的其他方面

需要补充的是，许多文献已经证实，上述动态激励机制能否有效发挥作用，受到许多其他条件的影响。（1）动态激励机制在人口流动性较低的地区比如农村更加有效，印度尼西亚人民银行发现它在城镇的项目的还贷率低于它在农村地区的项目。这在一定程度上也解释为什么许多机构致力于为妇女客户提供服务，因为妇女具有较低的社会流动性，也缺少获得资金的其他途径（Morduch，1999b）。（2）不同微型金融机构之间的竞争，会削弱动态激励机制的作用。因为当借款人在一个机构有了违约记录后，他可以转而寻求其他机构申请新的贷款。这也说明，在机构竞争加剧的背景下，微型金融领域需要跨越机构的公共信用登记系统，这个系统可以记录每个借款人的信用记录，其信息可为所有机构共同使用。

（三）动态激励机制和团体贷款机制的关系

如前文所述，在只考虑当期收入的静态模型框架内，团体贷款合约对于解决第二类道德风险问题是失效的，就是说，如果借款人小组的成员都已经完成了投资和生产过程，投资失败者没有隐瞒实际收入的动机，但投资成功者都将试图隐瞒其实际收入，声称项目失败以免于偿还贷款，并且小组成员之间不会互相揭露发生在还款环节上的这种欺瞒行为。如前文所述，这构成了团体贷款的重大缺陷。现在，让我们把团体贷款机制和动态激励机制结合起来进行考虑，也就是把原有的静态团体贷款模型拓展到动态的情形中去，我们将会发现，在一定条件下，含有动态激励因素的团体贷款模型，可以有效地解决上述第二类道德风险问题。

如我们在前文中所指出的，模型中的两人小组在还款环节中可能遇到的

① 子博弈精炼纳什均衡，是对多重纳什均衡进行筛选的结果。筛选的原则是，如果一个策略在博弈树的任何一个子博弈过程中都是一个纳什均衡，那么这个策略就是一个“子博弈精炼纳什均衡”。我们在这里的“倒推法”，就是求解“子博弈精炼纳什均衡”的常用方法。

② 实际上就是“共同知识”、完全信息和完全理性的假设。

情况，双方投资成功和投资失败可能的互相匹配关系共有三种，我们分别讨论。

第一，当两人都投资失败，这时两人都没必要隐瞒收入，不存在监督还款的问题。

第二，小组中一人投资失败一人投资成功。我们已经论述过，只要加入一个假定，即“失败者基于某种理由必然揭露成功者的欺瞒行为”，那么无论借款人之间是否存在事先的合谋，原有的静态联保合同都会对还款产生很好的监督作用。实际上，这个假定在动态激励中是很容易实现的。对于小组中的失败者而言，对成功伙伴的欺瞒行为不予揭露，虽然在当期是损人不利己的，但考虑到“小组中至少有一人还款比两人都不还款”会使对自己未来预期收入更好一些①，那么揭露就至少变得损人利己了。

当然，这里还存在一个投机空间。如果失败者所预期到的从未来借款中能够获得的收入②是非常少的，少于成功者从隐瞒行为中所获得收入的增加值，那么成功者在隐瞒收入以后，可以拿出一部分收入来补贴失败者，使后者的情况至少不比揭露他来得好。

第三，当两人都投资成功的时候，在静态模型中双方都会隐瞒实际收入从而抵赖还款。但如果考虑多期的动态情况，只要 $i < a\delta$ 成立，小组中的两个成功者就都不会再欺瞒自己的实际收入水平了，因为如实履约还款可以使未来所有期限收益的贴现值达到最大。

条件 $i < a\delta$ 可以保证成功者遇到成功者的时候不隐瞒收入，但不能保证成功者遇到失败者的时候也会真诚，毕竟，这时成功者要承担伙伴失败造成的连带责任。在一定条件下，成功者发现给失败者足够补贴，让后者不揭露自己，就可以不仅逃避了自己的还款责任，而且可以避免为失败者承担连带还款责任。所以，可以想象，为了保证这种情况不会发生，MFI 在利率定价时需要遵守比 $i < a\delta$ 更强的条件③，这个更强的条件要让成功者感觉到，即使同时承担自己的还款责任和对伙伴的联保责任，他未来收入的现值也要高于他现在串谋的可能收益④。

---

① 这是容易理解的，因为 MFI 可以指定规则，使得对于两人都失败的联保小组继续放款的可能性，比一人失败一人成功的联保小组更低一些。

② 一般地，这取决于失败者继续拿到 MFI 贷款的概率及其可能额度的大小，也和其贴现因子的大小、银行利率水平的高低等因素相关。

③ 比如，MFI 可以让 a 取足够大的值，或者让 i 变得足够小。

④ 认识到这一点是有启发的，但更加详尽的定量研究需要进一步的工作。

总结一下，我们已经证实，具有动态激励机制的小组联保合约可以解决静态联保合约在还款监督问题上的重大缺陷，因为设计合理的“动态联保合约”可以有效地避免借款人之间可能出现的逃债合谋，无论这种合谋是事先达成的或者只是一种事后默契。

另一方面，容易发现，事实上动态激励机制比团体贷款模型具有更强的适用性，更容易推广，其有效发挥作用所依赖的条件也更容易满足。事实上，国际微型金融领域中，动态激励机制适用的范围确实要比团体贷款模型更为广泛。

3.3.3　分期还款制度的作用机制

除了团体贷款合同和动态激励机制以外，许多微型金融机构都采用了不同于一般商业银行传统信贷合同的分期还款制度，这类似于住房按揭贷款的分期还款制度。它要求借款人在借款和进行投资后不久，就开始在每周（或每两周、每月）进行一次还款，每次的还款额根据贷款本金和全部利息之和除以总的还款次数来确定。比如孟加拉乡村银行的传统模式下，一年期的贷款往往在借款人拿到贷款后几个星期就要开始偿还了，并且每周偿还一次，每次偿还的额度等于贷款总额和利息总额之和除以50。分期还款制度之所以广泛存在，是因为它具有许多优点。

第一，分期还款制度是一种基于现金流理念的贷款管理技术，贷款机构在注重自身现金流管理的同时，对借款人的现金流入也提出了较高要求。孟加拉乡村银行模式的简单平均计算周期还款额的方法，事实上要求借款人具有平滑稳定的现金流入。这事实上将借款人可能从事的那些长期项目排除在外，缓解了乡村银行对信贷风险的忧虑。乡村银行还从分期还款制度中获得了充足的现金和更加健康的财务状况。

第二，分期还款制度实际上要求借款人具有某种形式的自有资产，并以该资产产生的收入或现金流入作为贷款的担保。这类似于住房按揭中，银行会要求客户具有稳定的收入一样，贷款事实上是以该收入为担保的。虽然理论上客户可以用贷款资金投资的项目产生的收入来满足周期性还款的要求，但这一般情况下是不可行的，因为只有很少的项目可以在投资几周以后就开始周期性地产生收益。所以，在更大的程度上，微型金融机构是在要求某种形式的担保性资产。虽然这势必将某些赤贫的客户排除在外，但比起传统银行对正式担保（抵押）品的要求已经灵活许多了。

第三，分期还款制度具有一种早期预警功能，能提早发现那些具有较大潜在风险的贷款，从而避免所有的信贷风险在期末的时候集中暴露，这可以为微型金融机构赢得更多的时间来尽量减少损失。

第四，分期还款制度还有一个显著的特征，当客户的实际贷款额随着还款过程的进行逐次减少的时候，微型金融的有效利率将大大高于合同上载明的水平①。在许多利率受到管制的地区，分期还款制度将构成一种迂回收取高利率的权宜之策。

3.3.4 担保替代的作用机制

国际微型金融声称主要面向中低收入群体、贫困农民和微型企业发放贷款，这些客户因为不能提供商业银行所需要的合规的担保（抵押）品而被排除在正规金融体系之外，所以，大多数的微型金融机构都不明确要求客户提供担保（抵押）品。但是，在国际微型金融的实践中，各种替代性担保（抵押）却广泛存在着。这类替代性的担保（抵押）品可以是某种形式的小组共同基金或者强制储蓄②，也可以是一般商业银行不愿接受或者在正规金融市场不受法律保护的某种动产③，甚至是可以预期的未来收入和现金流，等等。所以，即使微型金融机构确实要求了某种形式的替代性担保（抵押），这看起来和他们声称的主要为贫困居民服务的初衷也并不完全矛盾。

孟加拉乡村银行传统模式下的小组基金，事实上强化了团体贷款在解决还款环节上的道德风险问题的能力。小组基金在某些成员确实投资失败的时候，还能够起到一种互相保险的作用。

印度尼西亚人民银行村行系统（BRI－UNIT）的普通农业贷款要求不低于借款等额的担保；而面向贫困无产者的微型金融产品，也专门设计了特殊的担保机制，比如冻结借款小组部分存款作为保证金等。

---

① 这是很容易理解的，不妨举一个简单的例子。假设一笔1 000元的贷款，合同标明的利率为年率20%，要求半年还一次，这样每次需要等额偿还600元。这种情况下，有效利率是多少呢？我们可以把原来的1000元本金分为两部分，一部分以有效利率 i 贷出半年，另一部分以有效利率 i 贷出1年。经过简单求解一个线性方程组，就可以算出有效利率大约为 $i=27.2\%$，高于合同上载明的20%。

② 尽管如此，许多小额信贷机构将要求客户提供强制储蓄的原因解释为“为了帮助穷人养成良好的储蓄习惯”。但这种解释缺乏令人信服的实证依据。穷人是因为缺乏良好的储蓄习惯才导致贫苦的吗？还是因为没有合适的储蓄工具？农村金融机构确实应该为穷人提供适当的可供选择的储蓄工具，但是强制储蓄是适当的储蓄工具吗？这些问题都还需要进一步进行研究。

③ 这些用于抵押的动产在市场价值上可能不能完全抵补信贷风险，但由于它对借款人可能具有某种特殊意义和价值，而可以在很大程度上保证客户尽最大努力按规定偿还贷款。

第 4 章

微型金融的放贷方法

成功微型金融机构的重要特征之一是，其信贷产品以及信贷方法在满足客户需求的同时能够较好地控制风险和成本，进而实现机构的可持续发展。在本章中，我们首先分析微型金融在提供信贷服务时面临的挑战，其次考察微型金融机构如何有效地设计产品从而既提升信贷对客户的价值又降低自身风险，最后介绍微型金融机构贷款管理的典型模式，说明微型金融机构如何为客户提供量身定制的服务。

4.1 微型贷款业务面临的特殊挑战

自 20 世纪 70 年代以来，包括孟加拉乡村银行、行动国际等在内的机构借助小组联保贷款等模式向贫困人口成功地提供小额信贷。全球范围内多种类型的机构纷纷进入微型金融领域，在这些机构中，不仅包括规模较小的公益性微型金融机构，也包括一些大型的商业银行，比如印度尼西亚人民银行、中国邮政储蓄银行等。对于已经或将要进入微型金融领域的机构而言，提供小额贷款服务将会遇到一些挑战，或者说只有解决小额贷款中的一些问题后，才能够在该领域取得成功。具体来看，这些挑战或问题主要体现在以下两个方面。

4.1.1 面临的特殊挑战之一：如何控制交易成本

交易成本在贷款业务中广泛存在。中低收入阶层和微小企业的业务规模普遍较小，而且住地分散，按照商业银行传统的业务模式，要付出很高的交易成本。比如，对于利率相同的两笔贷款，金额分别为五万元和五千万元，商业银行所获得的利息收入相差一千倍，但是两笔贷款都需要专门的信贷人员完成全部的信贷流程，所需的处理时间、人力成本和相关资料基本是一样的，其交易成本的差异也大致相当。显然，在这种情况下，商业银行不愿意开展微型贷款业务。

覆盖那些从未使用过正规银行服务的贫困和低收入客户需要投入更多的时间和精力，还必须解决一些其他问题，例如文化障碍、金融产品或服务的定位、借贷双方责任和义务的讨论，以及基础设施不完善地区的交通或交流问题。根据扶贫协商小组（2004）提供的案例：印度一家实现了可持续发展的微型金融机构，其每位客户产生的成本（即每次拜访或者每次交易）只有0.25美元。然而，由于交易量大，如此低的单位交易成本却使总经营成本占到平均贷款额的25%。与此相比，印度商业银行的经营成本只占贷款余额的5%～7%。

对于贷款客户，贷款也要付出交易成本，在贷款申请中，需要支出交通费用、花费时间、准备文件；大额贷款和小额贷款的交易成本虽有一定差异，但对于一笔大额贷款，客户的交易成本微不足道，但对于小额贷款，客户的成本相对较高。

4.1.2 面临的特殊挑战之二：如何评价客户

信息不对称是商业银行贷款业务中面临的重要问题。在传统业务模式下，商业银行获得客户的信息主要通过两种方式：一是依据客户提供的财务和业务资料。商业银行发放一笔公司贷款，需要客户提供一系列材料，包括规范的财务报表、完整的运营方面的书面文件等；对于个人贷款还需要客户提供工作和收入方面的证明。二是要求客户提供合格的抵质押品或担保，进而对客户进行筛选和控制贷款风险。然而对于中低收入阶层和微小企业，一般没有规范的具有公信力的财务报表，缺乏可信的长期信用记录，也难以满足银行对于担保（抵押）品的要求；自身拥有的较少的生产资料和生活资料也是混合使用的，难以起到担保作用，所以上述个人和机构通常会被排斥于正规金融机构的服务体系之外。对于提供小额贷款服务的机构，将面临如何获取信息以评估客户和贷款的挑战。要成功地向中低收入阶层和微小企业提供贷款必然要有一套获取和甄别信息的方法，需要机构对贷款模式进行创新。

4.2　微型信贷的产品和方法

4.2.1　微型信贷的产品及其构成要素

小额信贷是微型金融机构向中低收入阶层和微小企业提供的主要金融服务之一，通常微型金融机构会设计出多种信贷产品，如小组联保贷款、个人信用贷款、担保贷款等，不同机构提供的信贷产品也有一定的差异，比如中国扶贫基金会下属的中和农信公司发放以小组贷款模式管理的、期限在 12 个月以内的信用贷款，而山西永济富平小额贷款公司则面向个人提供期限在 12 个月以内的信用贷款等。

总体来看，微型金融机构提供的信贷产品具有以下几个方面的特征：

第一，贷款金额相对较小。微型金融机构发放的贷款额度通常远远低于银行一般的贷款额度。在中国，小额贷款的贷款额度从几千元到几万元不等。这主要是因为：一方面微型金融机构客户需要的资金相对较少。中低收入阶层和微小企业的收入水平相对较低，经营活动的规模也相对较小，其资金需求规模也相应较小。另一方面，微型金融通过发放小额度的贷款，能够降低高收入人口贷款的积极性，有利于提高微型金融机构信贷服务的目标瞄准程度。

第二，贷款利率相对较高。小额信贷的利率主要由客户支付的合同利率及其他费用构成。通常微型金融提供的信贷产品往往比商业银行的贷款采取更高的利率水平，客户支付的贷款利率一般高于 20%，部分甚至高于 50%，这主要是由小额度贷款的高成本决定的。另外，客户还需要支付多种隐性交易费用，比如作为获得贷款的条件，客户要参加例会或小组培训项目等。对小额信贷客户来说，能获得贷款的机会比承担高利率更加重要，而且小额信贷客户需要的大部分是短期资金，周转很快，实际承担的利率比收益率要低很多。因此，小额信贷客户愿意也有能力承担较高的利率水平。

第三，信用保证方式灵活。微型金融机构的贷款产品通常不要提供抵押担保，贷款更多地取决于客户的信用。微型金融机构主要通过：为客户提供配套服务（如培训、技术、信息等），以提高客户项目的成功率；采取分期还款的方式，随时掌握客户的信用状况；采取连带担保制度，利用社会压力促使客户还款。

第四，还款方式相对灵活。小额信贷的还款方式包括：到期一次还本付息和分期还款，分期还款又可分为等额本息还款和等额本金还款等方式。微型金融机构可以为所有客户设定标准的还款周期，也可以根据客户的现金流灵活地确定还款周期。贷款的偿还方式对于微型金融机构非常重要，一方面不同的还款方式对微型金融机构的贷款风险控制有重要影响，采用分期还款方式有利于微型金融机构及时掌握客户信用状况的变化；另一方面，不同的还款方式对微型金融机构的贷款收益有重要影响，相同名义利率的贷款产品，采用等额本息还款的利率明显高于等额本金还款和到期一次还本付息。

第五，贷款期限相对较短。微型金融机构贷款产品的期限一般在一年以内，多数贷款为短期贷款。这主要是因为：首先，微型金融机构的客户主要为包括中低收入阶层和微小企业在内的微小客户，这类客户的贷款需求具有短、快、频、急的特点；其次，微型金融机构的贷款利率相对较高，较高的融资成本也使得客户难以长期使用这部分资金；最后，较短的贷款期限有利于微型金融机构进行贷款风险控制。

第六，不限制贷款用途。与传统的银行业金融机构不同，微型金融机构一般不限制客户的贷款用途，由借款人根据自己的技能或特长可以选择任何种类的创收活动，事实上也只有借款人自己最清楚自己到底能做些什么事。微型金融机构客户的贷款需求也是非常多元的，比如购买生产资料、紧急事件之需、购房或消费等，实践中难以对客户仅有的生产、生活资料进行区分，监督客户资金用途的成本非常高昂。事实上对贷款用途的监控不是微型金融机构风险控制机制的核心，微型金融机构更关注客户的未来现金流，只要客户在将来能够有足够的资金按时还款，则符合在微型金融机构的贷款条件。

表 4-1　　微型信贷和传统金融的比较

	小额信贷	传统金融
借贷方法	针对个人品行发放贷款 较少的书面证明 较多的劳动集中	针对抵押品发放贷款 更多的书面证明 较少的劳动集中
贷款构成	贷款笔数多 每笔金额很小 信用保证方式灵活 期限相对较短 逾期贷款数额不稳定	贷款笔数少 每笔数额巨大 有抵押 期限相对长 逾期贷款数量较稳定

续表

	小额信贷	传统金融
机构管理	主要由非盈利性的机构做持股人	利润最大化的管理方法和个人持股者
	很多由非政府组织（NGOs）出资建立	由已有受到监管的机构的外围组织建立
	分散成小单元，多设立在基础设施薄弱的边缘地区	组织集中，分支机构设在城市中

资料来源：Rock and Otero，1996；Berenbach and Churchill，1997.

4.2.2　微型信贷方法及其分类

小额信贷产品指的是微型金融机构提供哪些贷款服务，而微型信贷方法是指微型金融机构以怎样的方式提供贷款服务。对小额信贷客户来说，由于缺乏贷款的抵押品，没有规范的财务报表，这些群体被排斥在正规金融机构之外，很难有获得信贷服务的机会。对于微型金融机构而言，向这些受到金融排斥的群体提供信贷服务，则需要在贷款管理的方式上进行创新，比如采用非现金抵押方式（包括存货、设备、珠宝或其他有价值的家庭财产等），或进行抵押替代机制创新（比如借款人的品质、小组联保和联名担保等），或要求客户进行强制储蓄以作为一种贷款保证。

国际上微型金融机构的常用的信贷方法，按照贷款风险控制机制的不同可以分为小组联保贷款模式、村银行贷款模式、个人贷款模式以及混合型模式四种方法。小组联保贷款模式是以小组联保的形式发放小额贷款，也被称为 GB 模式，该模式代表性机构是孟加拉乡村银行；村银行贷款模式指的是小额信贷机构以一个村的整体信用为支撑，在村范围内发放小额贷款，其代表性机构是玻利维亚国际社区援助基金会；个人贷款模式指的是直接对自然人发放小额贷款，其代表性的机构是印度尼西亚人民银行；混合型模式是糅合以上三种模式同时兼顾上述三种形式，其代表性的机构是玻利维亚阳光银行（BancoSol）。

4.2.3　微型信贷方法设计的关键要素

微型金融机构提供信贷服务的重要特征和核心原则是透过一整套严密的制度和规范的操作来确保较高的贷款入户率、项目成功率和贷款偿还率。微型信贷方法设计的关键要素主要包括服务的目标群体、风险控制机制和贷款程序三个方面。

（一）服务的目标群体

微型金融机构服务的目标群体主要为中低收入阶层和微小企业，收入是目标群体特征中最主要的因素，它直接体现了微型信贷服务的覆盖广度和覆盖深度。微型金融机构的使命是满足包括贫困人口在内的中低收入群体的金融需求，收入水平较低是这些群体的共同特征；其客户群体的收入水平越低，则其覆盖广度和深度也相应越大。可以说微型金融机构的覆盖广度和覆盖深度与贷款利率、信用额度等构成因素直接相关。微型金融机构的客户群体是有一定经济活动能力的中低收入群体，那些缺乏生产经营能力的群体不应成为微型金融的客户。

性别也是微型金融目标群体的重要特征之一。一般认为女性受贫困的影响较男性更严重，通过妇女参与小额信贷可以提高妇女的能力，进而提高她们的经济和社会地位。同时，妇女经济收入的提高有利于家庭整体营养状况，尤其是儿童营养状况的改善，有利于提高女童受教育的状况（林志斌、王海民，1999）①。另外，从微型金融机构风险控制的角度看，有研究表明女性的还款率较男性高。因此，部分微型金融机构在贷款发放中以女性客户为主体。

微型金融机构的客户多处于山区等偏远地区，这些地区的经济发展水平、客户的受教育程度、交通的便利程度等均相对较差，微型金融机构在信贷管理方法的设计中应充分考虑这些条件的影响。

（二）贷款发放的组织形式：小组还是个人

小组联保贷款由贷款申请人自愿组成连保小组，小组成员相互之间负有连带权利和连带责任，不需要任何的抵押就能共同获得贷款。小组联保贷款通过把现代的、市场经济下的法律制度，与传统的乡村伦理文化结合起来，把现代社会中法律、合约对人的约束转变为传统的乡村伦理文化对人的相互约束。有了自愿组成的连保小组形式，当小组的某些组员企图违反规则时，在小组内部就会产生某种连带的压力；同理，当某小组成员遇到困难，小组其他成员会给予帮助和支持，因此，自我选择组成贷款连保小组的过程是强化贷款管理的过程。贷款人寻求的合作伙伴，必须是同一社区的长期居住者（而非流动人口），彼此相互熟悉，使那些信用状况不佳者被自动排除在外。然而，在现实中存在客户之间信任程度低、联保小组组成难、小组联保贷款运作复杂、客户参与意愿低等问题。因此越来越多的微型金融机构选择直接

① 林志斌，王海民．论小额信贷运作中的性别分析［J］．社会学研究，1999（1）．

向客户个人发放贷款，并建立其他有效的信息获取机制和风险控制机制。

（三）小额信贷的贷款程序

商业银行贷款程序是其内部控制的重要组成部分，各个银行贷款必须严格按照一定的程序执行，上述贷款程序较为复杂，主要步骤有：贷款申请—贷款调查—信用评估—贷款审查—贷款谈判—贷后检查—贷款收回。而小额信贷的贷款程序较简单，无须提交各种书面材料，一般申请者只需填写一张申请表，贷款批准程序一般在一周以内就能够完成。

风险控制机制是微型信贷贷款程序的重要组成部分，偿还方式和贷款偿还激励机制等在不同程度上对风险控制起到重要作用，比如分期还款的还款方式，降低了每期的还款额度，减轻了还款的压力，也降低了微型金融机构的风险压力。由于实施分期还款方式，操作人员经常与中低收入群体取得联系，及时了解中低收入群体在项目经营活动中遇到的困难和存在的问题，并及时予以帮助。部分微型金融机构还要求客户进行强制储蓄，要求他们定额、定期进行小额度储蓄，这不仅是微型金融机构扩大资金来源的一种手段，更是帮助中低收入群体了解到储蓄是一种资本积累方式的手段，从而树立理财观念。

另外，微型金融机构强调信贷获得公开性。微型金融机构的信贷活动是完全公开进行的，尤其是对于小组联保贷款，主要活动是在中心会议上进行的，没有任何可保密的或私下进行的活动。所有贷款组员相互平等，团结互助，没有上下贫富之分。成员或小额信贷的管理人员可随时查看所有的账目，这样有助于减少营私舞弊和贪污腐化，增强组员对组织的信任，吸引组员积极参与到项目活动中。

4.3　典型信贷方法比较

4.3.1　小组联保贷款模式的内涵与运作机制

（一）小组联保贷款的内涵

小组联保贷款是小额信贷组织客户的一种基本模式，是由贷款者自愿组成一个小组，金融机构面向小组发放贷款，小组中的成员对其他成员的违约承担一定的担保责任；主要适用于人口密度大，居住集中，特别是贫困人口集中、贫困面大和贫困程度深的地区。建立小组并承担本小组成员还款连带责任是给成员贷款的条件，这能使成员间起互相监督和相互担保的作用。

1976年，孟加拉国的穆罕默德·尤努斯教授怀着爱国之心和对农村贫困群体的关注，在孟加拉国一个叫乔布拉的小村庄开始了小额信贷的扶贫试验。通过三十多年的发展，尤努斯所在的格莱珉银行逐渐发展为组织遍及全孟加拉的金融机构，服务于全国64个地区的68 000个村，且还款率达到了97%以上，证明这些无担保的、在传统商业银行眼里被视为“金融界不可接触者”的穷人，实际上比商业银行青睐的借款人拥有更好的信誉和更高的还款率。格莱珉银行所实行的是一种团体贷款制度，采取连带责任和强制性储蓄等担保形式发放贷款，即由同一社区内经济地位相近的贫困者在自愿基础上组成5~6人贷款小组，在小组基础上建立乡村中心，每周定期召开中心会议，进行贷款交易和技术培训。借款人组织由“会员—联保小组—乡村中心”组成，是GB运行的基础。GB被誉为世界上规模最大、效益最好的扶贫项目和扶贫方法之一，在国际上受到广泛的推崇。

（二）小组联保贷款的核心运作机制

小额信贷旨在向中低收入客户提供微型金融服务，这些客户既没有足够的自有资本作为银行服务的担保，也不可能提供可信的资信报告和信贷登记，因此小额信贷机构必须重新整合各种价格和技术要素，不断创新金融产品和相关的风险控制手段。在客户缺乏经济资源的背景下，各种创新的小额信贷机制都是将目标客户群的社会资产作为约束激励机制赖以建立的关键。小组联保贷款的主要创新在于，利用制度的设计形成有效的筛选机制和监督机制，降低小额信贷的交易成本和信息成本。具体来看，这些制度设计主要包括：

第一，由贷款客户自主选择组成联保小组。

小组联保贷款要求若干个贷款申请人自愿组成联保小组，一般情况下，组成小组的成员具有相同的社会背景，居住地也相对集中，彼此相互了解。联保小组实际上是一个自动筛选的机制，通过客户的自愿选择，将高风险的客户排除在外；联保小组还是一个典型的团体激励机制，小组内部的成员既是监督人，也是被监督人，从而实现用小组成员内部的监督代替微型金融机构外部监督的目的。这种制度安排有利于降低微型金融机构的监督成本，使监督变得可行，同时也更有效；同时，小组内部还能激发起竞争意识和相互支持意识。严密的组织和制度保障，使各贷款成员之间形成相互支持、相互监督的氛围，保证了较高的还款率。

第二，采用小组内部互相担保的担保替代制度。

中低收入阶层因不能提供正规金融机构要求的合格担保品而被排除在正规金融体系之外，所以大多数微型金融机构都不明确要求客户提供担保品，而是通过各种担保品替代机制来控制风险。小组联保贷款不需要客户提供抵质押品，也不需要客户提供正规的担保，而是由联保小组内部的成员相互提供担保，如果某一小组成员不能按期偿还贷款，则由其他小组成员承担贷款偿还责任，否则将导致其他成员失去再次获得贷款的机会。这样一方面促使建立小组成员的内生化选择机制，将高风险客户排除在外；另一方面，小组内部的相互监督，有利于避免贷款偿还中的道德风险。部分微型金融机构采取小组成员轮流获得贷款的形式，并且小组长获得贷款的顺序排在最后，这有利于进一步强化小组内部的监督。

第三，建立联系人和定期会议制度，降低贷款管理成本。

为了降低贷款管理成本，微型金融机构通常将若干个距离相对较近的联保小组联合组成中心组，中心组选举产生中心组组长，每个小组的组长和中心组的组长作为联系人，负责与微型金融机构保持经常性的联系，并组织召开定期的中心会议。中心组组长负责组织定期的中心会议，并协助微型金融机构信贷管理人员收取还款、存款和解释银行的规章。联系人和定期会议制度确保了成员间信息的及时沟通和提高信息的对称性，并确保贷款的适当利用和和准时还贷。通过联系人制度和定期会议制度，使得小额信贷的管理人员能够同时管理较多的客户，有利于降低贷款的管理成本。

第四，建立贷款偿还的动态激励机制。

动态激励机制是指将借贷双方的未来预期和对历史记录的考察纳入贷款管理的框架，设计出能够促进借款人还款的激励机制。对于小组联保贷款，在放款的过程中，从提供小额度贷款开始，在及时归还小规模贷款的前提下，才开始发放数额较大的贷款；如果小额度贷款不能及时偿还，进一步的信用渠道就将被切断。开始以较小的贷款额度进行尝试，以发现借款者的真实信用水平，通过长期的业务关系，形成客户的信贷记录。逐渐增大的贷款额度和持续贷款承诺有利于形成客户还款的激励。动态激励机制是小组联保贷款采用的风险控制机制之一。

总体来看，小组联保贷款的可操作性强，各种制度均植根于借款人的现实，一切要求都简单明确而不需要太多高深的监督技术。针对穷人数量众多及分散的特性，成立了小组、中心等组织；针对信息不对称问题，通过成员筛选确保小组内的信息较充分，并将监督的职责内化，节省了监督成本，解决了银行的委托代理问题；针对穷人空白的财务记录，设计定期存款的机制帮助他们建立简单的财务收支记录，保证了信贷资金的高回收率和高回报率，并引导他们积累自身财富，逐步改善经济状况。

专题：孟加拉乡村银行应用小组联保贷款的案例分析

孟加拉乡村银行（格莱珉银行，GB）创建于20世纪70年代中期，是世界金融史上第一个属于穷人的“草根银行”。它以社会底层的穷人为贷款对象，通过特殊的制度安排，解决了他们贷款难的问题。孟加拉乡村银行在尤努斯的带领下，从27美元的贷款艰难起步，发展成为拥有近600万借款者、2 185个分行、18 151个员工、还款率高达98.89%的乡村银行机构。

在贷款管理模式上，孟加拉乡村银行经历了传统模式和第二代模式两个阶段。

第一阶段：传统信贷运作模式阶段

1. 成立借款人会员组织，分为会员、小组、中心三个层级。借款人必须是穷人，家里拥有少于半英亩或家中拥有不超过等值于1英亩土地财产；借款前5名会员组成贷款小组，小组由成员自由组合，但之间不能有亲戚关系，且同一组成员必须来自同一个村。小组成立前，银行工作人员对小组成员进行调查审核，进行7～10天的培训，让他们了解银行的制度规定和成员、小组的职能，最后填表、举行小组成立仪式。每个小组设组长和秘书各一名，在成员间每年轮换一次。小组每周召开一次例会，全体成员参加。由6～8个小组组成一个会员中心。中心设主任、副主任各一名，由所有成员选出，任期为一年，不能连任。主任的职责是负责中心的事务，帮助解决任何单个小组无法独立解决的问题，并与银行指派到这个中心的经理密切合作。中心每周召开一次例会，与银行工作人员接洽，各组选出代表参加会议，且必须人人到会，有事必须请假。会议的主要内容是检查、监督贷款利用情况，回收还款，帮助还款出现困难者解决遇到的问题，评议选择新贷款，推广科技卫生知识，传递信息。

2. 贷款制度严格。贷款不需要任何抵押和外部担保，但严格遵循以下规则：一是小组贷款采用“2+2+1”的贷款次序，即优先贷款给小组中最贫穷的两人，如果在约定的期间内（一般为6周）这两个人能够正常分期还款，则向另外两人发放贷款，最后贷给小组长；二是小组成员之间要互相帮助和监督，对彼此的债务承担连带责任，如果有一个成员发生违约，则整个小组失去借款资格；三是按照贷款额的5%提取小组基金，作为小组风险备付金；四是每星期要和同属本中心的其他小组一起，召开一次中心会议，在银行工作人员的指导下，讨论每个成员的贷款计划和相关生产及还款安排，并监督执行。

3. 贷款期限一般为一年，实行单利计息和分期等额还款制度。尤努斯将贷款偿付机制提炼为：贷款期一年；每周分期付款，不允许一次性提前还清贷款；从贷款一周后开始偿付；平均利率接近20%；每周偿付数额是每周偿还贷款额的4%，还50周。

4. 单笔贷款金额很小。尤努斯最初的小额信贷试验，每笔贷款金额不到65美分；1983年前后，平均每笔贷款金额为25美元；从2005年的数据看，格莱珉银行当年发放贷款3.8亿美元，贷款笔数362万笔，平均每笔贷款金额约105美元。

5. 坚持商业收费原则。由于客户风险和运营成本较高，格莱珉银行贷款利率比普通商业银行平均高4个百分点，平均息差达到近10%；即使遭受洪水或者龙卷风等灾难，银行也不会免去村民的贷款，而只是帮他们重组还贷方案；在向村民提供服务时，银行从不免费。

6. 要求借款人购买格莱珉银行的股份。按照规定，借款人在获得第一笔贷款时，先以贷款的1%购买银行的一份股权，成为银行的股东，并在存款等业务上对格莱珉银行保持很高的忠诚度。

7. 向贷款户提供生产性指导服务，帮助农民脱贫。格莱珉银行除了向穷人贷款，还成立农业基金会、渔业基金会、纺织基金会、信托基金会、乡村基金会等五个基金会，在每个县设立一个分会，负责向贷款户提供农业技术指导和产销服务，帮助农民发展生产。

第二阶段：第二代信贷运作模式

1998年，孟加拉发生严重洪灾，格莱珉银行的十余万客户受灾，格莱珉银行的不良贷款率猛升到30%左右；而根据传统模式，如果借款者不按时还款，就将被永远取消借款资格，这在很大程度上动摇了银行的客户基础，格莱珉银行面临生存危机。为弥补传统模式在应对系统风险时存在的缺陷，2000年尤努斯推出了第二代模式。与第一代模式相比，主要进行了以下几方面的调整：

1. 贷款期限安排更为灵活。在基本贷款的基础上增加了灵活贷款这一创新安排。如借贷客户不能按时偿还基本贷款，就转入灵活贷款，而不是被取消借款资格。所谓灵活贷款，其实是在借贷双方协商的基础上，变更基本贷款的条款，比如延长贷款期限、减少分期还款频次等，使贷款条款更符合借款人的经济现实，减轻还贷压力，增强借款人的还款信心和意愿，从而减少不良贷款的实际发生。基本贷款的借款人能很方便地循环使用并且提升自己的信用额度，而在转入灵活贷款后，借款人申请新贷款时则受到一些苛刻的限制性条款的约束，但是一旦灵活贷款如期偿还，借款人可申请转回基本贷款。

2. 借款人的借款基础从联保小组转移到了个人，不再要求小组提取5%的风险基金，取消了小组成员间的联保关系，取消“2+2+1”贷款次序安排，小组成员可同时获得贷款，小组被削弱为一个议事和相互监督的组织。

3. 强化借款人个人的财务管理，要求每个借款人开设个人账户、特别账户和养老账户，将贷款的5%作为强制储蓄，均分为两份，分别存入个人账户和特别账户，同时要求借款人每周在个人账户中小额存款。个人账户的资金可随时提取，特别账户资金用于购买格莱珉银行股金，不能提取，但享受分红。所有借贷8 000塔卡（约138美元）以上的客户，每个月都要在养老金账户中存入50塔卡，客户达到退休年龄后分期返还。格莱珉银行对储蓄资金按照高于市场的利率支付利息。以上安排旨在提高借款人的储蓄意识，提高财务积累，一方面为格莱珉银行创造资金来源，另一方面降低借款人的财务风险。

4. 改革准备金制度，格莱珉银行坚持采用宽松的准备金政策，在传统模式下只对逾期2年以上的贷款提取100%准备金，而对于逾期未超1年的，不计提准备金；第二代模式将上述政策改为：对拖欠首次还款达到10周或贷款逾期超过6个月的借款人，将其借款自动转为灵活贷款，并按欠款本息的60%~100%计提准备金。

5. 对营业所和工作人员实行星级表彰制度，制定了五个方面的星级达标规定，包括小组成员6岁以上子女都上学，并完成5年教育，成员连续5年都超过了贫困线等，突出了银行的社会责任。

6. 实行黄金客户成员制度，对连续7年保持100%还贷水平的客户给予黄金客户身份，可以获得较高信贷额度等优惠。

综上所述，孟加拉乡村银行的贷款管理模式具有如下特点：

1. 贷款对象是最贫困的人尤其贫困妇女，银行为最贫困的人而设立。

2. 银行经营的理念和目标以扶贫为主，信贷只是扶贫的手段，重视财务可持续，不追求利润最大化。银行内部考评表彰机制以当地穷人脱贫程度为主要指标，体现出较强的社会导向性。

3. 单笔贷款金额较小，没有抵押品，且相对于高利贷而言利率较低。

4. 经营方式灵活，真正围绕客户，根据穷人特点设计信贷管理方式。第二代信贷管理模式依靠灵活贷款的制度安排，保留了相当一部分1998年受灾的穷人客户，并成功收回了大量逾期贷款，减少了银行损失。

5. 重视借款者信用和人格道德对借款者的约束。根据农村社会特点，要求借款人成立小组，实行小组互助联保制度和中心会议制度。通过小组开展放贷、收贷及其他一切活动，依靠小组成员自我约束、相互制衡和银行监控相结合，形成有效的风险控制机制，在很大程度上解决了信息不对称问题，降低了银行贷款成本，从而实现了较好的经济收益。

资料来源：农业银行国际业务部课题组．格莱珉：制度安排与运作模式[J]．农村金融研究，2007（10）．

4.3.2　村银行模式的内涵与运作机制

（一）村银行贷款模式的内涵

村银行贷款最早是由玻利维亚国际社区援助基金会（FINCA）使用的一种贷款管理模式。村银行贷款不同于一般所讲的村镇银行或在村一级设立的银行，而是指由村子里25～30个村民组成的非正规的互助机构。村银行一般采取民主管理方式，由成员自己选择领导、设计规章制度、记账、资金的管理、贷款的发放和收回等。村银行贷款一般不需要抵押品，其贷款由成员担保，如果有一户不能还款，其他成员有责任代为偿还。村银行贷款主要依靠当地的信息和成员间的互相了解来解决贷款人的信息问题，依靠群体压力来解决贷款的监督和道德风险问题。村银行的资金来源主要依靠成员的存款和来自银行或微型金融机构的资金。

乡村是一个熟人社会，社区成员通过千丝万缕的联系形成一个彼此相互熟悉的熟人网络，彼此之间相互联接、相互影响，他们的经济行为和其他社会行为一样不是孤立存在的，而是深深地嵌入在社会网络之中，而社区的规范和文化可以有效约束社区成员的机会主义倾向。在社区内部，信息传播速度快，社区主体的违约的社会成本高，这就制约了社区成员在信用交易中的机会主义行为，使其在交易中努力建立和维护自己的社会声誉。村银行贷款模式，正是利用社区中已经存在的熟人网络和声誉机制，来形成对成员行为的制约和激励，从而保证贷款偿还。

（二）村银行贷款管理模式的核心机制

1. 村银行的构成

乡村银行一般由30个左右的会员组成，会员拥有村银行的所有权并负责管理村银行。村银行的初始资金主要来源于外部支持机构的捐赠和内部的资金积累。这种贷款管理模式下，外部支持机构通常提供初始的资本金，并帮助村银行组织培训成员，随着村银行管理能力、内部资金和自治能力的增强，外部支持机构将逐步淡出。村银行所有成员必须定期存储一定量的小额存款，逐步形成村银行的资金。村银行定期召开会议，一般每周或至少每月进行一次，所有会员必须参加。在每次会议上，自助小组成员讨论所面临的问题，并试图找出问题的解决方案，以增进成员之间的相互了解和更好地解决存在的问题。

2. 村银行内部贷款的管理

村银行可以利用内部积累的资金为成员提供贷款，具体的贷款管理办法，如贷款的申请、审批、发放、回收等，贷款产品的相关条款，如贷款目的、金额、利率和还款计划等，均由村银行成员讨论决定，并保持相关贷款记录。通过内部贷款的管理，村银行成员逐步掌握如何正确地管理、利用和偿还他们的小组贷款，这些活动为随后与向商业银行借款提供了宝贵的经验。

3. 村银行的外部融资

村银行运营一段时间之后，往往自有资金难以满足会员的需求。如果各方面的管理逐渐成熟，能够满足商业银行的相关要求，则可通过村银行向商业银行申请贷款。贷款通常以村银行的名义进行申请和发放。商业银行提供贷款给村银行的利率由双方谈判决定，而村银行提供给成员的利率由成员讨论决定。贷款也相应由村银行负责偿还，而村银行利用内部的风险控制机制来确保成员偿还贷款，从经验上来看，村银行的贷款偿还比个人的偿还要好。

与传统的针对个人的贷款相比，商业银行或微型金融机构与村银行之间的信贷联结具有如下优势：

（1）有利于降低交易成本。一方面，对于一个村银行发放贷款只需要一个账户，这样商业银行或微型金融机构可以通过较少的账户服务更多的客户；另一方面，在贷款的评估中，银行评估的对象不是借款人个人而是村银行，对借款人的评估由村银行自主进行，这增加了同伴筛选的效应，减少了交易成本。

（2）增加了银行的存款基数。尽管每个账户的金额非常小，但小额的储蓄对银行仍然有利可图。因为经过一段时期，村银行的金融业务逐渐变成很大的业务。

（3）提高贷款的偿还率。村银行成员对贷款成员的道德压力是保证贷款适当运用和贷款偿还的有用手段，并且由于村银行内部成功的成员弥补了亏损者的部分损失，从而减少了由于项目不成功导致的银行损失。

（4）银行在农村区域社会声誉的增加。通过与村银行合作，银行或微型金融机构得到了社会的承认，获得好的声誉，这有助于未来在乡村中发展银行业务。

专题：玻利维亚国际社区援助基金会模式

1984年，一个曾经在秘鲁工作并获得福布赖特奖学金资助的经济学家暨社会发展专家约翰·海奇，在玻利维亚开始了一项穷人贷款项目，在不需要任何抵押的情况下，向穷人发放小组成员联保贷款。这一项目的主要做法是建立5~10人的互助小组，每一周或两周开一次会，为他们自己提供三项服务：

1. 提供自我就业贷款，每笔贷款50~100美元；
2. 以激励的方式鼓励存款和积蓄；
3. 以社区为基础提供相互支持，提高个人自主权。

约翰把这些小组称为村银行。村银行小组成员互相担保，实行民主管理，由小组成员自己选举小组长，自己制定章程，自己管理资金，自己放贷收贷，自己记账，自己负责监督，自己对违约行为实施惩罚。1985年，约翰·海奇建立了国际社区援助基金会，在墨西哥、洪都拉斯、危地马拉和海地，相继设立了村银行项目。1992年，芬卡进入非洲，目前在非洲和拉丁美洲已拥有25万个客户。1995年，芬卡在地处欧亚大陆的吉尔吉斯斯坦设立了村银行，随后又相继进入了亚美尼亚、俄罗斯、科索沃、阿富汗、塔吉克斯坦。芬卡创立了一种独特的模式，即利用捐款为其全额控股的各个分支机构建立自有资产，以自有资产作质押，从商业银行获取更多的贷款资金，再转贷给穷人。一般情况下，每1美元自有资产，可以从商业银行获得5美元的贷款资金。而芬卡则依靠这些捐助款，保持了对各分支机构及其项目的控股权和服务于穷人的发展方向。截至2009年4月，芬卡已经在21个国家拥有74万个客户。

村银行贷款模式主要采取资金互助、完全由基层成员自我管理的治理结构，使其资金成本、运行成本都大大降低，管理简化，但是这种模式融资范围和融资能力十分有限，小规模、低成本、低收益，使得多数基层互助组织难以有效扩大业务规模，上层管理组织长期不能自负盈亏，上下层关系靠上层组织初期引进的启动资金维系，后期关系渐行渐远。实际上，目前芬卡组织以来自社会捐赠的自有资金加强对基层互助组织的控制，其运作模式和治理模式正在逐步向孟加拉模式靠近，看上去更像是上层公司化管理与基层资金互助组织自我管理相连接的一种改进模式。

4.3.3 个人贷款模式的内涵与运作机制

（一）个人贷款模式的内涵

个人贷款是指微型金融机构直接与贷款的个人（或微型企业）签订合同，由贷款的个人负责偿还贷款的贷款管理模式。与传统的小额信贷不同，个体贷款管理模式不依赖于小组机制来控制低收入人群贷款的风险，它是将传统的银行信贷技术根据低收入人群的特点进行调整后产生的。这种模式通过考察客户的生产经营活动、家庭经济状况以及客户的口碑等来收集信息以评估风险，而不是通过收集文件的方式。

与传统银行信贷一样，个人贷款模式的贷款决策坚持3C原则，即评估申请人的品性、担保品和偿还能力，但与传统信贷强调的重点有所不同。第一，首要考虑的因素是申请人个人的品性，即把客户的还款意愿放在首位。第二，在贷款评估时将整个家庭的所有活动作为一个经济单位来确定其现金流，并且通常不考虑贷款资金对家庭创收能力的影响。第三，在可能的情况下也会要求提供担保，但担保可选择的范围要比传统信贷广泛得多。同时，这些非传统的担保更多的是用来证明申请人的还款意愿，很少把它作为一个真正的第二还款来源。

（二）个人贷款模式下如何进行贷款决定

传统银行信贷技术主要基于那些易于编码、量化和传递的硬信息，然而中低收入群体难以满足这些贷款条件，在开展小额信贷业务时，需要引入创新性的信贷技术，或者非传统的信贷技术，这些信贷技术适应小额信贷客户缺乏完整的财务报表、缺乏合格的抵押物、信息不透明等特点，可以根据借款人的具体情况来提供个性化的服务，它强调通过信贷员对客户的实地调查和有关人员的交谈来获得借款人更多的信息，包括财务信息和软信息，通过这些信息重点考察借款人的还款能力和还款意愿。

第一，正确评估借款人的还款能力。正确评估借款人的还款能力对降低信贷风险具有极为关键的作用。通常把企业和家庭作为一个整体来考虑，通过对家庭企业的现金流的计算来评估借款人的还款能力。首先，信贷员要细致深入地进行实地贷前调查和分析。信贷员不仅要实地访问客户所经营的企业，还要到客户家中进行访问。信贷员通过调查小额信贷客户的业务流量、存货量、各种原始单据等来查看其经营情况，广泛收集客户的财务数据和相关信息。其次，在此基础上，信贷员为其编制整个家庭（或企业）的资产负债表、损益表及现金流量表，获得贷款申请人企业和家庭现金流的完整图像，从而对该企业的整体经营情况有详细的了解，预测其未来的现金流，进而判断其是否有足够的还款能力。只有在借款人的现金流足以归还贷款时，才能发放贷款。

第二，设计适当的产品提高借款人的还款能力。这种信贷技术还可以通过设计适当的产品来提高借款人的还款能力，主要有以下两种方式。首先在贷款期限和还贷计划设计上要适合于客户的运作特点，其次是要与收获周期相适应。

第三，考察借款人的还款意愿。在小额信贷中，对借款人还款意愿的考察与还款能力的分析具有同样重要的作用，重点要集中在对借款人个人及其家庭特点的考察，获取借款人相关的一些软信息。由于没有充分的证据来表明借款人及其家庭的还款意愿，因此必须设立一些需要考察的角度和尽可能标准化的评估表格，以便指导信贷员进行间接的考察。这些软信息不仅有助于判断客户的还款意愿，而且有助于了解客户的还款能力。此外，还可以实施一些激励机制来提高借款人的还款意愿。例如，借款人能够获得的贷款额度取决于他的信用水平，只有按时还清一笔贷款之后才可以申请下一笔贷款，并且下一笔贷款的额度可以增大，贷款期限可以加长。这样就对客户形成一个有效的激励，促使其履行还款义务。

第四，进行交叉检验。信贷员要通过多角度的交叉检验来验证客户提供的信息和数据的真实性。客户可能有意或无意的提供了某些不真实的信息，但不真实的信息必然有漏洞或相互矛盾的地方，必然不能自圆其说，从不同的角度考察，这些矛盾就会显现出来。考察的角度越多，对所获得的信息或数据的可信性验证也越充分。顺利实施交叉检验的重要前提是要对当地不同行业的经营特点、经营方式、投入品价格、商品销售价格进行深入地了解，而这些因素是不断变化的，因此对信贷员的个人经验和广泛的知识面有很高的要求，只有通过系统地总结积累和相互交流才能更有效地进行交叉检验。

专题：印度尼西亚人民银行大众信贷模式

印度尼西亚人民银行（Bank Rakyat Indonesia，BRI）成立于1968年，是印度尼西亚主要国有银行之一，也是印度尼西亚规模最大的小额信贷服务机构，致力于在农村地区提供金融服务，特别是与农业发展相关的金融服务。截至2006年末，BRI拥有将近55亿美元的总资产，向346万活跃客户发放了超过30亿美元的小额贷款，平均贷款额度为878美元。

1984年，BRI按照自主经营、自负盈亏、自担风险的商业化经营理念进行机构改革，要求村行管理者对收益和贷款质量负责，在创新组织机制的同时，BRI也不断开发符合中低收入人群需求的金融产品。特别地，一些产品不设定特定的贷款目标群，不享受国家补贴，面向全部有信誉的农村客户并可运用于任何生产企业，构成了BRI向全方位服务于农村的金融机构发展的重要里程碑。

在组织制度方面，BRI实行四级组织结构，自上而下分别是总行、地域分行机构、地区支行及村行系统。最小的农村网点多分布于城乡交界处接近市场的地方。一个网点覆盖17个左右的村庄，服务大约4 500个储蓄客户和700个贷款客户。村行实行高度自治。每个村行要向支行提交报告，支行具有初级监督、监测职能，并帮助村行处理问题。BRI的支行一般负责10个村行，最少的几个，最多不超过35个。BRI分行的职能是对本地区的支行进行协调、监督和领导，收集、分析、汇总各类数据并向总部报告，向支行传达和转告总部的信息。分行还根据各支行的发展情况，负责为村行招募员工。总部村行发展部的基本职责是协助主任开发、运行和控制村行系统。

在金融产品和服务方面，BRI村行系统的核心业务是发放小额贷款并吸收自愿储蓄，其他产品、服务和开发都围绕支持这项中心任务展开。BRI目前提供的四种信贷服务，分别是小额信贷、小企业信贷、中等企业信贷和公司信贷，其中小额信贷提供5～5 000美元不等的金融服务，小企业及零售信贷则提供5 000～60 000美元不等的金融服务。BRI的主要业务目前集中在小企业贷款和小额信贷上，这两项业务分别占其全部业务的51%和31%，而小额信贷的利润占该银行全部利润的40%。BRI的目标客户主要是在贫困线以上、信用状况合格、有还款能力的个人或家庭小作坊，贷款期限最长为2年或3年，并且只被允许用作流动资金或购买固定资产。贷款在300美元以下的，不需要任何抵押；而300美元以上的贷款，则可以用汽车、土地等物品作为抵押物。虽然印度尼西亚金融管理机构允许的小额信贷的金额控制在5 000美元以下，但BRI的87.9%的贷款都少于300美元。贷款客户的还款方式分为两种，客户可以选择贷款期限内每月还款或分3个月、4个月、6个月分期还款。

BRI村行所有的产品开发都遵循以下三个基本思想：一是满足客户的需求。村行的存款和贷款等产品，都是在实地考察的基础上，根据客户的需求开发的，并且一项产品在全系统推广之前，首先要经过实地试验和试点项目，并根据试点情况进行调整。二是盈利性，必须覆盖自己的财务和运行成本，能够盈利，不需要补贴。BRI通过提高员工素质、进行客户选择、严格权限设置、双人经办、设置3%的坏账警戒线等方法来控制和降低风险，使仅占全部信贷业务30%的小额贷款，创造了全银行40%的利润。三是简单易行，标准化管理，并高度透明。

印度尼西亚人民银行按照商业化运行其小额信贷业务，员工激励计划不以贷款户的增加为基数，而是以盈利为基础。BRI的存款和贷款产品都围绕客户需要，其显著的特征是实行标准化管理，业务操作高度透明，这些在组织机制和金融产品创新上的突破，造就了BRI的成功。当然，它的成功也在于其首先克服了国有银行不适合为穷人服务的认识误区。

BRI对于国际小额信贷运动的最大贡献就在于，它以事实向人们表明：(1) 正规银行可以从事小额信贷活动，但应该设立独立的小额信贷部门，并采取完全不同的管理技术。(2) 在开发有效的小额信贷系统方面，下放贷款、收款、资金动员和盈利的权力，可以帮助机构发展并克服官僚主义，而产品和过程的标准化和简单化是下放权力的基本条件。另外，正如BRI的高级管理层所阐明的，向穷人提供储蓄服务被认为是对以往改革的超越，过去由政府和捐赠方决定贷款量和低于市场的利率，由此导致银行为公众提供储蓄服务的能力不足，现在这种现象一去不复返了，而村行系统之所以能有效地开展贷款就在于成功地动员了储蓄。

资料来源：中国人民银行小额信贷专题组，《培育和发展多种形式小额信贷组织》。

4.3.4　典型微型信贷方法比较

小组贷款和村银行贷款已经被证明是将小额贷款金融服务拓展到没有正规抵押品的微型企业和贫困农户这类客户群的有效方式。村银行贷款非常适用于扶贫性的农村微贷项目。小组贷款和村银行贷款的一个共同特点是把部分的操作成本由贷款人承担，减少了小额信贷机构的操作成本，从而有利于小额信贷机构的商业可持续性。当然，小组贷款和村银行贷款与个人贷款相比也存在着不足，主要是：（1）贷款时滞比较长，贷款前需要同时对整个小组和小组内的成员进行调查，时间比普通贷款要长；（2）个人信誉影响小组信誉，小组成员的个人信誉与整个小组的信誉是绑在一块的，一旦某个成员不能按时还款，就会影响整个小组；（3）相比一对一的个人贷款，小组贷款在操作方面不灵活。

表4－2　　　　小组贷款与个人贷款的优劣势比较

	小组贷款的优势	个人贷款的优势
对机构	规模经济，在一定的固定投入下可以服务更多的客户 范围经济，通过小组机制可以提供多种服务 可以同时实现社会和经济目标 减少信息不对称 提升贷款的回收率 部分成本和风险转嫁给了客户 通过小组的监控降低道德风险	可以服务多样化的市场 能更有效地支持不断增长的生意 资产质量波动性小 能更深入地去考察个体客户的品性和能力
对客户	可以建立更广的社会和业务网络 不需要担保 还款时可以获得帮助 包括提升社会地位在内的社会利益	产品设计更加灵活，可以更好地适应个体的需求 大部分客户更倾向于不用为他人的贷款提供保证，没有搭便车的问题
	小组贷款的不足	个人贷款的不足
对机构	在非均匀市场上有效性比较低 强制执行合同时会很困难 可能诱发开小差/搭便车现象 降低了对单个客户信用历史的了解 对小组领导能力的依赖性强 有关联性风险和传染风险 小组信息的构建和维护可能费时费力 最脆弱的人群可能被小组排除在外	在惠及女性、非常穷的客户和创业客户存在不足 贷款发放模式成本较高，没有捆绑效应产生的高效率 机构承担了所有的信用风险 只为客户提供了经济方面的干预 对于服务于农村和偏远地区的客户来说从成本角度看不是一种有效的方式
对客户	存在小组领导腐败的可能 贷款产品的灵活性非常低 有搭便车的可能 成本和风险转移给了客户	很多时候需要提供担保 没有与贷款相连的在困难时获得帮助的支持网络

4.4　微型信贷市场调研

微型信贷市场调研是指对微型信贷市场进行系统客观的信息识别、收集、分析和传播活动，即通过市场调研获得微型信贷市场的相关信息，并经过认真的研究分析形成对微型信贷市场的深入认识。小额信贷市场调研根据其性质和目的进行划分，可以分为以下三种类型：初始调研、可行性调研和产品开发调研。初始调研可以只是一般的走访，主要是看当地市场是否适合开展小额信贷项目；可行性调研是为建立小额信贷机构或项目进行调研，是可行性研究的一个重要组成部分；产品开发调研是为了开发小额信贷的新产品或改善现有的产品而进行的调研。

4.4.1　微型信贷市场调研的目的

对于大多数拟从事微型信贷的机构而言，微型信贷业务的开展往往意味着去开拓一个新的市场空间。要深度开发一个市场，就需要去了解市场、市场中的竞争对手以及自己。具体来看，微型信贷市场调研的目的主要包括：

第一，是根据目标市场潜在客户的数量及其贷款需求，评估该目标市场的贷款总需求；

第二，是通过调研目标市场的小额贷款和其他金融服务的供给状况来分析该市场的市场竞争态势，并测算准备进入该市场的微型金融机构可能获得的市场份额。

第三，是了解目标市场潜在客户的信贷行为和偏好；

第四，是为小额信贷机构进行产品设计的奠定基础。在市场调研中，目标市场已有的小额贷款产品，了解当地客户对产品和服务的看法，以及当地客户的经营情况等为进行产品设计提供了重要的信息来源。

总之，通过市场调研试图回答以下问题：（1）明确当地或本机构是否需要做小额信贷？（2）如果要做，做多大规模（比如小额信贷在本机构的占比，或本机构小额信贷在本地区小额信贷中的占比多大，或余额达到多少）？（3）目标客户群体是什么类型？（4）重点做什么产品？在此基础上确定营销模式、组织架构、业务流程、与谁合作做、盈利模式、风险容忍度等。

4.4.2 微型信贷市场调研的内容

市场调研的主要内容包括以下三个主要部分：

第一部分：调查市场的总体发展状况

做市场调查的第一步就是要进行全面的市场调研，通过调研收集信息，以便更好地掌握拟进入市场的机遇与风险。拟进入一个市场，至少应了解以下几个方面的信息：（1）该市场的整体容量、不同客户主体的市场容量，如城市微型企业、农村微型企业、城市居民、农户等不同客户群体的容量；（2）该市场内的目标客户特征，如行业、规模、经营时间、机遇、威胁等；（3）该市场内目标客户的贷款需求及融资偏好；（4）该市场内的金融环境，如银行同业的经营状况、资产质量、服务满意度、产品满足度，金融生态状况等；（5）该市场未来的变化趋势。

第二部分：对小额信贷市场竞争态势进行分析

全面的市场调研也解决了了解竞争对手的问题，通过对金融环境信息的收集，可以对一定区域内金融机构的构成、同业竞争的状况、同类产品的情况、金融服务、经营环境以及金融资源等有一个大概的认识。具体的调研内容可以参考表4－3。具体来说，这一步主要分析目标市场上现有小额信贷和金融服务的供应者（包括正规和非正规的供应者）各自占有的市场份额，各自的优势和劣势，面临的机会和风险等。

表4－3　竞争动态观察调研内容一览表

<table>
<tr><td rowspan="2">哪些单位是我们最强的竞争对手
谁是这些竞争对手的主要顾客
竞争对手在推销产品时通过什么理由说服顾客
竞争对手的产品或他们的效率优势何在
为什么顾客在大多数情况下会在竞争对手那里购买产品
过去一段时间我方哪些主要业务被对手夺走</td><td colspan="2">竞争对手所提供产品的价格和服务手段
竞争中我方在哪几点上占有优势
我方可以从竞争对手那里争夺哪些业务，为什么
竞争对手都开展了哪些营销活动
在市场上所能看到的各类产品/服务</td></tr>
<tr><td>产品类别
价格
提供商
市场投入</td><td>促销方法
行动期限
顾客反映</td></tr>
</table>

第三部分：对不同客户类型的融资偏好进行分析

在这一部分，需要对目标市场进行细分，研究消费者对现有金融服务的满意程度，以及消费者对不同的小额信贷产品的需求，并从中找出一些关键性的变量，如小额信贷产品可能的利息率、贷款额度的大小、贷款可能执行的期限和还款方式等。在对市场和竞争对手以及客户融资偏好形成上述认识的基础上，进而思考机构为什么要选择小额信贷，这是一个了解自己的过程，从中可以发现，选择小额信贷事实上是差异化发展战略的要求，是市场细分的结果。微型金融机构应该找到自己的市场、服务空白的市场或竞争对手不多的市场，“做大银行不愿意做、不能做的”展现自己的竞争优势，而且恰恰这个市场具有较大的利润空间。

4.4.3　微型信贷市场调研的步骤

市场调研的主要步骤可以分为以下四个阶段：

第一阶段：准备和定义阶段。

本阶段的主要任务是明确调研的主要目的和要求，收集调研的准备资料，对所收集的资料进行初步的分析，准备调研的大纲和组织调研的队伍。调研目标应该根据微型金融机构当前面临的重要问题或将会面临的问题来确定，如个人或企业所急需及目前金融企业还没有提供的服务有哪些等。确定调研目标时应该把握一个度，对问题的定义既不能太宽，也不能太窄。否则不是目标无法实现，就是调研得到的数据不能解决实际问题。调研目标可以分为三类：一是探索性调研，即收集初步的数据，借以启示某一问题的发展趋势，并可能提出若干假设或新的思路；二是描述性调研，即对某一问题作出定量的描述，借以发现该问题的实质；三是因果性调研，即测试某一问题产生的原因，得出不同因素之间的因果关系。

第二阶段：调研方案设计和计划阶段。

本阶段需要确定：（1）调研的具体目的，即确定“为什么进行该项调查”、“想要调查哪些内容”、“得到数据后如何使用”等问题；（2）调研具体内容，即根据调研目的决定所需调查的资料的类型（一手资料或二手资料），并由此确定所需调查的项目和内容；（3）调研方法，根据调研目的和项目确定调查地点、调查对象和调查方式等；（4）经费预算；（5）调研人员即调研日程安排等。调查计划应由专业人员进行设计，同时听取其他人员的建议，使调查具有针对性。在进行问卷调查的设计时，要注意选择有代表性、典型性和实际应用价值的调查内容，并据此设计整个调查方案和调查问卷。调查方法也可以在文献调查法、观察法、访谈法和问卷调查法中灵活选择。

第三阶段：调研的具体执行阶段。

本阶段要完成计划数据的收集，具体来看就是指根据计划大纲制定的调查的目的、调查的总体范围、搜集资料和信息的方法，由相关工作人员跟调查对象接触，并记录相关信息。收集的数据资料可以分为一手资料和二手资料。收集一手资料，通常的做法是先对少量的对象进行调查，得出初步的想法或结论，然后根据这些结果制定一个正式的调查方法，展开全面调查。一手资料的收集可以通过面谈、电话、网络等形式获得。为了保证信息的准确、客观，通常应结合二手资料可作为一手资料的补充。收集的数据信息可以是一手资料，也可以是二手资料，但是必须要保证数据的科学准确。

第四阶段：调研数据的整理、分析和运用阶段。

本阶段需要对调查得来的资料进行整理、分析，并写成报告，并提交管理层和投资人，作为决策的参考。整理主要包括辨别资料的真假、材料编号、统计分析、检验误差、记录资料前后不一致的地方并找出解决方案；资料的分析主要是对已经整理分析好的数据资料，由专业人员进行充分、合理的阐释，形成相关结论，并判断结论的合理性和客观性；市场调查报告是对市场调查所作出的结论进行解释和说明，是市场调查在最后一步。调查报告的主要内容包括调查的背景、调查的目的、调查的内容、调查的总体、抽样设计、调查的方法、调查数据的分析及结论等内容。

4.5 案例研究：甘肃省定西市小额信贷项目与产品设计

本节立足于小额信贷产品设计的实践，以定西县小额贷款产品设计为例，对小额信贷产品设计的整个流程进行了详细分析，以期对小额信贷机构在操作层面进行产品设计提供有益的借鉴。

4.5.1 定西县小额信贷项目背景

定西县曾经以“陇中疾苦甲天下”而著称于世，是我国早期“三西”扶持项目的重点区域之一。1996 年，作为联合国开发计划署“扶持与可持续发展方案”的一部分，商业部交流中心在定西开展了以雨水集流和小额信贷为主要内容的综合扶贫项目。其中小额信贷资金投入 2 753 100 元，最高信贷余额达到 249 万余元。

由于定西县在 20 世纪 90 年代初曾经执行过人口基金会的扶贫信贷项目，当地政府自信有管理经验，因此基本参照人口基金项目的模式开展小额信贷，项目由扶贫办操作。其管理模式为：依靠乡政府管理信贷发放和回收，贷款期一年，贷款额不超过3000元，每半年回收一次，名义年利息为8%，有小组和中心制度，重视社会发展目标。在操作过程中，项目管理机构和乡政府充分利用了信用社的作用，乡级的循环资金存放在信用社，信用社为信贷管理提供出纳服务，贷款甚至以信用社名义发放，信用社为管理机构提供报表。

1999年，原有UNDP扶贫方案基本结束，为了支持48个县小额信贷项目的可持续发展，UNDP和交流中心组织国际、国内专家挑选部分机构进行了机构评估。评估结果认为，在48个县中，没有一个机构可以自负盈亏、可持续发展，但有部分机构具备可持续发展的潜力。在评估基础上，UNDP/CICETE决定继续提供技术支持项目，其中一个项目为可持续小额信贷扶贫（SMAP）。该项目挑选内蒙古赤峰市（三个县）、四川仪陇县、贵州兴仁县和甘肃定西县为重点示范区，利用国际成功经验为它们提供密集的技术支持，希望将这四个点培养成真正具备可持续发展能力的小额信贷机构。挑选的依据主要是管理机构的能力、当地政府的支持程度和贷款质量等。

定西县被选为示范点，主要是因为机构评估专家发现了其与信用社合作的特殊性，认为有可能劝说当地信用社参与合作，利用信用社开展小额信贷业务，如果有条件，甚至可以将信用社改造为小额信贷机构，这也可以成为中国小额信贷发展的一个出路。

2000年，SMAP项目编制完成，2001年初开始启动。2001年11月，SMAP项目办公室对定西县小额信贷管理做了深入细致的调查和财务审查，突然发现了前期机构评估没有发现的资金挪用、大量拖欠等严重问题。2002年初，SMAP项目召开三方审评会，决定暂停定西县的项目活动，冻结循环资金，要求定西县政府限期解决问题，回收挪用拖欠的资金。

4.5.2　定西县小额信贷市场调查

在定西小额信贷机构和人员调整到位后，交流中心和SMAP的办公室恢复了定西县小额信贷的技术支持，交流中心扶贫项目支持与协调办公室的专家多次赴定西县开展工作，对新上任的定西县城乡发展协会工作人员进行培训，开展市场调查，与协会一起设计新的贷款产品。

（一）小额信贷市场定位

市场定位要考虑的两个重要因素是市场的地域特征和人口特征。基于市场调查的基本结论，协会把其运作初期的目标客户锁定在以下两个群体：

（1）居住在交通比较便利，人口相对集中，产业结构相对多元化的村庄中有劳动能力的中低收入人群。

（2）居住在县城的小商业主，特别是城镇的下岗职工。市场定位是在调查定西县农村贫困人口的信贷需求和现有金融机构和其他小额信贷项目之后分析确定的。市场调查的目的有三：第一，实地印证协会的市场定位是否适合，协会的信贷产品是否有足够的市场空间。第二，了解农民的信贷需求以及对竞争对手的信贷产品和服务的看法。第三，了解当地主要生产活动以及对应现金流状况。

（二）竞争对手的状况

除了协会之外，定西县从事小额信贷活动的机构有三家：农村信用社、国际劳工组织的就业项目和农业银行的扶贫小额信贷。

协会面临的最大竞争对手是农村信用社的小额信用贷款。信用社从 1999 年开始开展小额信贷业务，截至 2002 年末，共投放信贷资金近 9 000 万元，覆盖全县 26 个乡镇中的 24 个，贷款农户 2.3 万户。信用社贷款的投放在不同乡镇极不平衡。每个乡的投放量是同存款量挂钩的，最多不超过存款的 70%。本乡的存款一般不能在另外的乡发放。信用社的贷款是通过以下途径发放的：每个村成立一个由村代办员、村干部和客户代表组成的 5 人信用评价小组，对全村的农户进行信用评估，共有 1A、2A 和 3A 等 3 个等级。1A 农户最多可以贷 2 000 元，2A 级农户最多可以贷 3 000 元，3A 级农户最多可以贷 5 000 元。农户在信用额度内只需要凭信用证就可以到信用社办理贷款，无须抵押担保。信用社的利率分 5 个档次：6 个月内贷款，月息 6.3‰；6 个月至 1 年，月息 6.63‰；1 年至 3 年，月息 6.84‰；3 年至 5 年，月息 6.96‰；5 年以上，月息 7.2‰。市场调查表明，尽管信用社贷款力度大，但是其信贷方式存在很大缺陷。主要问题是，不管何时贷的款，当年末之前都要收回。2 月或者 11 月份贷的款都要在年末还清。因为信用社的年终决算目标是当年贷款回收率要超过 80%，否则无法保证下一年的支农贷款。

从 1997 年开始，国际劳工组织在定西县实施了以增加就业为目标的小额信贷项目。项目的信贷资金为 106 万元，利率为年息 7.2%，最大贷款额度 1 万元，最小贷款金额不限，贷款全部在城区发放。现在协会的两名工作人员原来负责操作这个项目，据他们讲，在他们接手后，贷款运作不错，项目后一阶段的回收率达到 100%。但是由于种种原因，贷款的本金现在只剩下不到 20 万元。这个项目对协会的影响基本可以忽略不计。

中国农业银行大约从 1998 年开始利用政府的扶贫资金发放小额信贷，贷款金额最高到达 1 万元。运作的效果各乡镇参差不齐，但据说总的来说效果不好，还款率在50%左右。从2003年开始，中国农业银行决定停止其小额信贷的运作，现在还有一部分本金尚未到期。

（三）对市场总容量和市场占有率的基本估计

从上述对竞争对手的调查中发现，信用社的服务已经覆盖了农村中等以上经济条件的农户，协会的服务对象应该是信用社的服务没有覆盖的那部分农户。

表4－4 定西县农村地区信贷市场容量估计

乡镇	农村人口数	中低收入户	信用社小额信用贷款户	信用社的市场占有率	剩余客户数
目标乡镇					
凤翔*	44 928	8 946	2 172	24%	6 774
铲口	19 882	3 887	1 623	42%	2 264
景泉	8 353	1 733	686	40%	1 047
青岚*	20 112	3 691	1 391	38%	2 300
西巩	20 883	4 000	322	8%	3 678
宁远	21 718	4 104	393	10%	3 711
李家堡	18 654	3 616	2090	58%	1 526
团结	16 316	3 158	329	10%	2 829
香泉	12 276	2 274	181	8%	2 093
西寨*	9 662	1 869	163	9%	1 706
内官镇*	39 737	7 676	529	7%	7 146
符川	13 830	2 667	377	14%	2 290
小计	246 351	47 621	10 256	22%	37 365
其他乡镇	143 649	27 180	5 210	19%	21 970
全县总计	390 000	74 801	15 466	21%	59 336

资料来源：定西县扶贫办，定西县信用社；“*”为新产品第一批试点乡。

从表4－4的数据可以看出，无论是从全县范围看还是从协会的目标乡镇看，信用社小额信用贷款只占中低收入农户的大约1/5。考虑到农民除了信用社之外，没有其他贷款渠道这一现实，协会的市场的空间非常大。从绝对数来说，协会在目标乡镇的潜在客户数达3.7万户，在三个试点乡的潜在客户数也有1万多户；相对协会1 000户的限额来说，市场的发展空间无限广阔。从表4－4还可以得出一个信息，就是信用社贷款的地域分布极不平衡，有的乡镇市场占有率达58%，而有的乡镇则不到10%。协会可以把那些信用社贷款发放较少的乡、村作为重点对象，避开与信用社之间的正面竞争。另外，定西城区共有个体工商户1 722户。其中协会瞄准的中小商户大约1 280户，对于不足50万元的城区信贷资金来说杯水车薪，绝对是个卖方市场。

市场调查过程中还采取了最有效率的小组集中访谈的方式进行市场调查。项目专家先后在西寨乡和青岚乡的两个村召集了三次小组集中访谈，在县城召集了一次小组集中访谈，参加人数将近30人。农村的三个小组中，一组是有过信贷经验的，一组是从来没有贷过款的，还有一组是混合小组。在参加人的选择中，尽可能选择从事不同生产活动的农户，以获得不同生产活动对贷款的需求信息。在城区的访谈对象也要求尽可能多样化，以反映当地的商业结构。总结市场调查的成果可以得到几个重要结论：

第一，信贷产品在农村完全是卖方市场，任何信贷产品，只要不是太离谱，都会有足够的需求。

第二，在农村，即便是在信用社放款力度比较大的地方，超过千元的贷款市场仍存在很大的缝隙。如果协会把信贷产品的额度定在3 000元或者4 000元以下，正好填补了这个市场空间。

第三，在城区，以下岗职工和进城农民工为主体的流通业小业主（小商店、小饭馆、水果摊等）基本被排除在现行的金融机构的服务范围之外。市场调查的结果进一步印证了协会市场定位的正确性。据此可以预测如果各项制度健全、信贷管理能跟得上的话，协会的信贷业务将能够顺利开展，信贷产品也将会有强烈的需求。

（四）对客户微观经营行为的调查

在市场定位完成后，为了设计出满足客户需求的信贷产品，专家和协会一起对当地主要生产活动以及不同产业的现金流状况进行了调查。一套良好的信贷产品必须充分考虑当地主导产业的现金流状况，这样既使得客户的还款比较容易，同时降低了协会的贷款风险。

表4-5　当地主要生产活动的现金流状况

	资金集中投入期	产生回报期	资金需要量（元）	经济效益
农村				
优质洋芋种植	3月~4月	10月~12月	200元/亩；一般农户种植5~10亩	很好
露天蔬菜种植	4月~7月	7月~10月	200元/亩；一般农户种3~5亩	好
大棚蔬菜种植	2月~3月	7月~11月	400元/亩；3~5亩	很好
日光温室	3月~9月	9月至次年3月，正常情况当年收回投资	10 000元/个	很好

续表

	资金集中投入期	产生回报期	资金需要量（元）	经济效益
药材种植	3月~4月	当年12月或次年9月~12月	100~500元/亩；一般种2~3亩	好
粮食种植	3月~4月	10月~11月	500~1 000元	一般
养羊（小尾寒羊）	任何季节（最好在春季）	一年四季（第四季度最佳）	1 000~3 000元	很好
养猪	任何季节（最好在春季）	6个月出栏	1 000元	一般
面粉、淀粉、油料作坊	任何季节	常年有收入（主要在第四季度）	10 000元	好
短途贩运	3月~11月	常年有收入	2 000~3 000元	很好
小商店	春节前；五一前	常年有收入	2 000~3 000月	好
外出务工	2月~3月和7月~8月	1~2个月以后	500~1 000月	好
城区				
水果摊	6月和10月	常年有收入	10 000~20 000元	很好
小百货	春节前和五一前	常年有收入	3 000~5 000元	好
小饭馆	3月~12月	常年有收入	2 000~3 000元	好

从表4-5的信息可以得出几个重要结论：

第一，项目区的产业结构相对多元化，有助于降低贷款和市场风险。

第二，大部分生产活动都有明显的季节性，没有稳定而频繁的现金流。尽管大部分农户同时从事几种生产活动，但许多活动的季节性是相同的。因此，分期还款并不一定是最好的方法。频繁的分期还款将降低资金的使用效率，增加客户的机会成本。

第三，2 000~3 000元的贷款额度可以满足大多数农户的资金需求。但有不少农户可能只需要几百元，因此最好不要设定最低额度。春季是贷款需求的旺盛期。

第四，城区的小商户有频繁稳定的现金流，短期整贷整还和分期还款都比较合适。但他们认为当地的资金周转比较慢，一个月的分期还款会影响商机。

4.5.3　定西县小额信贷产品设计

（一）产品设计的基本原则

第一，平衡考虑协会的要求和客户的要求，在能弥补协会合理的运作成本的前提下，最大限度地满足客户的需要。

第二，国际上小额信贷的一个成功经验是，想满足所有客户的所有需求导致的结果可能适得其反。产品设计的出发点不是满足所有客户的所有需求，而是以尽可能少的产品满足尽可能多的客户的不同需求。因此产品必须具有很大的包容性，有良好的普遍适应性。

第三，信贷产品的设计及其运作程序必须与潜在客户的现金流相匹配。

第四，在能控制风险的前提下，使产品简单易行，降低操作成本。

第五，在参考其他地方的成功经验的基础上，根据当地的实际情况进行大胆创新。

（二）产品雏形

根据上述基本原则，初步设计了四个信贷产品，其中两个针对农村市场，两个针对城区市场。表4－6概括了这四个产品的核心内容。

表4－6　农村和城区的信贷产品雏形

	产品1	产品2	产品3	产品4
实施区域	农村	农村	城区	城区
目的	满足短期流动资金需要，适用于小商业、小作坊、短途贩运、外出务工、蔬菜种植等	满足季节性强的资金需求，适用于养猪、养羊、蔬菜、药材粮食和优质洋芋种植	满足短期流动资金需要，适用于小商业、小饭馆、短途贩运等	满足短期流动资金需要，适用于小商业、小饭馆等
期限	5个月	9个月	3个月	6个月
最低额度	不限	不限	不限	不限
最高额度	第一期：2 000 第二期：2 500 第三期：3 000	第一期：2 000 第二期：2 500 第三期：3 000	第一期：4 000 第二期：5 000 第三期：6 000	第一期:4 000 第二期：5 000 第三期：6 000
贷款方式	小组贷款	小组贷款	个人贷款	个人贷款
还款方式	预扣利息 整贷整还	预扣利息 整贷整还	预扣利息，按月分期还款；三次还清，第一个月还20%，第二个月还30%，第三个月还50%	预扣利息，每两个月分期还款；三次还清，第一个月还20%，第二个月还30%，第三个月还50%
抵押担保	小组联保	小组联保	有稳定收入的担保人	有稳定收入的担保人
月利率	7‰	7.5‰	7‰	7.5‰

续表

	产品 1	产品 2	产品 3	产品 4
贷款申请条件	自愿组建小组；从事生产活动	自愿组建小组；从事生产活动	已经从事经营活动	已经从事经营活动
风险程度	低	较高	低	较高
何时开始试行	2003 年 6 月	2003 年 6 月	2003 年 7 月	2003 年 7 月

（三）产品发放程序

第一，在农村完成小组组建；在城区，贷款申请人找到合适的担保人。

第二，在农村，以小组为单位向社区队员申请贷款；在城区，个人向协会直接申请贷款。

第三，社区队员和协会管理人员入户核实贷款人的情况。

第四，所有贷款申请经社区队员初审后提交协会，协会管理人员核实后批准。

第五，贷款经社区队员发放到每个小组成员手中。

第六，贷款回收的前一周，社区队员应当提醒小组长及其成员准备还款。

第七，贷款到期之日，小组成员把款项通过小组长交给社区队员，当天可以在小组长家中、社区队员家中或者社区队员事先指定的地方集合。

为了鼓励良好的信贷行为，第一期按时还款、并遵守协会的各项纪律的客户在第二期可以贷到额度较大的款。第一期、第二期表现优异的客户可以在第三期贷到更大额度的款。

城区的客户大部分从事商业活动，有稳定频繁的现金流，适合采用分期还款的方式，为了让客户最大限度地使用资金，分期还款的比例逐步加大。

（四）对风险控制的有关争论和产品的调整

在设计过程中，对产品最大的争论在于是否要整贷零还、分期还款。协会工作人员坚持认为针对农村的产品应该采用整贷整还，其理由是：（1）农户的生产活动季节性很强；（2）当地市场不发达，缺少零还的收入来源；（3）当地信用社采用整贷整还的方式，还款率也比较高，风险不大；（4）整贷零还会提高实际利率，在有信用社竞争环境下，农户会难以接受。交流中心和 SMAP 专家认为，整贷整还风险难以控制，理由是：（1）如果市场定位在中等收入及以下农户，其一次性整额还款能力值得怀疑，整贷零还更适合他们的还款能力；（2）整贷整还会失去整贷零还过程中信贷员对客户的经常性接触和监测，不能及时发现问题，不利于风险的控制；（3）如果我们定位在中低收入客户，实际利率的上升应该不会对客户有效需求产生太大影响。

如果考虑到协会是具体操作机构，如果强求它们在不理解的情况下采用整贷零还的方式，可能会影响它们的积极性和管理效果，在经过多次讨论后，交流中心和 SMAP 办公室与协会达成了折中方案：

第一，在上述四个基本产品基础上，在农村增加整贷零还产品，既对于 5 个月和 9 个月的贷款，采用每月还款的方式。名义年利率暂不改变。新增产品在另外的乡进行试点，避免与其他产品相互干扰。

第二，对于农村的基本产品，在操作程序上应采用最有效的方法加强信贷员对农村走访的制度，信贷员应该每月至少走访一次客户，至少应该在还款日前一周走访客户，了解其还款能力，督促其准备好还款资金。如果发现问题，应该及时采取措施。

（五）贷款区域和对象的选择

根据 SMAP 项目的指导思想，在贷款区域和对象选择时，侧重考虑小额信贷机构的可持续性。目前，新项目乡和客户的重新定位恰当，符合小额信贷的发展规律。新的项目除了一个乡是以前的老项目乡外，其他都是新的项目乡。新的项目区都属于人口居住比较密集，产业结构相对多元化、交通比较便利的乡村，这样可以降低操作成本。新的客户都属于讲信用、有劳动能力和一定经营头脑的农民。协会采用了自动瞄准机制，即相信由于贷款额度很小，而且始终保持高于信用社的利率，愿意承贷这种小额度贷款的农户都属于协会应当服务的客户；也有部分愿意贷款的客户家庭条件比较好，甚至在村里属上等水平。作为一个以可持续发展为目标的小额信贷机构，没有必要在客户贫困程度甄别方面花费太大精力。我们期望在定西协会具备可持续发展能力后，如果有新的资金注入，协会将扩大其服务的覆盖面和深度，那时将有更多的贫困人口得到服务。

2003 年 3 月，定西县城乡发展协会注册成立。城乡发展协会的建立，改善了小额信贷机构的治理和贷款管理。凭借良好的产品设计，2005 年定西县城乡发展协会实现收支平衡，并开始盈利，贷款回收率至 2012 年末始终保持为 100%。

第 5 章

小额信贷利率管理

在小额信贷的国际实践中，通过捐赠资金提供的金融服务只能是杯水车薪，远不能满足市场的需要。因此，小额信贷机构需要通过获得商业资本使更多客户得到服务。在吸引商业资本投资或得到商业融资之前，小额信贷机构必须有能力产生足够的收益以覆盖成本，而利息就是机构的主要收入项目。小额信贷机构必须收取商业利率以实现可持续发展，同时借款人又能够并愿意支付这种利率。如何制定利率及制定什么样的利率，关系到机构的生存和可持续发展。本章共分四节，从利率种类、利率计算、利率定价结构、利率分析等方面分别阐述小额信贷的利率管理。第一节阐述实务中常用的六种利率，包括含义和使用范围，重点阐述了实际利率与名义利率；第二节是本章的重点，主要介绍可持续利率、有效利率、实际利率的具体计算方法，需要重点掌握；第三节阐述小额信贷的定价结构，主要学习标准年利率的计算；第四节则分析小额信贷的利率特点，通过与大额贷款的比较，说明制定较高利率的必要性。

5.1 小额信贷利率种类

利率是借款人除了偿还本金之外需要支付的部分，是对贷款方的一种补偿。不同的利率种类，特点也不同。下面分别介绍几种常见利率：

（一）市场利率

市场利率是指在借贷资金市场上由资金供求变化形成的竞争性利率，它随市场规律而自由变动。市场利率只在有效的市场中存在，而有效的市场需要竞争的环境。许多国家并不存在有效的小额信贷市场，因为供给者极少或者市场被一个或几个组织控制和垄断，因此就不存在市场利率的基础。

（二）商业利率

商业利率一般指商业金融机构对其产品和服务所收取的费用，是根据贷款者的成本和向客户提供贷款时的风险程度制定的。商业利率的另一层含义是指不包括补贴的利率，这一利率使得这些机构以商业可持续和盈利的方式为其产品定价。

商业利率分很多种。一般而言，向低风险客户收取优惠利率，向风险较高的客户收取较高的利率。而信用卡收取的是信用卡消费信贷利率，这种利率基于更高的成本和更大的风险预测而制定的。

（三）全成本利率

全成本利率也称可持续利率。在小额信贷领域一般用来强调无补贴的情况，利率和盈利水平可以完全覆盖机构向客户提供服务时的全部成本。这里所关注的是业务收益水平覆盖经营的全部成本，而不关注这一收益来自于管理费、转售还是参股。

（四）名义利率

名义利率是借款人每期依照贷款合同所支付的利率，如月息3%或年息36%。名义利率用来计算每一笔分期付款的到期利息。由于费用和计息方式不同，名义利率常常与期间利率不同。在同一个名义利率下，借款人的成本和贷方的收益也可以完全不同。

（五）期间利率

期间利率包括贷款所发生的所有实际财务费用。影响因素包括采用等额本息法或余额递减法计算利息、还款进度、佣金、手续费和强制储蓄等。这一利率有时被视为有效利率（Effective Interest Rate，EIR）。有效利率EIR指的是期间利率与一年中的期数经过复利计算而不是简单相乘所得到的利率，而年利率APR指的是期间利率乘以一年中的期数。

期间利率非常重要，它可以用来测定和比较借款人一笔贷款的财务总费用。计算期间利率意味着将不同条款的贷款收益统一用余额递减法进行计算，或将贷款收入换算为贷款本金余额的百分比。这样得到的收益大致相当于具有相同结构的贷款资产的收益，故被称为资产的理论收益。通过计算年利率，小额信贷机构能看出利息收入是否足以覆盖成本。

（六）实际利率

实际利率是考虑通货膨胀影响后的利率，用来计算利率是否足以补偿通货膨胀带来的损失。用年利率减去年通货膨胀率的公式，可以简单计算出近似的实际利率：

实际利率≈名义利率－通货膨胀率

例如，年利率是30%而通货膨胀率是10%，实际利率就是20%；如果通货膨胀率是40%，实际利率就是－10%，这意味着利率不足以弥补通货膨胀带来的损失。

30% － 10% ＝ 20%

30% － 40% ＝ －10%

如果通货膨胀率提高，这个简单计算方法就显得不够精确，要用其他公式计算。下面是计算高通胀下的实际利率公式：

（1＋实际利率）×（1＋通货膨胀率）＝1＋名义利率

$$实际利率=\frac{1+名义利率}{1+通货膨胀率}-1$$

具体计算过程：

（1＋30%）÷（1＋10%）－1 ＝ 18%；如果通货膨胀率是40%，则计算结果是－7%。

在这两个例子中，实际利率是18%和－7%，分别使用简单的和精确的公式计算可以看出，随着通货膨胀率的提高，用简单的公式就不准确了。

（七）年息、月息、日息

年息，即年利率，一般按本金的百分之几表示。例如，年利率9%，又称年息九厘，表示本金100元，年利息额为9元。

月息，即月利率，一般按本金的千分之几表示。例如，月利率7.5‰，又称月息七厘五毫，表示本金100元，月利息额为7角5分。

日息，即日利率，一般按本金的万分之几表示。例如，日利率0.25‱，又称日息二厘五毫，表示本金100元，日利息额2.5分。

年利率、月利率、日利率的换算公式为

年息＝月息×12 ＝日息×360

月息＝年息÷12＝日息×30

日息＝年息÷360＝月息÷30

5.2 小额信贷利率计算

通过本部分的学习，读者能够掌握小额信贷可持续利率计算的基本公式，了解其中的资金成本率、资本化率和投资收益率，并能实际运用公式计算，掌握小额信贷有效利率的计算方法和用途，掌握小额信贷标准年利率的两种计算方法。

5.2.1 全成本利率计算

（一）基本计算公式

实现小额信贷机构可持续发展的贷款定价意味着小额信贷机构的利息、费用收入和投资收益必须覆盖包括管理费用、贷款损失、通货膨胀在内的资金成本和盈利所需要的所有的预期资金，这就需要计算小额信贷的全成本利率（Required Rate，RR）。

确定能够持续经营的利率要明确两点：（1）在不考虑补贴的情况下所有费用都必须包含在内；（2）费用估计是基于成熟运营阶段而不是初创阶段。

小额信贷机构为了具备财务可持续能力，必须收取全成本利率，即可覆盖所有贷款成本的利率，这个定价公式也用来计算可覆盖小额信贷机构成本的年利率。全成本利率（RR）的计算公式如下：

$$RR = \frac{AE + LL + CF + K - II}{1 - LL}$$

式中，AE（管理费用率）= 管理费用/平均贷款余额

LL（贷款损失率）= 贷款损失/平均贷款余额

CF（资金成本）= 资金成本/平均贷款余额

K（资本化率）= 预期资本/平均贷款余额

II（投资收益）= 投资收益/平均贷款余额

公式中的每一项都是以平均贷款余额的百分比来表示。

（二）平均贷款余额（AOP）

一旦小额信贷机构正确地计算出贷款总余额，并且定期（日、周、月、季度、年）计算该余额，那么它就可以计算出这一周期的 AOP。AOP 运用某一确定期间的信息按下列公式进行计算：

平均贷款余额（AOP）=（期初贷款总余额 + 各期间期末贷款余额总

和）÷（期间数+1）

期间代表了整段时期中划分出来的相同和固定的子区间。在计算一年的AOP时，可以选择用一个季度、一个月、一周甚至是一天作为一个时期。一条重要的准则是：选择的期间越多，计算出来的AOP就越精确。最后，需要特别注意的是分母为期间数再加上1。例如，如果选择一个月作为一个期间，则一年的期间数为12，期间数加上1就是13。

（三）管理费用率（AE）的计算

管理费用反映了发放贷款的人工费和设施使用的日常成本。这些成本包括租金、折旧、水电费、工资、培训以及福利。管理费用率由一年损益表中的经营费用总和（除资金成本和贷款损失以外）除以该年度的平均贷款余额。

在本节所使用的损益表（见表5-3）中，管理费用=人员费用+其他管理费用+折旧费。

（四）贷款损失率（LL）的计算

贷款损失率用于衡量过去不可回收贷款的损失。它使用给定期间的贷款冲销额来计算，公式如下：

贷款损失率（LL）=贷款冲销损失总额（给定时期）÷平均贷款余额（同期）

冲销额与这段时间内的贷款活动有关，而与期末的贷款余额无关。更简单地说，12月末的贷款冲销额主要反映的是过去已发放贷款的风险，而不是当期贷款的风险水平，尤其是在贷款拖欠了很长时间的情况下。如果冲销额没有在贷款报告中列出，那么就必须利用损益表和资产负债表计算冲销额：

冲销额=贷款损失预提费用（期间）+贷款损失准备金余额（期初）-贷款损失准备金余额（期末）

由于贷款损失预提费用会增加当期的贷款损失准备金，所以，如果没有贷款被冲销，期末的贷款损失准备金应该是这两者之和。然而，如果被冲销，则冲销额应该等于贷款损失预提费用和期初贷款损失准备金之和减去期末贷款损失准备金之差额。

本节中我们列出了某小额信贷机构的发展历史和计划表（见表5-1）、资产负债表（见表5-2）、损益表（见表5-3），本节所使用的主要数据均来自这三张表。

（五）资金成本（CF）的计算

需要注意的是资金成本加权的数据。当小额信贷机构的资金是通过商业资金和吸收储蓄获得时，这个数字可以反映未来的商业资金成本。在计算资金成本之前，必须区分资金的来源和数量。根据表 5－1 和表 5－2 提供的数据，通过加权平均计算资金成本，计算方式如下：

408 200（平均所有者权益）－19 900（平均净固定资产）= 388 300（平均所有者权益的资金成本）

（441 200 +375 200）÷ 2 = 408 200（平均所有者权益）

在计算资金成本时，应该考虑以下因素：

（1）借入资金未来的商业利率；

（2）吸收储蓄所需的管理费用；

（3）支付的存款利率；

（4）通货膨胀侵蚀净资产的损失。

为了维持资产实际价值，收入必须能够覆盖通货膨胀的成本。同计算本期平均贷款余额的方法一样，对资产负债表的其他科目，如负债、资产等取平均值，这样就可以得到更加准确的成本和收益率。在调整后的资产负债表中找出 2002 年的平均负债。由于各类负债的资金成本不同，需要分别计算每一类负债的平均值，然后计算资产净值。

在计算资金成本时，净资产是负债与金融资产而非固定资产之间的差额，因为固定资产不像金融资产那样会因通货膨胀而贬值，所以不包含在资金成本的计算公式中。用本期平均净资产减去平均净固定资产得到净资产的资金成本。下面用这些数字计算加权资金成本：

（1）将资产负债表内期初和期末的数字相加再除以期数加一得到平均值。在资金成本的计算中，本期的平均资产净值是 388 300，即平均净资产总值减去平均固定资产净值。

（2）不同来源的资金成本也不同。例如，小额信贷机构在没有强制储蓄的情况下吸收储蓄，并按照市场利率向存款者支付 6% 的利息，该小额信贷机构可以从商业市场以 15% 的利率借入 300 000，通货膨胀率固定在 5% 的水平，则该机构自有资本的资金成本是通货膨胀率的水平：

强制性储蓄　250 000，利率 6% ，资金成本 = 15 000；

商业贷款　　300 000，利率 15%，资金成本 = 45 000；

所有者权益　388 300，通货膨胀率 5%，资金成本 = 19 415。

（3）将每一种来源的资金平均值乘以其成本比率并加总，从而得出资金来源的加权成本应为 9% 。

（六）资本化率（K）的计算

公式中的下一项是资本化率，它表示由小额信贷机构决定的可以支持其资产增长目标的那一部分净利润所占的比例，实际利润率因机构的不同而不同，主要取决于管理者和董事会对机构成长所持的态度和采取的政策。我们先看看这家小额信贷机构的发展历史和计划（见表5-1）。

表5-1　某小额信贷机构的发展历史和计划表

5%~15%的资本化率可以支持机构的长期增长				
年份	贷款笔数	贷款余额	平均单笔贷款余额	贷款增长率
2000	3 500	400 000	114	
2001	5 600	740 000	132	85%
2002	7 500	1 000 000	133	35%
2 003	8 500	1 130 500	133	13%
或2003	9 000	1 260 000	140	26%

注：2003年是计划数据，而由于计划的不同，所得到的结果也不一样。

考虑到长期发展的需要，将资本化率定在平均贷款余额的5%至15%之间是比较合理的。资本化率较低的机构不能依靠自身能力去增加净资产值，而需要依赖捐赠资金。在这个公式中，资本化率是13%。

（七）投资收益（II）的计算

投资收益，即定价公式中的最后一项，是小额信贷机构除贷款收入之外的其他金融资产的收益，如现金、活期存款和法定准备金等少量收益，而另外一些资产，如定期存单会得到较多收益。由于这些收益并不产生于贷款资产，因此需要扣除。继续使用财务报表（见表5-2和表5-3），找出这家小额信贷机构的投资收益，代入其在平均贷款余额中所占百分比，即得到投资收益1%。

掌握了可持续利率的计算公式和公式中各个部分的计算方法，就可以利用表5-2和表5-3计算2002年的可持续利率，具体如下：

平均贷款余额（AOP）=（740 000 +1 000 000）÷ 2 =870 000

管理费用率（AE）=（441 200 + 6 000）÷ 870 000 =51%

贷款损失率（LL）= 11 000 ÷ 870 000 = 1%

资金成本（CF）= 79 415 ÷ 870 000 = 9%

资本化率（K）= 13%

投资收益（II）= 5 200 ÷ 870 000 = 1%

代入具体数值后全成本利率（RR）＝（0.51＋0.01＋0.09＋0.13－0.01）÷（1－0.01）＝0.75。可以发现，这家小额信贷机构要达到商业上可持续经营，必须收取74%的年利率。这个极高的预期利率是过高的机构管理费用所致，机构的管理者必须努力减少这项成本。小额信贷机构可以利用管理工具来实现合理定价，使用更加复杂的模型，逐月进行财务预算并编制季度财务报表。这是为实现可持续而进行贷款定价的第一步，即估算出足以覆盖成本的预期年利率。

表5－2　　　　资产负债表

	2002年12月	2001年12月	2000年12月
资产			
现金与银行存款	45 600	42 000	18 800
短期投资	75 000	124 000	254 800
贷款总额	1 000 000	740 000	400 000
(贷款损失准备金)	－100 000	－50 000	－35 000
贷款余额净值	900 000	690 000	365 000
固定资产－财产和设备	44 400	34 800	26 400
(累积折旧)	－23 800	－15 600	－9 500
固定资产净值	20 600	19 200	16 900
资产总额	1 041 200	875 200	654 700
负债			
储蓄账户（强制）	300 000	200 000	100 000
储蓄账户（自愿）	0	0	0
商业银行贷款	0	0	0
补贴贷款	300 000	300 000	225 000
负债总额	600 000	500 000	325 000
所有者权益			
捐赠资本——以前年度，累计额	550 000	550 000	250 000
捐赠资本——本年度	0	50 000	250 000
以前年度未分配利润/亏损	－174 800	－170 300	－100 000
本年度未分配利润/亏损	66 000	－4 500	－70 300
所有者权益总额	441 200	375 200	329 700
负债和所有者权益总额	1 041 200	875 200	654 700

表5－3　　　　　　损益表

损益表			
	2002年12月	2001年12月	2000年12月
经营收入			
贷款利息和费用收入	584 000	389 000	165 000
投资收入	5 200	8 680	17 900
经营收入合计	589 200	397 680	182 900
经营费用			
利息和费用支出	2 1000	15 000	10 700
贷款损失预提费用	61 000	34 000	30 000
人员费用	312 000	250 080	117 000
其他管理费用	121 000	97 000	90 000
折旧费	8 200	6 100	5 500
经营费用合计	523 200	402 180	253 200
净经营利润/亏损	66 000	－4 500	－70 300
非经营收入			
现金捐赠	0	50 000	250 000
其他非经营收入	0	0	0
非经营收入合计	0	50 000	250 000
非经营性支出	0	0	0
利润/亏损净值	66 000	45 500	179 700

5.2.2　有效利率计算

（一）计算方法

贷款合同的有效利率是客户根据贷款期限的每一期中实际拥有的贷款量而实际支付的利率，它相当于在递减余额的基础上计算出的利率。

假定小额信贷的月利率为3%，那么依照贷款和偿付的不同组合设计可能会产生高得多的有效月利率。下面的做法能够大幅度增加借款人所负担的实际费用，同时增加放款机构从贷款余额中获得的实际收入，这些做法包括：

（1）按照贷款的初始额度计算利率，而不是按照分期偿还本金后实际留在借款人手中的递减余额来计算，这种方法为固定利息支付；

（2）要求在贷款开始时支付利息，即从支付给借款人的整个期限中支付；

（3）除利息外，再额外收取佣金或手续费；

（4）以月利率报价，但按星期收本金和利率，每四星期算为一个月，或要求将贷款的一部分作为强制储蓄或调整余额存放在贷款机构里。

财务计算器能够在输入已知贷款变量的情况下计算出其余的变量，其中：

PV 现值，指在贷款开始时实际支付给借款人的净现金。

I 利率，应使用与下面 *n* 同样的时间单位表示。

n 期数，还款的期数。

PMT 每期还款额，即每次还款额。

FV 将来值，表示贷款偿付后还在客户手中的数额，通常为零，除非贷款有强制储蓄的要求。

将以上的数据输入计算器后，就可得到相应的有效利率了。

2. 计算用途

有效利率的计算有三个用途：

（1）小额信贷机构可以计划一个预期的年有效收益来收回其成本并提供增长资金；

（2）当机构需要提高效益又不能设定足够高的贷款利率，例如某些国家有法定的利率上限，因此，这样的计算会非常有用；

（3）一旦小额信贷机构知道其信贷资产在理论上应该带来多少利息收入，它就可以把这个预期收益与账面上的实际利息收入进行比较。这样比较的结果往往会出现较大的缺口。导致出现缺口的原因很多，机构可以根据具体情况对贷款收益进行调整。

5.2.3 实际利率计算

下面的例子包括一个基准实例和七个备选方案。在基准实例中，利率按照递减余额计算，用计算器计算必要的月还款额，每个备选方案包括两个步骤：（1）计算客户收到和偿还的实际现金量；（2）将其输入计算器以确定每一时间段的有效利率，把所得结果乘以一年中的还款期数，得到年收益率。

（一）基准实例——递减余额

贷款为1 000美元，本息分4个月平均偿还。设计的年利率为36%或月利率3%，按照余额计算，即只收取借款人尚未偿还的贷款本金的利息。在这个基准实例中，有效月利率与设定的利率相同。

计算月付款额：$PV = 1\ 000$，$n = 4$；$I = 36/12 = 3$

计算 PMT 得出月付贷款为269.03。

（二）备选方案1——预付利率

除所有利率均在贷款开始的预先支付外，其他与基准实例相同，按照递进余额计算利息。

计算现金流：

基准实例中本金及利息的总付款额为1 076.12（269.03×4），减去本金1 000，得出利息76.12。由于利息已预付，比较实际的做法是从贷款中扣出这部分，因此支付给借款人的净现金为923.88（1 000－76.12）。月还款只还本金250（1 000÷4）。

计算有效利率：

$PV = 923.88$；$PMT = -250$（在绝大部分财务计算器中，现值和付款额以相反的符号输入，例如：如果 PV 为正数，则 PMT 一定为负数，反之亦然）；$n = 4$；计算 i 得出有效月利率为3.24%，将其乘以12得出年利率 APR 为38.9%。

（三）备选方案2——初始收费

除预先收取的3%贷款佣金外，其余与基准实例相同。

计算现金流：

给借款人的实际净支付额为970（1 000－佣金30），月付贷款为269.03，与基准实例相同。

计算有效利率：

$PV = 970$，$PMT = -269.03$，$n = 4$，计算 i 有效利率为4.29%，乘以12得出年利率 APR 为51.4%。

（四）备选方案3——按周付款

除将4个月的还款改为16周（星期）分期偿还外，其余与基准实例相同。

计算现金流：

将总付款额1 076.12（269.03×4）分解成周付款额67.26（1 076.12÷6）。

计算有效利率：

$PV = 1\ 000$，$PMT = -67.26$，$n = 16$，计算 i 周利率为0.88%，乘以52得出年利率 APR 为45.76%。

（五）备选方案4——固定利率

除了固定利率是按照全部贷款额而非递减余额计算并按照比例分摊到4

个月的应付款外，其余与基准实例相同。

计算现金流：

总利息为1 209（1 000 ×3% ×4）。本金加利息总额为1 120（1 000 + 120），或每月280（1 120 ÷4）。

计算有效利率：

PV =1 000，*PMT* = −280，*n* =4，计算 *i* 得出有效月利率为4.69%，乘以12 得到年收益率 *APR* 为56.3%。

（六）备选方案5——固定利率并预付利息

除利息在贷款开始时支付外，其余与方案4 相同，即每期的利息都根据全部贷款额计算。

计算现金流：

总利率为120，在贷款支付时预付。因此，给借款的实际放款为880（1 000 −120）。每月偿付本金250（1 000 ÷4）。

计算有效利率：

PV =880，*PMT* = −250，*n* =4，计算 *i* 得出月有效利率为5.32%，乘以12，得到年利率 *APR* 为63.8%。

（七）备选方案6——固定利率并预付利息和手续费

按照全部贷款额计收利息并在放款时预先收取全部利息和3%的手续费。

计算现金流：

总利息为120（1 000 ×3% ×4），借款人实际净得到850（1 000 − 利息120 − 手续费30），每月还款额为250（1 000 ÷4）。

计算有效利率：

PV =850，*PMT* = −250，*n* =4，计算 *i* 有效月利率为6.83%，将其乘以12 得出年利率 *APR* 为82.0%。

（八）备选方案7——强制储蓄

作为贷款条件，要求客户在每月还款的同时还要储蓄50。储蓄账户的利息为月息1%，不计复利，客户在贷款到期后可随时提取。除此以外，其他的与基准实例相同。

计算现金流：

借款人收到的贷款额为1 000，月还款额为319.03（269.03 + 基准实例所计算的利息 + 储蓄存款50）。在贷款到期时，客户在储蓄账户中有203 的余额（200 存款加第二个月的利息0.5，此时的储蓄账户的余额为50，第三个月的利息收入1，账户上的余额为100，和第四个月的利息为1.5，此时账户余额为150)。

计算有效利率：

$PV=1\ 000$，$PMT=-319.03$，$n=4$；$FV=203$，计算 i 月有效利率为3.26%，乘以12得到年利率 APR 为39.1%。小额信贷机构要计算年度收入，则可以用该利率乘以净贷款额得出。

上述方案和下一个方案均假设小额信贷机构收到和持有这些强制储蓄的存款。在这种情况下，小额信贷机构的收益和客户的支出是相同的。如果储蓄存款是由其他机构，即其他金融机构持有，则在计算机构收益时不应计入此项存款。不过，这种强制性储蓄的做法也引起了不少异议，主要是提高了客户的成本，而同时大多数又没有给小额信贷机构带来收益。

(九) 备选方案8——固定利率、预付利息和手续费以及强制储蓄

要求客户在每月还款的同时储蓄50，储蓄的月息为1%，不计复利，客户在贷款到期后随时提取，其余与基准实例相同。

计算现金流：利息总额为120（$1\ 000\times3\%\times4$）。给借款人发放的贷款净额为850（1 000－利息120－手续费30）。月还款额为300（本金$1\ 000\div4$＋储蓄款50）。在贷款到期时客户的储蓄账户余额为203（200存款加第二个月的利息0.5、第三个月的利息1和第四个月的利息为1.5）。

计算有效利率：$PV=850$，$PMT=-300$，$n=4$，$FV=203$。计算 i 月有效利率为7.67%，乘以12得到年利率 APR 为92.0%。

表5－4说明了根据不同的收费和还款的组合，同样的名义利率的贷款，其有效收益有多么大的不同：

表5－4　　年利息收益率比较　　单位：%

	年利息收益率				
	基准案例	备选方案4	备选方案5	备选方案6	备选方案8
设定的月利率（名义利率）	按递减的余额收取利息，分4个月等额还款	按初始贷款收取固定利息，按比例分摊分4个月等额还款到4个月的付款中	按初始贷款收取固定利息，并在发放时扣除	发放贷款时扣除，按初始贷款额收取固定利息和3%的手续费	每次还款时要求强制储蓄50，储蓄的月利率为1%其他与方案6相同
1.0	12.0	19.0	19.8	35.6	38.9
1.5	18.0	28.5	30.3	46.6	51.5
2.0	24.0	37.8	41.0	58.0	64.5
2.5	30.0	47.1	52.5	69.8	78.0

续表

	年利息收益率				
	基准案例	备选方案4	备选方案5	备选方案6	备选方案8
设定的月利率（名义利率）	按递减的余额收取利息，分4个月等额还款	按初始贷款收取固定利息，按比例分摊分4个月等额还款到4个月的付款中	按初始贷款收取固定利息，并在发放时扣除	发放贷款时扣除，按初始贷款额收取固定利息和3%的手续费	每次还款时要求强制储蓄50，储蓄的月利率为1%其他与方案6相同
3.0	36.0	56.3	63.8	82.0	92.0
3.5	42.0	65.5	75.8	94.7	106.0
4.0	48.0	74.6	88.3	108.0	121.8
4.5	54.0	83.6	101.3	121.7	137.6
5.0	60.0	92.6	114.8	136.1	154.2
5.5	66.0	105.5	128.8	151.1	171.4
6.0	72.0	110.4	143.5	166.7	189.5

资料来源：CGAP Occasional Paper，December，2002.

5.3 小额信贷定价结构

（一）标准年利率的计算

为了制定合理的贷款结构，以实现可以覆盖成本的年度收益，小额信贷机构需要考虑许多因素，包括对客户的了解、管理的状况以及法律、财务环境等。小额信贷机构贷款收益结构主要由以下方式组成：根据等额本息法或余额递减法收取利息，收取佣金、手续费，或者要求借款人在储蓄账户上维持最低数额存款才能获得贷款等。下面讨论一些常用的定价结构。

根据付款和其他收费结构的不同，具有相同名义利率的贷款能产生不同的期间利率。为了掌握贷款的实际财务成本和产生的收益，名义利率必须转化成标准利率，以便使小额信贷机构了解从借款人手中获得了多少收益。通过计算期间利率并将其转化成年利率以完成年利率 *APR* 的计算，如图 5 - 1 所示。

计算年利率 *APR* 一般有三个步骤：

（1）计算现金流，它是整个贷款期间从借款方收到的还款。

（2）将现金流输入电子数据表或财务计算器以计算期间利率，它是贷款

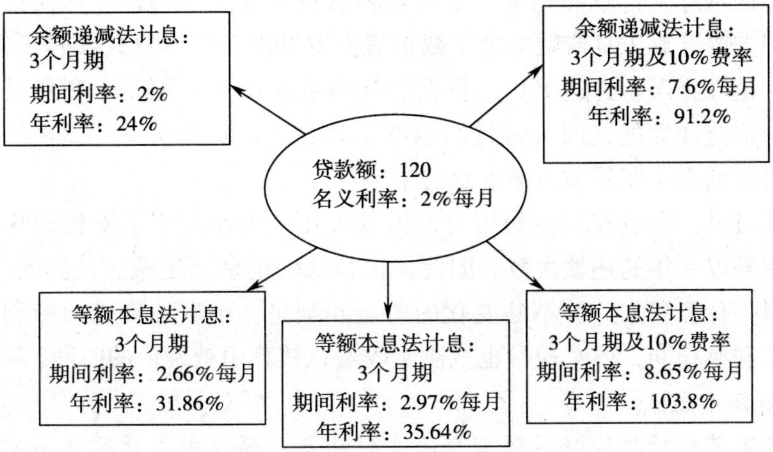

图 5－1　余额递减法和等额本息法计算转标准年利率 *APR*

期内每一阶段的平均利率。

（3）将期间利率与一年中的还款期数相乘转换为年利率。在用电子数据表计算前，我们首先在第一步中考虑名义利率，因为现金流取决于名义利率。

（二）两种利率计算方法

小额信贷机构有两种常用的计算利息方法：余额递减法和等额本息法。

1. 余额递减法

余额递减法计算的利息，要求借款人在还款时根据尚未归还的本金支付商定的利率，即名义利率，所支付的利息则随着递减的本金余额变小。

例：小额信贷机构贷了 100 元给罗莎（见表 5－5），期限为 4 个月，每月等额分期还款，每月名义利率保持 2% 不变。

表 5－5　　余额递减法计算的年利率 *APR*

借款者仅就当前的贷款本金余额支付名义利率，随着贷款本金余额的减少，所支付的利息也在减少。					
贷款额：100　期限：4 个月　利率：2% 每月					
月份	利息计算	利息	本金	付款总额	贷款余额
0	—	—	—	—	100
1	100 ×0. 02	2	24. 26	26. 26	75. 74
2	75. 74 ×0. 02	1. 51	24. 75	26%	50. 99
3	50. 99 ×0. 02	1. 02	25. 24	26%	25. 75
4	25. 75 ×0. 02	0. 52	25. 75	26%	0
总额	252. 48 ×0. 02	5. 05	100	105%	—

2% 每期 ×12 期/年 ＝ 年利率 24%

为保证每月支付总额相等，本金和利息将会发生变动，计算变化的本金和利息则需要计算工具或财务电子数据表。罗莎在这4个月共支付了5.05元的利息，也许会误认为这100元贷款的利率是5.05%。但是，利息是通过每月的剩余本金计算的，因为每月的余额是减少的，5.05元也是2%的名义利率乘以贷款期内4期贷款余额加总的结果。

由此可见，在没有其他费用时，借款人在余额递减法下支付的年利率是名义利率乘以 年的还款次数。因此，很容易确定余额递减法计算的年利率，但需要财务计算器来计算不断变化的本金和利息。小额信贷机构的利息收益应当与年利率相同，但它通常也取决于收益在核算中被确认的时间。

2. 等额本息法

假定罗莎对贷款按照等额本息法支付利息，那么由于贷款计息方法的差异，成本和收益又是多少呢？

用等额本息法计算利息时，是根据初始贷款额而不是递减余额计算与名义利率来计算的，故每期支付的利息相同，同样各期偿还的本金数量是贷款余额除以期数得到的平均值。

罗莎每月一直支付2%的名义利率，但她在4个月期间支付的总利息较高。使用等额本息法计算，并不需要财务计算器来计算本金或利息，但仍需要用它来判定期间利率和年利率。在这个案例中，期间利率为3.15%或年利率为37.8%，即使每月的余额在减少，罗莎每月支付的利息仍是初始贷款的2%，比用余额递减法计算出的利息要高。

以上介绍了定价公式的两个方面：

（1）为实现机构无补贴的经营能力，小额信贷机构需要多少年利息收入？

（2）使用什么样的贷款定价结构才能实现必需收益？

将名义利率转化为年利率时可以发现，利息是如何随着贷款条件而发生变化的，就像借款人支付的年利率*APR*根据贷款条件变化一样，小额信贷机构的利息收益也是如此。前面计算的贷款利息收益是理论收益。通过例子，计算不同贷款条件下贷款的理论收益*APR*。如果小额信贷机构明确其资产利息收入的理论值，就可以比较预期收益与实际利息收入。

5.4 小额信贷利率分析

小额信贷与传统银行贷款最重要的区别是贷款规模的差别，因此产生的成本也截然不同。为了解两种规模不同的信贷对放贷机构成本的影响，下面对两个假设的放贷人做一个对比，即大额放贷人与小额放贷人。假设两人皆贷出100万美元，大额放贷人只发放一笔贷款，而小额放贷人却要发放10 000笔，每笔100美元的贷款。

（1）资金成本和贷款损失的风险会随着贷款额度的不同而成比例的变化。

假设两个贷款人每年都因拖欠而损失贷款总额的1%，那么他们就需要相应数额的贷款损失预提，两个贷款人可以通过向客户收取11%（10% +1%）的利率来覆盖其资金成本和信贷风险。

（2）管理成本与贷款额度并不是完全成比例变化。

发放一笔额度为100万美元的贷款可能花费大额放贷人3万美元的成本（贷款额度的3%），包括人工费用和其他评估客户信用、发放贷款、监督贷款使用和收回贷款等相关的费用。大额放贷人能够通过向其借款人收取14%（10 +1% +3%）的利率来覆盖其成本。然而，对于小额放贷人来说，每笔100美元贷款的管理成本远远高于贷款额度的3%，他为此所花费的不仅是每个借款人3美元的成本，而是20美元甚至更高的成本。大额放贷人只需要面对一个借款人，而小额放贷人必须面对10 000个没有任何抵押及担保、没有正规财务报表或资信记录的借款人，而且这些客户中的许多人有可能还是文盲。对这类客户发放和收回贷款，要求放贷人与客户之间进行频繁的直接接触与交流，这就需要耗费更多的时间。

假设大额放贷人每季度收回贷款1次，那么一年4次就可以收回贷款，而小额放贷人的客户则很可能是每月甚至以更短的频率还款，因此，他每年至少有12次的收款业务。如果大额放贷人的管理成本是每年3万美元，小额放贷人的成本每年至少是20万美元。为了保证覆盖机构的经营成本，小额放贷人必须收取20%贷款利率，加上资金成本，它必须收取的利率是31%（10% +1% +20%），而大额放贷人只要收取14%的年利率就可以覆盖成本。

还应该注意到新成立的小额信贷机构，由于规模较小，管理成本很可能更高。因此，小额信贷机构从诞生的那一天起就要考虑如何设定足够高的利率，以便能够长期稳定地向客户提供信贷服务。以上这个假设案例的对比也说明了人为制定利率上限将使投资人对小额信贷产业望而却步，其结果是贫困与低收入群体得不到应有的金融服务。

第6章

微型金融机构财务分析

国际微型金融最佳的实践表明，财务分析是微型金融机构成功与可持续经营的基础。一些专家甚至认为，没有财务分析，微型金融机构的发展将永远无法达到可持续的阶段。学会阅读机构财务报表中的资产负债表和损益表，并了解其相互关系，是掌握这些分析工具的基础。通过对相关财务预测指标的技术分析，权衡不同方法对微型金融机构在实现目标的过程中所产生的影响，并从中选择最佳的竞争策略，以帮助微型金融机构实现财务自负盈亏和可持续经营。本章涵盖四节内容，包含对财务报表的分析、对盈亏的分析及对盈利能力的衡量，最后用一个具体案例将本章讲解的内容融会贯通。第一节着重分析主要财务报表的构成要素及相互关系，为后面的章节奠定理论基础；第二节主要是通过对收入、支出及成长发展的具体分解来预测盈亏；第三节重点掌握对财务报表进行调整后，通过盈利能力指标来预测发展前景，其中对盈利能力指标的理解要明确；第四节则是通过鲜活的案例对前面几节内容进行回顾和实际运用。

6.1 微型金融机构财务报表分析

微型金融机构通常使用资产负债表和损益表，以综合反映机构的财务状况和经营成果。资产负债表、损益表和贷款报告是分析微型金融机构财务状况和经营绩效及发展趋势的重要依据。

6.1.1 资产负债表

（一）资产负债表概述

资产负债表体现了机构在某一时点上的财务状况，它好比机构财务状况的“快照”，是机构资产的汇总，拥有什么以及还欠什么，即要用资产偿还什么。资产是微型金融机构拥有的资源，来自负债或净资产所提供的资金；负债是指外部机构对于本机构资产的索取权。所有者权益也称为净资产，是来自所有者或捐赠者以及机构从经营中获得的未分配利润。资产负债表的基本特征是，它总是平衡的。

与其他行业的财务报表一样，微型金融的资产负债表是根据“资产 = 负债 + 所有者权益”这个会计恒等式而设定的。但资产负债表根据不同国家的会计规则，可以有不同的排列形式。微型金融机构的每一项金融交易都会影响会计等式中至少两项。资产增加，负债或所有者权益也会相应增加；同样，所有者权益或负债减少，资产也会相应减少。

（二）资产

资产总是排在资产负债表的第一项，其中现金条目列在最前面。微型金融的现金资产包括银行存款、中央银行准备金及资本市场上的短期投资。贷款总额、贷款损失准备金及贷款余额净值列在其次。贷款损失准备金是针对微型金融机构无望收回的未偿贷款本金部分，这是为弥补贷款损失的准备金，这部分记为负资产。贷款总额减去贷款损失准备金等于贷款余额净值。

固定资产通常列在现金资产之后，包括财产和设备。由于固定资产会随着时间推移失去价值，因此要有折旧的计算。折旧不是每年的支出，而是由固定资产的使用寿命决定的，在资产负债表中记为负资产。与贷款损失准备金一样，固定资产减去累计折旧额等于固定资产净值。在资产负债表中，累计折旧减少了固定资产的价值。与贷款余额净值一样，只有固定资产净值才可以加进资产总额中。表6-1中的资产负债表反映了机构在2001年12月31日和2000年12月31日两个时点的财务状况。

（三）负债和所有者权益

负债通常包括客户的存款、来自商业银行的贷款和来自其他机构的补贴和融资资金，此外负债还可能还包括其他负债，如通过信用购买的办公设备，这部分合计为负债总额。

所有者权益往往体现为净资产。在报表中，它的值等于资产总额和负债总额的差，即机构所拥有的和所欠的差额，这是会计等式的另一种表达方式，即所有者权益 = 资产 - 负债。所有者权益包括机构所有者或捐赠人的资本以及微型金融机构的未分配利润。负债总额和所有者权益总额相加等于资产总额。

6.1.2 损益表

（一）损益表概述

损益表也称盈亏报表，反映微型金融机构一定时期内的收入与支出，显示机构经营的结果是净利润还是净亏损。损益表由经营收入和经营支出以及非经营性收入三部分组成。把机构在一定时期内经营收入减去所发生的支出就可以得出机构的净利润或净亏损。

更形象地说，如果资产负债表是机构在特定时点上拥有什么和欠什么的“快照”的话，那么，损益表就是机构在一个时期内从开始到结束，赚多少和花费多少的“录像”。资产负债表显示一个状态，表示在一个时间点上；损益表显示一个过程，表示在一定时间区间内。

（二）收入与支出

微型金融机构的经营收入来自利息和服务费，不包括其他金融服务与投资的收入。

经营支出是经营上所花费的资金，如需要支付的机构借款利息及顾客存款的利息等，为设立和维持贷款损失准备金的费用也列在经营支出中。贷款损失预提费用，是指在一定时期内增加贷款损失准备金到能够覆盖贷款中预期的坏账水平所需的费用。经营支出还包括人员成本和行政支出。经营总支出与经营总收入之差就是机构的净经营利润或亏损。

在损益表中，非经营性收入则独立于经营收入，这样就能够清楚地把微型金融机构实际收入和从其他资源中获得的收入区分开来。非经营性收入包括捐赠的现金及非金融服务的收入。非经营性收入加总并加上净经营利润或亏损，得到利润或亏损净值。如果一家机构同时经营金融服务和非金融服务，这两类不同业务的财务报表就应该分开，其收入和支出必须清楚地归于各自经营的结果。

6.1.3 资产负债表与损益表的关系

资产负债表和损益表的关系实际上就是支出、收入和资产、负债以及所有者权益之间的关系。决定净利润或亏损的营业收入和支出，从损益表流向资产负债表，并影响所有者权益；损益表中的“净经营利润/亏损”记入资产负债表中的“本年度未分配利润/亏损”，损益表中的捐赠也流向资产负债表，同时影响所有者权益，见表6－1、表6－2和图6－1。

贷款损失预提费用被记录为机构的支出，与资产负债表中的贷款损失准备金相关联，后者记录为负资产。年初的贷款损失准备金加上本年度提供的贷款损失预提等于年末在资产负债表中体现的贷款损失准备金，除非该机构已将坏账核销。

表6－1　　资产负债表

	2001年12月31日	2000年12月31日
资产：		
现金与银行存款	480	400
中央银行准备金	0	0
短期投资	200	400
贷款总额	14 000	9 600
（贷款损失准备金）	700	400
贷款余额净值	13 300	9 200
固定资产——财产和设备	1 900	1 200
（累计折旧）	550	250
固定资产净值	1 350	950
资产总额	15 330	10 950
负债：		
储蓄账户（强制）	1 400	960
储蓄账户（自愿）	0	0
商业银行贷款	0	0
补贴贷款	3 000	3 000
负债总额	4 400	3 960
所有者权益：		
股东实缴资本	0	0
捐赠资本——以前年度，累计额	11 540	6 540
捐赠资本——本年度	5 000	5 000
以前年度未分配利润/亏损	－4 550	－2 500
本年度未分配利润/亏损	－1 060	－2 050
所有者权益总额	10 930	6 990
负债和所有者权益总额	15 330	10 950

表 6－2　　　　　　　　　　　　　损益表

	2001 年 12 月 31 日	2000 年 12 月 31 日
经营收入：		
贷款利息和费用收入	5 320	3 680
其他相关金融服务收入	0	0
投资收入	40	80
经营收入合计	5 360	3 760
经营费用：		
利息和费用支出	150	150
贷款损失预提费用	300	400
人员费用	5 000	4 500
其他管理费用	970	760
交通	20	10
租金	250	200
水电费	200	150
办公用品	200	150
折旧费	300	250
经营费用合计	6 420	5 810
净经营利润/亏损	－1 060	－2 050
非经营收入：		
现金捐赠	5 000	5 000
其他非经营收入	0	0
非经营收入合计	5 000	5 000
利润/亏损净值	3 940	2 950

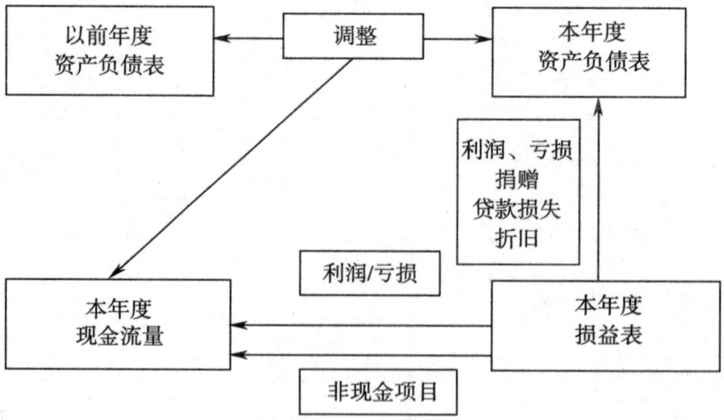

图 6－1　财务报表之间的关系

6.2　微型金融机构盈亏分析

通过本部分的学习，读者能够掌握影响微型金融机构收入的客户、信贷员、资金等要素，理解它们的影响方式和途径，并计算相关比率；掌握影响微型金融机构支出的六个主要因素；熟悉影响微型金融机构成长的五个主要因素。

6.2.1　影响机构收入的要素

为了达到机构财务自负盈亏及可持续发展，微型金融机构必须显示持续的盈利能力。只有收入大于支出时才会有盈利，同样，具有稳健的收入、较低支出的机构和具有适度支出、较高收入的机构也会盈利。既不能控制支出又不能产生足够收入的机构将面临亏损，持续的或大量的亏损必将摧毁这家机构。

微型金融机构最主要的经营收入来源是提供信贷服务所获得的利息收入。虽然机构可能还有小部分来自投资和其他服务的收入，但这里只讨论主要的利息收入及获得利息收入的方法。三个因素影响收入：信贷员、客户和资金，并有此派生出客户量、平均贷款规模和有效利率等主要因素。

（一）客户保有率

计算客户保有率的方法很多，但必须考虑一些共同的因素，“休眠客户”就是这样一个重要因素。“休眠客户”是指那些打算回来继续借款，但是在上一笔贷款偿还之后，不会马上借款的客户。后续贷款是发放给本期或前期客户包括“休眠客户”的贷款。微型金融的运作中使用的是贷款周期制度。客户保有率计算公式如下：

$$客户保有率 = \frac{上周期留下的客户数}{上周期客户数}$$

任何企业都在努力留住现有的客户，客户保有的观念在微型金融机构扩大业务覆盖面中是一个主要因素。机构保有优良客户的能力很重要，这不仅因为这种能力是客户满意度的一个指标，而且保留重要客户可以使机构以较低的成本维持或增加贷款的规模。由于新客户的借款规模受较低初始贷款量的限制，因此不断依靠新客户的增加来支撑增长会降低潜在的贷款规模，同时也会增加成本。

（二）客户量

客户量的变化反映每个信贷员所服务的客户相对数量发生了变化，但并不能反映出收入的直接变化。如果聘用较少的信贷员去服务相同数量的客户，利息收入不变而支出减少，收入会增加。如果信贷员数量不变而客户量增加，利息收入增加而支出不变，收入增加。在这种情况下，收入与支出的比率也会有所提高，微型金融机构会更盈利。

同样的道理，假设其他因素不变，客户量增加的结果是贷款余额增加，收入也随之增加。如果机构可以应对客户量的增长，而且没有额外聘用信贷员的话，则平均客户量会增加；如果聘用了新的信贷员，那么平均客户量是增加还是减少，取决于新聘用的信贷员数量；如果机构发展了足够多的新客户，由于这些客户比老客户的贷款额要小，平均贷款规模可能会下降。所以，是否需要裁减信贷员则要看精简幅度和机构所实施的政策，对平均贷款规模的影响则取决于留下来客户的贷款余额。

但有一种情况例外，机构的贷款方法发生改变，特别是从频繁发放的小额短期贷款转向发放大额长期贷款时，只需要较少的信贷员就可以服务同样数量或更少量的客户，这样机构仍然可以保持盈利能力。对于提供小额短期贷款的机构而言，保持较高的客户量是具备财务可持续能力的必要条件。

（三）平均贷款规模

计算平均贷款规模通常使用初始贷款发放额，而不是未偿贷款余额。这个指标被称为平均初始贷款额或者平均贷款发放额，计算公式如下：

$$\text{平均初始贷款额}=\frac{\text{期初贷款总额}}{\text{期初未清偿贷款笔数}}$$

平均初始贷款额可以帮助微型金融机构确定已发放贷款的平均规模，但是平均未偿贷款余额可以用于对未来收益和资本需求的预测。

平均贷款规模与客户量一样也是一个指标，反映了每个客户所持有的贷款余额的平均份额。然而，与客户量不同，该指标受到微型金融机构设立的初始贷款额和后续贷款增加额的直接影响。如果全部或是接近全部的客户都保留下来的话，他们将获得更多的贷款，从而使贷款余额和收入都增加，这使得机构的经营效率更高，即贷款规模的增加和支出的相对减少，这主要是资金成本的减少。然而，贷款增加的速度过快就会存在风险，因为还款额超出了客户的承受能力，就会导致较高的拖欠率和不良贷款率，从而抵消贷款增加所带来的高收入，甚至还会导致亏损。相反，假定客户量等其他因素不变，平均贷款规模的下降将导致贷款余额和收入减少。出现平均贷款规模下降的可能之一就是大量的新客户出现。随着新客户取得较小额度的贷款，平均贷款规模也随之减小。

贷款规模直接受到商业资金、捐赠资金和机构资本金的限制，其他因素对贷款的影响是间接的。另外，影响现有客户数及平均贷款额的因素同样也会影响贷款额。

（四）有效利率

有效利率包含各种手续费和佣金。贷款余额越大或收取的利率越高，则利息收入越多。有效利率通过与平均贷款余额相乘，可用来预测给定时期内的利息收入。

微型金融机构通过设定贷款手续费和佣金以及名义利率来直接影响有效利率。当其他所有因素保持不变时，利率上调会使利息收入以同样的幅度增加。但在竞争的环境下，利率上调是有一定风险的，如果客户认为利率过高，他们可能停止申请更多贷款，这样机构就可能失去潜在的新客户。客户减少，贷款余额就会收缩，所带来的后果将非常严重：在这种情况下，即便高利率所获得的收入也无法弥补利息收入的减少，最终会导致收入减少，可能还要解聘一些信贷员。下调利率也不会明显增加客户量。对于微型金融客户而言，由于单笔贷款金额往往比较小，贷款期限又短，利息收入占借款者的业务成本比率非常低，因此他们为了获得金融服务愿意承担较高的利率水平。然而，较低的利率将会对收入产生相应程度的影响，通常会抵消由贷款余额的增加而获得的利息收入，造成收入的减少。

微型金融机构的目标是要确定一个有效利率，以这个利率来经营足以覆盖管理费用，包括通货膨胀成本和贷款损失在内的资金成本，同时还能使微型金融机构在短期内具备可持续能力。如果有效利率可以覆盖资本金成本的话，那么该机构将具备长期的可持续能力。

6.2.2　影响机构支出的要素

微型金融机构需要使支出降到最低，以获得利润最大化。以下是影响支出的主要部分：

（一）薪资

信贷员的工资是微型金融机构中最大的单笔支出。对国际领先的微型金融机构的研究表明，财务可持续性的两个最重要的决定因素是工资水平和贷款的有效利率。微型金融机构的财务目标是从信贷员所管理的贷款中获得尽可能多的收入。一般来说，获得的收入越多，同时收入与工资的差额就越大，机构所获得的利润也越高。信贷员效率越高，客户量也越多，微型金融机构获得高利润的可能性也就越大。

（二）折旧

固定资产折旧是房屋或设备重置成本的预提。占用费用仅仅是设备、租赁、使用和维修的成本。这两项费用常和其他费用区别开来，因为它们并不直接受经营规模的影响，属于固定成本支出。占用费用以提高租金的方式来反映通货膨胀的影响。与此相对应的是固定资产，如房屋和设备等，并不受通货膨胀的影响。如果微型金融机构决定设立新的营业所和扩张业务覆盖区域，固定资产和占用费用将大幅度增加。

（三）其他行政支出

微型金融机构的大多数其他行政支出都可以归为管理费用，它包含一个宽泛的费用范围，包括人员费、交通费、通信费和补贴。管理费用一般与经营规模有关，基础客户的数量越大，所需的基础设施支持费用就越多。

（四）通货膨胀

通货膨胀率通过减少所有者权益给微型金融机构强加了一笔费用。如果损失并没有通过计入所有者权益中的利润得到弥补，那么机构则需要筹措更多资金来维持或增加调整过的贷款规模。对其他直接费用，通货膨胀直接影响也很小，固定资产价值则在通货膨胀中保持稳定。

（五）资金成本

许多机构资金来源大多或全部是通过商业渠道获得的。部分资金也可能来源于储蓄，要支付这些资金的利息也是一笔费用，它靠贷款的利息收入来弥补。许多微型金融机构靠捐赠和资金补贴的支持。分析这类机构时，为了更恰当地分析机构的可持续能力，资金成本应参考采用商业市场利率水平。

（六）不良贷款

贷款损失对于金融机构来说是不可避免的。但成功的微型金融机构已经找到对策，能够把贷款的损失率降至最低。就不良贷款而言，机构损失的不仅仅是预期利息收入，而且还包括本金。作为不良贷款的财务准备，经营较好的机构往往建立贷款损失准备金，以避免资金被侵蚀。通常贷款损失是机构总费用中的一小部分，占贷款余额的2%左右。

6.2.3 影响机构成长的要素

为了机构的成长，微型金融机构必须加强以下两方面的能力：（1）吸引潜在客户的能力；（2）在潜在客户成为借款者之后，机构提供服务的能力。这意味着增加设备购置，扩大服务的覆盖面，同时聘用更多的信贷员和其他职员。机构的盈利不仅仅通过增加贷款，管理人员和信贷员的工资结构关系是影响规模经济的一个重要因素。尽管管理人往往占员工总数的比例较低，而且管理人员能为很多信贷员提供服务，微型金融机构仍然不得不减少管理人员。

微型金融机构在成长过程中常常会得到捐赠者的资助。但无论是否得到资助，为了获得收入和发展，机构必须努力维持高收入和低成本的经营策略。微型金融的成功方法并不是与生俱来的。因此，为了扩大业务，机构需要克服如下限制成长的因素：

（一）市场规模/密度

最重要的限制因素是市场本身，微型金融机构选择服务的区域可能人口稀少或者适度。市场的限制是机构自身无法控制的，如果市场限制较大，那么机构必须努力去达到相应的客户保有率以及有计划地引导客户申请更大额的贷款。

（二）客户负债能力

接受微型金融机构服务的当地微型、小型企业本身规模有限，贷款能力也有限。同时，微型、小型企业并不能很快成长并快速提高贷款额，从而直接限制了贷款规模的扩大，这也是微型金融机构无法控制的因素。

（三）产品和方法

限制贷款扩张的因素也可能源于借贷方法的限制，但这一因素是微型金融机构可以控制的。例如，在贷款拖欠、风险提高的情况下，个人贷款产品根据规定也不允许大幅增加贷款额度，这自然就限制了机构的盈利能力。如果微型金融机构要求通过小组联保方法发放贷款，则联保小组要为成员贷款拖欠承担还款责任，因此小组联保的贷款额一般都比较小。事实上，这种贷款方法一直存在着争议，不少人怀疑这种方法，认为应该使产品更好地满足客户的需求。

（四）薪资政策

微型金融机构为了降低风险不得不聘用教育程度、技能水平相对较高或经验较丰富的员工。然而，由于行业发展过快而人才培养需要时日，微型金融机构之间的人才争夺会变得激烈，这将直接推高员工薪资水平，使微型金融机构的成本大幅提高。

（五）时间和距离

时间和距离限制包括在给定时期内信贷员应完成的工作量的限制。例如，如果信贷员与客户之间的距离太远，或由于贷款拖欠而增加的风险，或信贷方法问题，信贷员就不能管理更多的客户。改变贷款方法是机构自身可以控制的因素，但是对时间限制却没有更容易的解决方法。

以上总结了微型金融机构成长中常见的限制因素。应该注意个别的微型金融机构在努力扩张的过程中，可能会遇到其他类型的限制因素，如政治和技术因素或自然偶发因素等。

6.3 微型金融机构盈利能力衡量

通过本部分的学习，读者能够掌握对微型金融机构财务报表的四种调整，并学会实际操作；掌握微型金融的五种主要盈利性指标及其计算公式，特别要理解调整后的资产收益率及调整后的净资产收益率；学会通过分析盈利性指标来判断微型金融机构的发展前景。

6.3.1 机构财务报表调整

为了达到财务上自负盈亏与机构的可持续发展，制定全成本的利率不仅可能而且是必须的，其收益必须足以覆盖所有运营成本和财务费用。在操作实践中，财务报表并不能反映某些隐性成本，如通货膨胀对机构净资产的侵蚀及补贴资金的成本或捐赠实物的价值等。为了衡量财务可持续能力与机构经营管理在行业中的可比性，必须对微型金融机构的财务报表进行调整，以体现这些隐性成本。

为了分析机构的财务业绩，应该确保财务报表与通用会计准则相一致。许多微型金融机构依靠捐赠资金生存，因此各机构在报告财务状况时的口径也各不相同。这样，在对机构的财务业绩进行分析和比较之前，对资产负债表和损益表进行调整就显得更加重要了。

为了真实反映机构的经营状况，需要对报表进行四个方面的调整：

（1）根据通用会计准则进行调整，反映真实的经营支出；

（2）对通货膨胀进行调整；

（3）对资金成本的补贴进行调整；

（4）对实物捐赠进行调整。

表6-3　　调整工作表（调整前）

	2002年12月	2001年12月	2000年12月
未调整的经营支出		402 180	253 200
通货膨胀调整			
a. 权益资本平均值		352 450	227 350
b. 固定资产均值		18 050	19 650
c. 通货膨胀		7%	8%
调整 =（a-b）×c		23 408	16 616
资金补贴成本调整			
a. 补贴贷款平均值		262 500	200 000
b. 商业利率		18%	22%
c. 实际利息支出		5 250	4 000
调整 =（a×b）-c		4 200	40 000
a. 储蓄存款平均值		150 000	90 000
b. 同类存款的商业利率		7%	10%
c. 实际利息支出		9 750	6 700
调整 =（a×b）-c		750	2 300
调整总额		42 750	42 300
非现金捐赠调整			
a. 人员		6 000	6 000
b. 其他			
调整额		6 000	6 000
调整后的经营支出		474 338	318 116
经营收益		397 680	182 900
调整后的经营利润（损失）		（76 658）	（135 216）
平均总资产			
AROA			

表 6－4　　　　调整工作表（调整后）

调整工作表			
	2002 年 12 月	2001 年 12 月	2000 年 12 月
未调整的经营支出	523 200	402 180	253 200
通货膨胀调整			
a. 权益资本平均值	408 200	352 450	227 350
b. 固定资产均值	19 900	18 050	19 650
c. 通货膨胀	5%	7%	8%
调整 ＝（a－b）×c	19 415	23 408	16 616
资金补贴成本调整			
a. 补贴贷款平均值	300 000	262 500	200 000
b. 商业利率	15%	18%	22%
c. 实际利息支出	6 000	5 250	4 000
调整＝（a×b）－c	39 000	4 200	40 000
a. 储蓄存款平均值	250 000	150 000	90 000
b. 同类存款的商业利率	6%	7%	10%
c. 实际利息支出	15 000	9 750	6 700
调整 ＝（a×b）－c	0	750	2 300
调整总额	39 000	42 750	42 300
非现金捐赠调整			
a. 人员	6 000	6 000	6 000
b. 其他			
调整额	6 000	6 000	6 000
调整后的经营支出	587 615	474 338	318 116
经营收益	589 200	397 680	182 900
调整后的经营利润（损失）	1 585	（76 658）	（135 216）
平均总资产			
AROA			

（一）根据会计准则对财务报表进行的调整

为了分析机构的财务业绩，应当确保财务报表与通用会计准则相一致，这样才能够比较分析不同微型金融机构的财务状况。例如，一家没有为贷款损失计提准备金的微型金融机构与另一家计提了准备金的微型金融机构的资产收益率是不可比的。这种调整也包括对贷款损失和贷款损失预提费用的调整，例如，贷款损失预提费用不充分。为了覆盖预估的贷款损失而增加额外费用，这项调整使贷款损失预提的费用增加了；从而损益表上的经营总费用也增加了，净经营利润下降，总利润也随之下降。该调整使得贷款余额净值、总资产、本年利润、净资产总额和负债及净资产总额均减少。

（二）对通货膨胀的调整

这是判断净资产和其他资产真实价值的重要因素。通常情况下，通货膨胀不影响固定资产的价值，固定资产的价值会随着通货膨胀的出现而改变。微型金融机构的财务报表一般没有解释通货膨胀对金融资产的影响。但通货膨胀会减少贷款的价值，而且会提高资金成本和降低净资产的价值。当产生收入的主要资产来自于金融业务时，通货膨胀的影响是非常严重的。通货膨胀侵蚀机构的净资产的实际价值，从而会冲击整个微型金融机构业务的核心。微型金融机构有义务保护其价值。

可以从两方面观察通货膨胀对资产负债表的影响：

（1）考虑到微型金融机构的部分净资产是投资于固定资产的。与金融资产不同，固定资产不随通货膨胀的发生而贬值。任何以固定资产形式投资的净资产都不受通货膨胀的影响，用净资产总额减去固定资产总额后得出受通货膨胀影响的资产额度。注意这个等式与平均数有关。

（2）通货膨胀对微型金融机构拥有的金融资产和所欠的金融负债之间的差额有所影响。平均金融资产减去平均金融负债后得出受通货膨胀影响的净金融资产总额。

（三）对补贴进行调整

微型金融机构要获得可持续经营能力，就必须从商业渠道获取所需的资金，例如，从银行而不是依靠补贴或贴息贷款获得资金。如果机构获得补贴，补贴的调整要考虑负债或来自任何其他渠道的协议资金，如贴息贷款和储蓄存款。根据资产负债表和损益表中的数据计算平均数值，获得资金调整的总补贴成本。

（四）对实物捐赠补贴的调整

实物补贴属于另一种补贴。这种捐赠虽然不在财务报表上显示，但对判断一家微型金融机构的财务可持续能力来说却是至关重要的。大额的实物捐赠，如租赁、薪资或设备，都将增加一家微型金融机构调整的经营成本。表6-3显示，这家微型金融机构每年都收到一笔金额为6 000元的实物捐赠，用于弥补技术支持的费用。对实物捐赠总值的调整后，还会看到调整后的经营费用、经营收入和调整后的盈利或亏损。

调整的目的在于计算出调整后的经营利润额，即调整后的经营收入减去调整后支出的结果。调整后的经营利润用于计算调整后的资产收益率、调整后的净资产收益率和机构获得财务上自负盈亏率的依据。

6.3.2 机构盈利能力衡量指标

当微型金融机构从金融服务和投资活动中获得的收入能够覆盖经营费用并保持净资产的真实价值时，它就已经达到了财务可持续性。真正的财务可持续意味着，机构把现金及实物补贴产生的影响从财务报表中剔除，只有这样，微型金融机构才可以不依靠捐助者支持，凭借自己的资源为客户提供持续的金融服务。

无论机构的组织结构是怎样的，财务指标分析都可以帮助微型金融机构的管理者回答三个主要问题：（1）机构是否具有可持续经营能力，是否拥有在未来为客户提供持续服务的必要资源？（2）机构的贷款质量如何？（3）经营是否有效率，机构是否以最低成本获取资源为尽可能多的人群提供服务？

财务指标来自于机构调整后的资产负债表和损益表，用于建立关键财务绩效指标，以反映机构财务管理的优缺点。机构通过指标将当前业绩与历史业绩进行比较，也可以分析不同时期的发展趋势。两个关键的盈利性指标是：调整后的资产收益率（AROA）和调整后的净资产收益率（AROE）。

（一）调整后的资产收益率

资产收益率（ROA）是用来衡量微型金融机构运用资产获取收入能力的指标。当根据标准的调整办法计算后，不同机构调整后的资产收益率（AROA）就能进行比较了。AROA 的计算方法如下：

$$AROA = \frac{\text{调整后的经营利润}}{\text{平均总资产}}$$

AROA 反映给定期间内机构的经营利润占同期平均总资产的比例。分母为该期间的平均总资产，即该期间的期初和期末资产价值的平均数。

采用 AROA 对盈利能力进行衡量要求具体问题进行具体分析。例如，某年的异常收入或支出对微型金融机构调整后的经营利润会产生显著影响，从而导致该年的 AROA 较上一年度出现剧烈的上升或下降。资产出售、建筑物购买、投资新的管理信息系统或收回已注销的贷款本金等异常交易，都会造成这样的波动。

（二）调整后的净资产收益率

调整后的净资产收益率（AROE）是一个类似于 AROA 的财务分析工具，它衡量净资产在为机构资产提供融资所获得的回报，而不是机构资产自身带来的回报。资产也可以通过负债融通。AROE 的计算方法如下：

$$\text{AROE} = \frac{\text{调整后的经营利润}}{\text{平均净资产总额}}$$

通货膨胀对微型金融机构的净资产有较大影响。如果 AROE 小于零，那么意味着机构的净资产年复一年地被侵蚀。与 AROA 类似，AROE 衡量的也是某个给定期间的收益，因此，净资产必须取平均值来获得该年平均净资产总额。

调整后的净资产收益率（AROE）在实践中有如下用途：

（1）它反映的是微型金融机构真实的无补贴情况下的经营盈利能力，通过把净收入和产生收入的资产相比得出，衡量的是机构使用资产的效率。

（2）它对微型金融机构制定贷款定价政策和作出资产分配决策非常重要。平均资产收益率指标为正数则意味着机构在完成补贴和通货膨胀的调整后仍然盈利，也说明机构有潜力达到市场收益率水平，从而获得商业资金，并逐步成为正规的金融机构。

（3）它体现微型金融机构的资本收益率。净资产收益率用于判断微型金融机构是否达到吸引未来投资者的净资产收益率水平。通过查看调整后的净资产收益率，可以看出这家微型金融机构在自有资本金上获得多少收益。

考虑到机构类型的不同，在以营利为目的的私营微型金融机构中，无论是银行还是非银行金融机构，所有者都会用 AROE 来判断投资资本的回报率。在非营利的微型金融机构中，也用 AROE 来判断机构的商业可持续性，即它是否具备向投资者公开募集资金的能力。

（三）贷款收益率

贷款收益率衡量的是微型金融机构通过贷款获得多少收益。收入即收益，包括所有利息和费用收入，但不包括应收利息。作为一个平均数，这里的贷款收益率指给定期间所有贷款的收益情况，而不是就某个特定时点或者某种特定贷款产品计算出的贷款收益。贷款收益率的计算公式如下：

$$\text{贷款收益率} = \frac{\text{贷款收入}}{\text{平均贷款余额}}$$

贷款收益率在实践中有如下用途：

（1）贷款收益率显示贷款作为微型金融机构最重要的资产会产生多少收

入。收益差指的是估算值和实际收入之间的差额，如果差额很大，就可能意味着高呆账率，或者是记账和报告错误，也可能是有欺诈行为的发生。如果微型金融机构使用的是固定利率，贷款增长迅速或者无规律的放款行为也可能出现明显的收益差。在贷款收益率中使用平均贷款余额的概念，可以比较贷款的实际收入和预期收入之间的差别。

（2）贷款收益率在区分贷款不同的利息和费用结构的实际现金流方面尤其有用。它衡量在某一期间贷款业务获得的实际收入额，并与带来收益的同期平均未偿贷款余额进行比较，因此贷款收益率反映的是微型金融机构获得必需收入的能力，成为可持续发展的一个首要指标。

（四）经营自负盈亏（OSS）

捐助者和微型金融机构的管理者常常运用 OSS 评估一个微型金融机构用经营收入覆盖经营成本的程度。有两种不同的 OSS 计算方法。第一种方法在计算中包括资金的实际现金成本，公式如下：

$$\text{OSS}=\frac{\text{经营收入}}{\text{经营费用总额}}$$

公式中的费用包括损益表中所有的现金和非现金费用，例如折旧和贷款损失预提费用，以及资金的所有现金成本，如实际支付的负债利息和费用，或向自愿存款人支付的利息和费用。

第二种 OSS 的计算方法，在计算经营费用总额时扣除资金的现金成本，公式如下：

$$\text{OSS}=\frac{\text{经营收入}}{\text{经营费用总额}-\text{资金的现金成本}}$$

从比较的角度来看，这个公式有一个显著的优势：它不影响已经进入商业金融市场举债或者吸收储蓄为贷款融资的微型金融机构的 OSS 值。

不同的微型金融机构具有不同的负债/净资产结构，或者是融资结构。两个业绩相似（AROA 值相近）的微型金融机构，如果一个机构主要通过净资产而另一个机构通过负债来获得贷款资金，那么它们的 OSS 值可能相差甚远。

这两种 OSS 的计算都使用“给定期间”的数据，不同于其他指标。如 AROA、AROE 等比率，是把损益表中的科目同资产负债表中的科目进行比较，而 OSS 的计算不要求分母是期间平均值。相反，OSS 的两个计算公式中的分子和分母数据都来自损益表，采用的是期间的累积发生额。

（五）财务自负盈亏

财务自负盈亏（FSS）同样用来衡量经营收入覆盖经营成本的程度。然而

FSS 是计算经调整后的收入覆盖成本的程度。这里所说的调整类似于计算 AROA 和 AROE 所需的调整，力图反映在没有补贴的情况下机构的财务状况是怎样的，机构是否可以从商业市场上筹集资金而不是依赖捐赠或补贴资金。FSS 的计算公式如下：

$$FSS = \frac{\text{经营收入}}{\text{调整后的经营费用}}$$

计算 FSS 要求对微型金融机构的经营费用进行调整。客户存款（储蓄）和负债也必须经过调整，以反映存贷款的市场利率水平。同样，由于通货膨胀会侵蚀净资产，因此对净资产余额也必须进行调整。如果微型金融机构接受了补贴资金或者实物捐赠，那么这些项目也必须纳入调整范围。现金捐赠也必须从经营收入中剔出。微型金融机构达到财务自负盈亏时，就具备了在不依赖捐赠补贴的前提下，收入能够覆盖成本和对净资产保值的能力。

6.3.3　机构发展前景预测

对预测微型金融机构的前景趋势分析需要熟悉盈利性指标的概念，理解这些指标对判断机构发展前景有很大帮助。

（一）调整后的资产收益率

调整后的资产收益率显示，微型金融机构通过金融资产获得相应多少收入及如何能够更好地经营资产。如果微型金融机构的平均资产收益率为正数，那么这个机构就是盈利和可持续性的，可以覆盖所有成本，运用自有资本发展壮大；如果平均资产收益率是负数，但正处于改善中，说明微型金融机构还没有实现盈利，但正向可持续的方向迈进。预测的关键是要观察平均资产收益率的变化趋势。

（二）调整后的净资产收益率

调整后的净资产收益率提供了重要的信息，如微型金融机构是否达到国内微型金融行业标准的收益率，或者是机构可以覆盖信贷风险所必要的收益率。还可以比较不同时期各种资产的生产率，也可以对微型金融机构和其他金融机构在国内或国际范围内进行比较。

如果一家微型金融机构的 AROE 为正数，那么它是盈利和可持续性的，因为它可以覆盖所有成本并为其成长提供自身的资本。

（三）贷款收益率

贷款收益率反映利息和收费占平均贷款余额净值的百分比。这个指标显示贷款的实际收入。贷款收益率在整个阶段相对稳定，微型金融机构根据产生稳定增长的贷款收益率设定价格结构。

（四）自负盈亏率

经营上和财务自负盈亏是衡量机构在经营过程中收入覆盖成本的水平。财务上自负盈亏率超过100%，就意味着机构平均资产收益率大于零，因为计算这两个指标时使用的数据相似。案例中的微型金融机构虽然在调整后的2002年利润率下降，但仍然实现了财务自负盈亏，如果能够很好地处理拖欠等问题，那么机构可以保持同样的盈利水平，这样就能吸引投资者。

经验表明，微型金融机构可以在5～7年实现财务上自负盈亏。成功的关键取决于机构处理贷款拖欠、建立贷款定价政策和控制成本等管理能力。当然，通货膨胀也是影响机构财务可持续性的另一个因素。

持续为客户提供服务就必须具备财务上的可持续性。微型金融行业普遍存在补贴，随着贷款规模的增长，从捐助者那里获得用于贷款和经营成本的必要资金变得越来越困难。因此，对财务报表的调整可以帮助判断微型金融机构在不依靠捐助者补贴的情况下是否具备可持续性能力。

6.4 机构财务预测案例

通过本部分的学习，读者能够利用有效利率、贷款规模和期限、拖欠贷款、违约贷款、客户保有率和新客户率等变量对微型金融机构的财务前景进行预测。微型金融机构要达到财务自负盈亏及可持续发展，就必须显示持续的盈利能力，准确而又切合实际的财务预测在机构发展规划中起着关键的作用。同时，在作财务预测和规划时就应该设定尽可能低的贷款损失率指标，并以此作为机构努力的基本目标。

任何营利性机构都需要对未来进行预测，并制定机构的预期收入，因此准确、可操作的财务预测是衡量机构可持续能力的有效工具之一。

6.4.1 客户保有率的敏感度分析

以SAFE财务经理里卡多先生的案例分析在一个信贷周期中的财务预测。

里卡多先生预计，上一信贷周期中的1 000位客户将继续保留至下一个周期，并给每个客户的贷款额度增加100%，即从100增至200，从而使贷款总规模达到200 000。由于上年度贷款周期的贷款损失率为2%，机构将按此比率计提准备金。扣减贷款损失准备金后，净贷款额为196 000。贷款利率水平维持 20% 不变，机构将得到 39 200 的利息收入。另外，机构将继续按 6% 的利率支付给商业银行作为借款费用。通过计算，可以发现基于里卡多先生的预测结果是机构将从贷款业务中得到 23 200 的净收入，参见表 6 - 5。

表 6 - 5　　增长预测

	第二信贷周期	第三信贷周期
	实际	预测
客户量（上一期）	1 110	1 000
客户保有率	90%	100%
客户量（本期）	1 000	1 000
贷款量（上一期）	80	100
贷款增长率	25%	100%
贷款量（本期）	100	200
贷款总量	100 000	200 000
贷款损失率	2%	2%
贷款损失额	2 000	4 000
贷款净额	98 000	196 000
有效利率（EIR）	20%	20%
总收益	19 600	39 200
资金利率	6%	6%
利息支出	6 000	12 000
净收益	11 600	23 200

为了便于比较，这里列出上一个信贷周期的实际数据。从表 6 - 5 中可以看出，里卡多先生的预测相当乐观，尤其是在预测客户保有率以及提高贷款额方面。实际情况是，这家微型金融机构只有 900 位客户决定继续借款并增加借款额度，也就是说，客户保有率只达到 90%，没有 100%。不过，考虑到贷款规模的增加，这样的保有率已经是很好了。但这一结果的贷款额比里卡多先生预测的要少 10%。在这一信贷周期的期末，由于客户违约，机构贷款损失率达到 8%。一般情况下，当贷款额高于客户的负债能力时，违约或拖欠情况就容易发生。适度的贷款增长才可能使损失率保持在上一周期 2% 左右的水平上，参见表 6 - 6。

表 6-6　　增长预测

	第二信贷周期	第三信贷周期	第三信贷周期
	实际	预测	实际
客户量（上一期）	1 110	1 000	1 000
客户保有率	90%	100%	90%
客户量（本期）	1 000	1 000	900
贷款量（上一期）	80	100	100
贷款增长率	25%	100%	100%
贷款量（本期）	100	200	200
贷款总量	100 000	200 000	180 000
贷款损失率	2%	2%	8%
贷款损失额	2 000	4 000	14 400
贷款净额	98 000	196 000	165 600
有效利率（EIR）	20%	20%	20%
总收益	19 600	39 000	33 120
资金利率	6%	6%	6%
利息支出	6 000	12 000	10 800
净收益	11 600	23 200	7 900

对比预测观察这种变化对净收入的影响，发现这些计算的结果并不包含经营费用。因此，这家微型金融机构在这一周期中亏损甚至破产都是可能的，说明这是一个糟糕的计划。好的机构会采用团队进行预测，发挥资深信贷员和其他人的经验，让他们参与预测的全过程。

进一步分析以上情况并应用不同的预测方法，看看哪些因素将影响这家机构的收入以及由此产生的可持续能力问题。首先，从上一信贷周期到这一周期，预测同样的变量，会发生什么变化？在客户保有率为 90% 的情况下，客户减少至900 人，但客户贷款增长了 25%，平均贷款额达到 125，结果是收入温和地增长。收入提高的原因是贷款规模增长了 25%。客户数乘以客户的贷款额等于贷款总额。在其他因素不变的情况下，较大的贷款额会产生较高的收入。

然而，不能错误地认为给客户发放更多的贷款是收入增长的重要策略，但是尽可能多地保留已有客户，并在此基础上发展更多的新客户，却是微型金融机构健康发展的根本所在。

6.4.2 贷款额度增长率的敏感分析

现在，进一步讨论贷款的增长问题，如果本案例中贷款额只增加25%，那会出现什么样的情况呢？资金成本会有什么变化？

表6－7　　增长预测

	第二信贷周期	试验性预测
	实际	预测
客户量（上一期）	1 110	1 000
客户保有率	90%	90%
客户量（本期）	1 000	900
贷款量（上一期）	80	100
贷款增长率	25%	25%
贷款量（本期）	100	125
贷款总量	100 000	112 500
贷款损失率	2%	2%
贷款损失额	2 000	2 250
贷款净额	98 000	110 250
有效利率（EIR）	20%	20%
总收益	19 600	22 050
资金利率	6%	6%
利息支出	6 000	6 750
净收益	11 600	13 050

在贷款规模增长25%情况下，资金成本以相对较大的贷款规模为基础，因此，借贷资金成本也相对较高，达到7 000左右。

6.4.3 贷款不良率的敏感分析

以上讨论了关于收入、客户保有率和贷款额增长等预测的关键因素，接下来讨论预测中唯一的费用因素，即资金的利息支出的影响。预测的关键在于贷款损失问题。如果预测贷款损失率为5%，看看预测模型会出现什么变化呢？对收入又会有什么样的影响呢？

贷款损失会直接影响收入，即使不良贷款率为2%，机构仍然存在可持续能力的问题。再来看看里卡多先生的预测，将他的预测与采用上期比率和因素所作的第一次预测结果进行比较，可以看到上面的预测远达不到里卡多先生的收入目标。如果一家机构为了实现这样的收入目标，而试图让客户负担更高的利息，那么利率应该设多高呢？

表6－8　　　　增长预测

	第二信贷周期	试验性预测	第三信贷周期	第三信贷周期
	实际	预测	预测	实际
客户量（上一期）	1 110	1 000	1 000	1 000
客户保有率	90%	90%	100%	90%
客户量（本期）	1 000	900	1 000	900
贷款量（上一期）	80	100	100	100
贷款增长率	25%	25%	100%	100%
贷款量（本期）	100	125	200	200
贷款总量	100 000	112 500	200 000	180 000
贷款损失率	2%	2%	2%	8%
贷款损失额	2 000	2 250	4 000	14 400
贷款净额	98 000	110 250	196 000	165 600
有效利率（EIR）	20%	20%	20%	20%
总收益	19 600	22 050	39 200	33 120
资金利率	6%	6%	6%	6%
利息支出	6 000	6 750	12 000	10 800
净收益	11 600	13 050	23 200	7 900

向客户收取的利率高达30%，可以想象客户自然会不适应这种突然提高的利率。而且在一个竞争市场中，许多客户将转向其他信贷来源。微型金融

机构面临的主要挑战是降低经营成本和提高经营效率，以便为客户提供优质服务，并在市场竞争中占有一席之地。利率过高只会降低企业的财务规划能力和经营管理水平，最终导致居高不下的贷款损失率。

里卡多先生的财务预测案例说明，一个合理有效的财务规划是基于机构多年经营的历史情况作出的。成功的预测需要识别财务现象背后的关键变量，并在规划中突出潜在的增长路径和存在的隐患。对于微型金融机构而言，最常用的变量包括有效利率、贷款规模和期限、拖欠贷款、违约贷款、客户保有率和新客户率等。

第7章

微型金融风险管理

小额信贷旨在向低收入客户提供微型金融服务，这些客户既没有足够的自有资本作为银行服务的抵押担保品，也不能提供可信的资信报告（财务报表）和信贷记录。在这种情况下，小额信贷机构赖以成功的关键要素，是在不同于传统的金融服务合约的方向上，重新整合各种价格和技术要素，不断创新金融产品和相关的风险控制手段，以兼顾扩大目标客户到达率和保障资产质量的二元目标。

微型金融面临的各种风险严重地影响着机构自身的长期经营和财务可持续性，本章将主要从四个内容来阐述，第一，微型金融贷款的风险，包括一般风险和特殊风险；第二，微型金融的风险管理技术，所有金融都要有风险管理，微型金融的风险管理技术大概有六种，分别是信贷过程控制、风险诊断和监测、数据挖掘、信贷评分方法、风险预警方法和压力测试方法；第三，微型金融特有的风险控制技术，例如动态激励机制、分期还款制度、抵押担保替代机制、关系型借贷形式等；第四，微型金融的贷款质量控制，重点在于如何防范贷款拖欠等。

7.1 微型金融贷款的风险

微型金融与一般银行的小额度贷款存在共性，但微型金融也有其不同之处，微型金融主要是通过运用创新的金融手段和制度，来为低端客户和弱势群体提供信贷的服务。由于缺乏正规的担保抵押品、资金报告（财务报表）

和信贷记录，所以微型金融也将面临其他一些特殊的风险。

7.1.1　微型金融贷款的风险特点

（一）微型金融贷款的一般特点

1. 以低收入群体为主要服务对象，实行小额短期贷款和分期还款制度

服务对象主要是低收入群体，也主要是弱势群体。微型金融的客户容易由原先的非贫困变成贫困，在贫困与非贫困之间经常容易转化，就是因为微型金融的客户是低收入群体，是弱势群体。并且对于这些低收入群体的贷款大部分实行小额短期贷款和分期还款制度。

2. 组织设计方面兼具民间非正规信贷和银行等正规信贷方式的优点

在微型金融贷款的组织设计兼具民间非正规信贷和银行等正规信贷方式的优点，我们在前面产品设计里已经详细提到过。微型金融基本上是吸收了双方面的优点，如果纯粹用两者之一，微型金融都将不可能成功。

3. 以市场经济为基本的运行环境，以实现机构操作可持续性和经济可持续性为重要目的

微型金融的运作既不同于扶贫性质的金融，也不同于政策性的金融，很多实际上是以市场化的手段来进行经营的。市场化的经营就要求它具备实际操作的可持续性和经济的可持续性，在市场竞争的环境中，没有外部的补助，要求微型金融业务的收入能覆盖运营的所有成本。

4. 贷款项目的选择、贷款的发放、回收等都完全处于公开状态，参加贷款的低收入者能够相互进行平等的监督

要求微型金融在一定地理区域范围内开展业务，这种范围的限制，使得业务基本上是处于一个关系圈内，是公开化的，这种公开的运作方式同时也帮助了微型金融能够为排除在传统金融服务之外的客户服务，通过客户间的相互监督，公开也是一个客户选择的过程。

5. 重视对低收入者的培训和技术支持，重视对低收入者的储蓄动员和组织

微型金融的客户在得到贷款的同时，也会得到如何运用贷款的指导，机构还会进一步跟踪贷款的使用效果。对低收入者的培训和技术支持，帮助客户更好地在生产中获得收益，同时也帮助机构能够第一时间了解贷款的质量，保持信息的对称。例如孟加拉乡村银行的十六条规则中，很多并不是讲贷款，而是贷款之外的一种社会责任和社会活动。微型金融的社会绩效和社会责任越来越多被谈及，就是强调它的社会性。

6. 鼓励和组织低收入群体参与贷款项目的选择、管理、监督和实施的全过程

在贷款活动中，运用民主的力量，让更多的客户参与到贷款项目的选择、管理、监督和实施的全过程，一方面使低收入群体的生产获得更多的信息和技术支持，另一方面通过类似于小组联保贷款的形式，帮助微型金融机构挑选符合放贷标准的客户。

（二）微型金融贷款与传统的银行小额贷款的区别

微型金融贷款和传统的银行小额贷款可以从客户的特点、产品的特点、贷款方法的特点三方面来区别。

1. 客户特点

传统的银行小额度贷款选定的客户基本上是各类正规企业及工薪阶层个人，这些客户一般拥有正规的文件，地理分布分散。而微型金融贷款的主要客户是低收入的企业主及拥有初级阶段的发展企业农户，很多没有齐全、正规的文件，定位于特定的地理区域。目前来讲，微型金融很少有跨区经营的，为什么微型金融不能跨区域？归根到底是由于客户特点的差异引起的，微型金融贷款的特点是特定区域范围、特定的关系型贷款、特定的熟人社会的贷款，建立在此种客户特点基础上的贷款形式决定了微型金融很少出现跨区域经营的状况。根据现在微型金融机构扩张的趋势，特别是2009年以后的一段时间，快速扩张说明在传统银行和民间金融的金融断层中是存在巨大的市场容量的，例如温州金融改革，基本上是来弥足这个断层，这个断层主要是面向县级及以下微型金融机构。

2. 产品特点

从贷款的产品特点来讲，传统银行的小额度贷款数额相对较大、期限较长、利率较低，而微型金融贷款数额较小、期限较短、利率较高。其中期限较短是微型金融贷款产品的主要特点，微型金融主要是解决低收入群体短期流动资金短缺问题，长期资金的高成本对客户发展是不利的，而期限较长的贷款应该由开发银行或者政策性金融机构来解决。

3. 贷款方法

从贷款的方法来讲，传统银行的小额度贷款一般采用的是抵押和担保，以及正规的文件，而微型金融根据客户的客观情况一般会采用现场调查，进行人品和现金流量分析，特别考察潜在客户是否有经济机会，用以上方法来弥补客户在担保抵押品、资信报告（财务报表）和信贷记录的缺陷。实践证明，微型金融的贷款方法是行之有效的，让为低收入群体提供金融服务成为可能。

表7-1　　传统小额度贷款与微型金融贷款比较

	传统小额度贷款	微型金融贷款
客户特点	各类正规企业及工薪阶层个人； 拥有正规文件； 客户的地理分布很分散。	低收入企业主、拥有处于发展初级阶段的家庭企业、农户等； 没有太多正规文件； 定位于特定的地理区域。
产品特点	数额相对较大、期限较长、利率较低。	数额较小、期限较短、利率较高。
贷款方法	抵押和担保和正规文件。	通过现场调查，进行人品和现金流量分析。

（三）农户小额贷款的特点

向农村区域内的中低收入群体、农户提供的小额贷款，还具有其他一些典型特征：

1. 还款不与贷款用途挂钩

面向农户的小额贷款一般来说，相对于贷款用途，贷款机构会更加看重借款人的因素，例如借款人的人品和其全部的家庭收入，包括现金流是否表现良好。张三要贷款1 000元，提供贷款的机构一般不管张三是要用贷款养猪还是种地，更重要的是张三这个人是否值得信任，是否会按时把钱还上。

2. 基于客户特点的放款技术与选择借款人、制定贷款条件和执行还款等方面的技术标准相结合

针对农户的贷款采用最多的是小组联保制度，通过小组中农户间信息共享来降低风险发生。小组的形成就是选择借款人的过程，一定地理范围内，农户间的信息是对称的，根据客户的特点可以采用适应农户生产的贷款条件和还款方式。

3. 高度分散贷款风险

由于农业本身存在弱质性和高风险性的特点，在农村开展微型金融倾向于把贷款借给各种各样的农户和微小企业，包括那些从事多种作物种植和一些养殖的客户，这就形成了一种组合，就像农户贷款的第一个特点中讲的，机构发放贷款的时候没有规定贷款的具体用途，就是要把贷款的风险进一步分散。

4. 调整贷款条件以适应周期性现金流变化和大额投资的需要

农业生产具有明显的周期性特点，农业小额贷款的额度和周期都要适应农业生产的需要。如果希望用农业生产获得的现金流来保障贷款的偿还，那么贷款的设计中要考虑到不同农业生产的特点。比如种植小麦和养鸡的不同农户，农业生产获得的现金流有很大的差别。

5. 利用现代网络技术扩展金融服务

农村地区金融机构网点少，金融服务供给不足，现代网络技术在农村得到了很快的发展。以后农村和偏远地区可能就不存在现实的银行网点，但现代网络技术的应用仍然可以提高农户获得金融服务的覆盖率，比如贷帮开展的P2P信贷业务，信贷员上门去搜集借款人的信息，然后放在平台网站上，出借人根据网站的信息决定是否给借款人贷款，网络技术帮助了借款人和出借人在不见面的情况下完成借贷行为，增加了农村地区的金融供给。

6. 会员制组织有助于农村人口得到金融服务，在边远地区也具有可行性

在农村地区更多的是合作制和会员制组织，会员制组织有助于农村人口得到金融服务，而且在边远地区也具有可行性。因为在农村地区提供微型金融，大部分是通过农民的协会，农民的专业合作组织，各级商业协会、商会等组织，相对于大量的个体分散的客户，会员制组织显然更具效率优势。

（四）微型金融的信贷风险

微型金融的客户基本上在传统银行的服务范围之外，他们缺乏征信记录，所以本身就存在更高的违约风险，再加上由于信息不对称造成的逆向选择和道德风险，客户违约的可能性更大，微型金融机构面临的信用风险较正规金融机构更高从而影响贷款组合的质量。

微型金融机构的宗旨是通过运用创新的金融手段和制度，为微型企业或中小型企业、中低收入客户提供持续有效的微型金融服务。这些客户一般而言，既没有足够的自有资本作为抵押担保品，也不能提供可信的资信报告（完整的财务报表）和借贷记录。因此，微型金融的风险比较显著和特殊，微型金融实际上就是在金融领域的一个持续不断的贷款技术的创新，也是政策的创新，它的创新之处在于解决缺乏有效抵押担保问题，解决没有咨询报告的问题，解决没有信贷记录的问题。在此基础上作为微型金融的信贷风险，存在两个不确定性：

1. 微型金融信贷资产盈利的不确定性

由于贷款合约利率一般是固定的，如果市场利率等因素发生变化或受通货膨胀的影响，信贷资产的实际盈利就会受到影响，信贷资产的盈利就会出现不确定性。

2. 微型金融信贷资产损失的不确定性

表现为数量上和时间上的不确定性，即信贷资产是否能在约定时间内足额偿还具有不确定性，有可能不足额，也有可能超过约定时间。

信贷风险是微型金融机构面临的最主要的问题，因为微型金融主要的收

入来源就是发放贷款，发放贷款的收入包括利息收入和其他营业收入。面对主要是低收入群体的客户，就必然的产生上述两个不确定性，这是微型金融贷款的风险特点。

7.1.2　微型金融的基本风险分类

（一）信用风险

1. 信用风险的定义

信用风险，顾名思义就是指借款人发生违约，或者是借款人的信用等级下降，无法按照合同条款全部或者部分偿还债务造成的贷款逾期所产生的损失的风险。借款人不能按合同还本付息，造成预期收益和实际收益的偏离。

2. 信用风险的来源

信用风险来源于哪里呢？它来源于借款人的信用水平，微型金融对借款人信用水平的判断是否准确很重要。而这项工作一般最终由信贷员完成，也就是变成信贷员能不能对客户的信用水平进行准确判断，信贷员的业务素质成为关键因素。

3. 信用风险的特殊性

信用风险特殊性在于哪里呢？信用风险来源于借款，单个借款人也会由于他的信用水平下降，或者拖欠违约带来风险，并可能导致大面积的拖欠或者说违约的产生，这与微型金融客户的特殊性有关系，地理位置集中，并且客户所处的行业和市场都比较集中，这就是信用风险的特殊性。信用风险主要来源于借款人的信用，主要体现为借款人本身的低收入和信用级别容易发生变化。

（二）市场风险

1. 市场风险的定义

市场风险就是指由于金融市场的因素，例如利率、汇率、信贷资产价格等的不利波动而导致信贷资产损失的发生，它包括资产的利率风险、汇率风险和通货膨胀风险等。

2. 市场风险的来源

（1）利率风险

利率风险是指在市场利率变动的不确定性给微型金融机构造成损失的可能性。利率变化使微型金融机构的实际收益与预期收益或实际成本与预期成本发生背离，使其实际收益低于预期收益，或实际成本高于预期成本，从而可能使微型金融机构遭受损失。在小额信贷或者说微型金融里非常重要的一个风险因素，市场利率的高低，直接导致机构收入波动，同时对借款是否发生也有非常大的影响。

（2）汇率风险

汇率的变动会影响到所有机构。比如我们国家的汇率单边上涨，我国的外贸出口企业就会受到损失，可能会影响正常还款。现在，微型金融领域对国外资金是比较开放的，也吸引了众多外资，比如南充的美兴、赤峰的行动国际和富登小贷公司等都拥有外资，汇率的变动也直接影响这部分微型金融机构。

（3）通货膨胀风险

在前文中讲到通货膨胀最主要是影响信贷资产的真实价值，因为微型金融经营的是货币，由于通货膨胀的问题，贷款虽有固定的利息收入，但除去借贷期间的通货膨胀率后，贷款获得的实际利率有可能是负值，就说明信贷资产在缩水。

（三）操作风险

1. 操作风险的定义

操作风险就是指由于微型金融机构信贷管理系统的不完善、管理的失误、诈骗或者说其他一些人为错误而导致信贷资产的损失。

2. 操作风险的来源

操作风险直接与微型金融机构的信贷管理体制有关，一旦发生操作风险，引起的损失可能非常大。这个操作风险实际上就是贷款操作过程中发生的风险。

7.1.3 微型金融的特殊风险

微型金融除了上述基本风险外，还具有一些特殊风险，大概可以分为以下四类：

（一）流动性风险

微型金融机构一般规模相对小，而且不像商业银行一样可以方便地进行同业拆借，如果其本身实力比较弱的话，一旦没有足够的现金保持应付到期的资金需求，或者不能满足客户的贷款需求，那就出现了流动性的问题。一般微型金融出现流动性问题后，只有两条出路，一是借外债，另一个就是强制退出。

（二）微型金融制度性设计弱势引发的风险

微型金融机构本身就是弱小的，另外制度上也有一些自然的缺陷。比如小组中有人违约以后，其他人要承担还款责任，帮这个人还款；这往往会引起道德风险，未违约的客户会认为既然别人已经违约了，我为什么还要履行还贷责任呢。这就是微型金融制度性设计弱势引发的一种风险形式。

（三）经营不规范引发的风险

微型金融经营中最常见的是不规范经营引发的风险。微型金融是一个新的产业，也是一个新的行业，这往往导致这个行业里的客户和从业人员（操作人员）不规范，我国的微型金融行业也普遍存在一些经营不规范问题。微型金融机构的会计制度是当下关注最多的，小额贷款公司到底该用什么会计制度？用银行或信用社的会计制度，自身并不是金融机构；用工商企业的会计制度，企业记账方法和银行记账方法又不一样，不适合小额贷款公司的经营现状，所以这方面很容易引发风险。除此之外，经营不规范还表现在信用评定制度的不规范以及微型金融管理制度执行的不规范等。

（四）自然风险

自然风险主要是针对客户是农户的微型金融机构来说的，农业产业的弱质性和收入的不确定性很大部分原因在于农业生产要面对各种各样的自然风险。与工业生产最大的区别是，农业生产要面临自然风险制约，产量受自然风险影响很大，一旦出现自然灾害，比如台风、冰雹、下雪或者一场雨，农业生产的损失就有可能造成贷款无法按时足额偿还，这种风险自然就传递给微型金融机构，影响微型金融贷款的质量。孟加拉格莱珉银行在出现严重自然灾害的年份（例如1983年、1991年、1992年），经营也相应出现了亏损，同时自然灾害还可以放大其他各类风险。

7.1.4　风险控制的操作成本

微型金融业务与传统信贷业务存在较大的不同，相对于财务报表、抵押品的质量和数量、信用得分等硬信息，微型金融更多地依靠软信息。硬信息容易数字化，收集过程是客观的且独立的，在信息中不存在主观的判断，方便在所有人员之间传递，具有低成本、持久性、可比性和可证性的优点。相反，软信息是需要通过长期和多种渠道的广泛接触所积累的关于客户的相关信息，比如财务和经营状况、企业行为、信誉和业主个人品行等信息。这些信息具有强烈的人格化特征，具有模糊性、难以量化、难以用书面报表的形式进行统计归纳和传递的特点。微型金融机构可以通过业务关系渠道和非业务关系渠道去了解这些信息，但是只有当事人长期的亲历和积累才能获得，操作成本大，风险链条长。

在微型金融机构中贷款采用最多的是关系型贷款，所谓关系型信贷指的是信贷部门通过与贷款人以及地方社区的长期业务（如信贷、存款、代收代支等）或非业务联系获得相关信息，包括很多不能在贷款人财务报表体现出的经营信息，贷款人品德、经营能力和信誉等信息，据此作出信贷决策。关系型借贷的基本前提是机构和客户之间必须保持长期、密切而且相对封闭的交易关系，即企业固定地与数量极少的机构打交道。

由此可见，信息的收集工作则主要由信贷部门来做，其承担了较多的操作成本。这也是为什么许多金融机构不愿意提供微型金融服务的原因。

7.2 微型金融的风险管理技术

基于这种微型金融风险的特点，风险管理从审核设计发放之前，一直到最后，风险控制的过程贯穿于业务的全过程。本节主要介绍微型金融的风险管理技术，包括以下六个方法：信贷过程控制、风险诊断和监测、数据挖掘、信贷评分、风险预警和压力测试。六个方法都是经常用于微型金融领域风险管理的技术。

7.2.1 信贷过程控制

信贷过程控制是微型金融机构把全面风险管理思想、审慎规范稳健的经营理念和精细化的办事文化运用到信贷过程领域的理论和实践探索。信贷业务是微型金融机构的主体资产业务，基于客户的特点，在微型金融贷款发放过程中，主要采用的技术是关系型信贷方式。因此，风险控制从信贷员与客户第一次接触就已经开始了，并且将持续整个贷款发放的全过程。

贯穿信贷过程控制的内容包括建立客户档案、及时把握客户需求变化、建立客户风险管理负责制度、建立信息与风险研究机构四方面。

微型金融客户的经营风险和道德风险复杂多样，信贷过程控制难度很大，上述提到的任何一个环节管理不到位，都可能导致整个信贷风险控制链条的失效，甚至造成无法挽回的资金损失。因此，必须紧扣信贷流程的各个环节，严密防控各种可能的风险隐患，把风险管理始终贯穿于信贷运营的全过程。

7.2.2　风险诊断和监测

（一）风险诊断的定义

风险的诊断是微型金融风险管理决策的第一步，也是至关重要的一环。信贷员必须善于发现、预见、捕捉客户在经营过程中面临的各种潜在风险，包括产品风险、行业风险和环境风险等。风险诊断识别需要信贷员协同客户的经营者对企业的经营环境、经营业务有充分的了解，可以从客户产品分析、客户经营决策分析、客户市场环境分析、相关行业分析、竞争者分析、财务报表分析、国际经济因素分析等方面着手，以自身业务和产品为中心，全面发现、捕捉可能出现的风险。

（二）风险矩阵的使用

风险矩阵是描述风险及其发生频率和强度的图式，来源于自我评估结果或风险损失事件的数据，可以提示内在风险和经过控制后的风险。

风险诊断和监测可以用风险矩阵来解释，在区域Ⅲ中表示风险可接受，列入成本控制范围，而区域Ⅱ表示风险非常严重，风险影响强度高，风险产生的可能性也高，应该避免。把这个简图放在实际应用中，比如开发一个新的产品，产品随着信贷控制的过程，可以分四种情况。如果说风险很高，但产生的可能性低，那么就要保持警惕，注意风险转移；如果风险产生的可能性很高，但影响程度又比较低，就要积极管理，降低风险发生；如果两者都

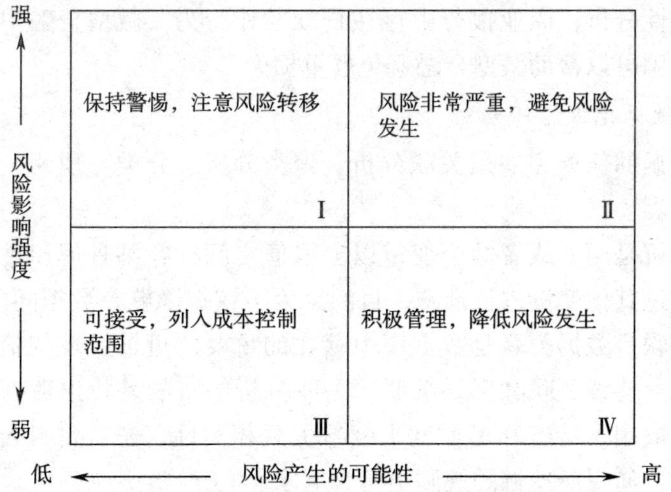

图7－1　风险矩阵及风险处理策略简图

高，风险就非常严重，一定要避免此类风险的发生，这是风险矩阵的运用原理。微型金融机构可以合理运用风险矩阵进行风险的诊断和监测。

7.2.3 数据挖掘

(一) 数据挖掘的定义

数据挖掘就是从大型数据中提取对判断小额贷款客户风险状况有用的信息，这些信息是隐含的、先前未知的、对决策有潜在价值的，提取的信息表示为概念、规则、法律和模式等形式。数据挖掘是一个决策支持过程，涉及诸如机器学习、模式识别、统计学、数据库、人工智能、数学和可视化技术等众多领域。面对众多信息的情况下，如何挑选对判断小额贷款客户风险状况有用的信息成为关键。

(二) 征信数据挖掘

征信数据是小额贷款数据挖掘的基础，如何从海量的征信信息中挖掘出有价值的、隐藏的信息和规律。其主要把握四个方面的问题，即营销分析、客户行为分析、客户风险状况分析和欺诈识别分析。

比如说营销分析，需要对客户的特征、风险水平、收益、借款偏好进行分析。除此之外还要对客户的行为进行分析，信贷员在与客户接触时要留意客户所表现出来的各种行为，从行为中揣摩客户的真实想法；不同客户所面临的风险也会不同，要从所有风险特征中筛选出可能发生在特定客户身上的风险，针对性分析；商业银行中存在贷款欺诈行为，微型金融中当然也会存在，识别诈骗可以帮助微型金融避免严重损失。

(三) 数据挖掘的任务

数据挖掘的任务主要是关联分析、聚类分析、分类、预测、时序模式和偏差分析等。

关联分析是两个或者两个变量以上取值之间存在某种规律性，其中一个变量可以通过其他变量进行预测，目的是为了挖掘隐藏在数据间的相互关系，就称之为关联。数据关联是数据库中存在的重要的可被发现的信息，关联分为简单关联、持续关联和因果关联。关联分析的目的是找出数据库中隐藏的关联网，一般用支持度和可信度来度量关联相关性，还需要引入兴趣度、相关性等参数，使得所挖掘的规则更符合需求。

聚类分析是把数据按照相似形归纳成若干类别的分析过程，同一类中的数据必须相似，不同类的数据相异。聚类分析可以建立宏观的概念，发现数据的分布模式及可能的数据属性之间的相关关系。聚类前是不知道每一类有什么特征的，聚类后分析总结则可能发现共同点。

分类是首先从数据中选出已经分好类的训练集，在该训练集上运用数据挖掘分类的技术，建立分类模型，对于没有分类的数据进行分类。比如对申请贷款客户，分类为低、中、高风险。分类是在之前就有标准，这一点是和聚类分析的根本区别。

预测是通过分类或估值起作用的，即通过分类或估值得出模型，该模型用于对未知变量的预言。从这种意义上说，预言其实没有必要分为一个单独的类。预言其目的是对未来未知变量的预测，这种预测是需要时间来验证的，即必须经过一定时间后，才知道预言准确性是多少。

时序模式是指在许多现实数据库中，数据常常是与时间密切相关，且对象的属性值可能会随时间而改变，为了进行预测，必须建立适当的预测模型。

偏差分析包括偏差中很多有用的信息，数据库中数据存在异常情况，发现数据库存在异常情况是非常重要的，检查的基本方法就是寻找观察结果与参照之间的差别。

（四）数据挖掘的方法

常见的数据挖掘方法主要有神经网络方法、遗传算法、决策树方法、粗集方法、覆盖正例排斥反例方法、统计分析方法、模糊集方法等。

7.2.4　信贷评分

（一）信贷评分法的定义

信贷评分法是对贷款申请进行信贷风险估价的方法，是从贷款申请人的各种特质中分离出与违约违规风险相关的因素，对客户进行评价后得到的分值，微型金融机构依据该分值评定申请人的风险等级。风险等级的评分利用过去的风险和贷款特征之间的关系，由当前特征来预测未来的风险。

（二）信贷评分法的优势

在小额贷款的发放过程中利用信贷评分的方法的优势包括：

第一，大大缩短每笔贷款申请处理与审查的过程。引入信用评分模型后，贷款的处理只需要销售人员简单、高效的完成，节省了很多审查的过程，这也有利于节省贷款审批的成本。

第二，信贷评分法大大减少了贷款审批过程所需的时间。利用信贷评分模型处理贷款只需输入有关数据计算出信用评分，然后根据评分决定是否发放贷款或作进一步调查。

第三，提高小额贷款决策过程的客观性。使用统计方法对历史数据进行分析，确定对预测最关键的指标及其权重，并剔除模型中次要的指标，具有统计显著性的指标才能进入最终的模型，指标和权重的确定具有科学的依据。确保贷款处理具有统一、客观的标准，剔除了主观因素。

（三）信贷评分的实践

在小额贷款的实践过程中，信贷评分一般是将主观评分和统计评分结合起来。

第一，主观评分是指小额贷款机构根据其对客户和贷款合同特征的量化指标和定性了解来预测贷款偿还风险。信贷员、信贷经理以及作为一个组织的小额贷款机构，通过书面政策、培训和简单的口头形式，分享他们的经验。统计评分是指根据记录在数据库中的量化特征来预测风险。

第二，统计评分是依靠历史数据和统计方法建立起来的。模型开发者必须对以往贷款表现的历史资料进行分析，辨别借款人的哪些特征要素与贷款表现相关。一个设计得好的模型会对良好的借款人以高的概率给出高分。信贷评分的统计评分法具有较强的客观性，可能会不利于少数贫困人群、中低收入者、微小型企业。这部分群体过去较少获得贷款，有关其贷款表现的历史数据并不充分。但是，这并不能说模型本身准确性不足，因为对这部分群体的信用评估的其他方法也需要使用同样的这些要素及其权重。同时，统计评分还需要一个电子数据库，用以记录大量贷款偿还历史、客户特征及贷款合同特征。主观评分与统计评分各有不同的特征。

美国富国银行的贷款基本上运用信贷评分，并且全部采用计算机评分，在小额贷款的实践过程中，信贷评分一般是将主观评分和统计评分结合起来。主观评分依靠信贷员经验，统计评分量化，比较的因素包括信息来源、程序的连贯性、程序的明确性、程序和产品、实施过程、弊端、灵活性和综合判断。

表 7－2　　主观评分与统计评分的比较

比较因素	主观评分	统计评分
信息来源	信贷员和机构的经验	数据库中贷款资金量化的历史记录
程序的连贯性	因信贷员而异、因日而异	相同贷款同等积分
程序的明确性	凭借生效的评估原则，区域信贷员的直观判断	以数学规则或公式确定量化特征与风险之间的关系

续表

比较因素	主观评分	统计评分
程序和产品	根据信贷员对客户本人的了解定型分类	根据计分卡确定的量化特征与风险之间的关系定量计算概率
实施过程	信贷员需要长期培训和实地积累经验	对所有风险承担者进行长期培训与跟踪
弊端	易受个人偏见、每天的情绪或者简单的人为错误影响	数据被伪造或被遗弃，或者没有充分利用数据以及过度使用数据等
灵活性	在有能力的经历调整下，应用范围广泛	应用单一，在新环境中预测新一类风险需要重新计分
综合判断	根据经验或推测	通过监测计分卡记录的已偿贷款得出

7.2.5　风险预警

完善的风险管理体系必须配备一套完备的风险预警系统，以便根据具体需要为提供风险警情判断和风险原因诊断。微型金融风险预警系统要能够及时地分析、监测和预警内外部的各类风险，以便相关部门和人员及时对风险作出反应，从而能够较为快速、高效地提高微型金融机构的整体抗风险能力，实现风险管理的规模化、系统化、科学化。

微型金融机构建立完善的风险预警系统，其目的在于预测客户贷款重大损失，及时做好客户小额信贷的风险防控，维持微型金融机构的可持续、稳健运行。风险预警系统的建立必须以三大功能的实现为基础和前提，这三大功能包括预警功能、实时监控功能和风险预测功能。

我国微型金融风险预警体系的构建原则是内外结合、信息传递及时。一方面，完善微型金融机构内部的微型金融风险防控组织体系，多部门联动，形成具备实效的自律机制；另一方面，强化微型金融机构与银行业监管部门相联系的微型金融风险防控组织体系，接受监管当局的外部监管，提升微型金融的安全程度。

7.2.6　压力测试

压力测试是一种以定量分析为主的风险分析方法，通过测算微型金融机构在遇到假定的小概率事件时可能发生的损失，并分析这些损失对机构盈利能力和资本金带来的影响。压力测试是一个新概念，尤其在全球金融危机以后，压力测试作为风险管理技术的一个重点，现在我国也十分重视压力测试，特别是银监会对银行业进行各种压力测试。

（一）压力测试的定义

根据国际货币基金组织（IMF）定义，压力测试是指评估金融体系承受“罕见但是仍然可能”的宏观经济或金融市场波动冲击能力的一系列方法与过程。它提供了关于极端的低概率事件对于整个金融机构潜在影响的信息。

（二）压力测试的使用方法

目前，金融机构运用压力测试主要包括敏感性分析和情景分析两种方法。敏感性分析指在保持其他条件不变的前提下，研究单个市场风险要素的变化可能会对金融工具或资产组合的收益或经济价值产生的影响，敏感性分析只需要确定重要的风险影响因素，运用相对简单。情景分析是结合设定的各种可能情景的发生概率，研究多种因素同时作用时可能产生的影响。一般情景分析可划分为历史情景和假定情景两种。

典型的极端金融事件有 1987 年的美国股市崩溃、1995 年墨西哥比索危机、1997 年亚洲金融危机等；典型引发金融市场动荡的政治事件有中东战争，它导致世界石油价格上升 50%，美元贬值 20%，美元利率上升 1%。这些历史事件常用作构建金融市场未来极端情景的基础。

（三）压力测试原理

目前，微型金融所面临的风险主要为流动性风险、利率风险、信用风险、操作风险。由于内控管理数据的收集和量化方面的原因，压力测试将重点测试微型金融机构在异常不利情况下应对流动性风险、利率风险、信用风险的能力。

7.3 微型金融特有的风险控制技术

微型金融旨在向低收入客户提供微型金融服务，这些客户既没有足够的自有资本作为银行服务的担保（抵押）品，也不能提供可信的资信报告（财务报表）和信贷记录。在这种情况下，微型金融机构赖以成功的关键要素，是在不同于传统的（标准的）金融服务合约的方向上，重新整合各种价格和技术要素，不断创新金融产品，以兼顾扩大目标客户到达率和保障资产质量的双重目标，这也要求微型金融需要进行相关的风险控制手段的创新，在前面第 3 章中提及微型金融的核心机制，同样也是微型金融特有的风险控制技术，主要包括动态激励机制、分期还款制度、抵押担保替代机制、关系型借贷形式，这些风险控制技术主要是解决信息问题和缓解交易成本问题。

7.3.1　微型金融的动态激励机制

微型金融的动态激励机制就其本身而言，是指在多期重复博弈的环境中，将微型金融借贷双方对未来的预期和对历史记录的考察纳入合约框架，设计的能够促进借款人改善还款行为的机制。动态激励的一个特征是，可以以较小的贷款额度来进行尝试，借以发现借款者的真实信用水平，在长期的重复博弈中发展借贷双方的业务关系和借款人的信贷记录（Parikshit Ghosh and Debraj Ray，1997）。在微型金融领域，动态激励机制已经被证明是行之有效的风险管理手段。一般微型金融领域的动态激励机制可以分为三类：

（1）简单的重复博弈（Repeated Loan）

如果借款人在借款后续的还款过程中表现良好，那么他就可望反复得到相同的信贷服务；而如果借款人发生拖欠或者未能偿还贷款，他再次获得贷款的可能性随之降低，甚至再也不能得到任何贷款。这就是简单的重复博弈。

（2）贷款额度的累进制度（Aggressive Loan 或 Step Loan）

贷款额度的累进制度是在简单重复博弈的基础之上，还款表现良好的借款人将可望在后续合作中获得更高额度的贷款，用累进的贷款额度对还款表现进行激励。

（3）还款利率的累进递减制度

同样，还款表现良好的借款人将可望在后续中获得更低还款利息的贷款，用累进递减的利率水平对还款表现进行激励。

另外，许多文献已经证实，动态激励机制能否有效发挥作用，受到许多其他条件的影响。

第一，动态激励机制在人口流动性较低的地区比如农村更加有效，印度尼西亚人民银行发现它在城镇的项目的还贷率低于它在农村地区的项目。这在一定程度上也解释为什么许多机构致力于为妇女客户提供服务，因为妇女具有较低的社会流动性，也缺少获得资金的其他途径（Morduch，1999b）。

第二，不同小额信贷机构之间的竞争会削弱动态激励机制的作用。因为当借款人在一个机构有了违约记录后，他可以转而寻求其他机构申请新的贷款。这也说明，在机构竞争加剧的背景下，小额信贷领域需要跨越机构的公共信用登记系统，这个系统可以记录每个借款人的信用记录，其信息可为所有机构共同使用。

7.3.2 微型金融的分期还款制度

许多小额信贷机构都采用了不同于一般商业银行传统信贷合同的分期还款制度，这类似于住房按揭贷款的分期还款制度。它要求借款人在借款和进行投资后不久，就开始在每周（或每两周、每月）进行一次还款，每次的还款额根据贷款本金和全部利息之和除以总的还款次数来确定。比如在孟加拉乡村银行的传统模式下，一年期的贷款往往在借款人拿到贷款后几个星期就要开始偿还了，并且每周偿还一次，每次偿还的额度等于贷款总额和利息总额之和除以50。分期还款制度之所以广泛存在，其优势包括：

第一，分期还款制度是一种基于现金流理念的贷款管理技术，保障了贷款机构自身现金流管理要求的同时，对借款人的现金流入也提出了较高要求。孟加拉乡村银行模式的简单平均计算周期还款额的方法，事实上要求借款人具有平滑稳定的现金流入，但那些从事较长期或现金流不符合要求的项目就被排除在外。

第二，现金流实际上是小额信贷机构要求的某种形式的担保性资产，贷款所投项目如果不能按期产生收益，客户可以用其他资产的收益来弥补，这比传统银行的抵押担保更加灵活，但这也把赤贫的客户排除在外，类似于住房按揭中，银行会要求客户具有稳定的收入，实际上贷款是以这些收入为担保的。事实上也是很少有项目能在短时间内用自己产生的收益来偿还部分贷款，虽然排除了赤贫的客户，但这使得微型金融机构获得了担保性资产，且相对银行的要求更加灵活。

第三，分期还款制度具有一种早期预警功能，能提早发现那些具有较大潜在风险的贷款，从而避免所有的信贷风险在期末的时候集中暴露，这可以为小额信贷机构赢得更多的时间来尽量减少损失。

第四，分期还款制度使得小额信贷机构获得的实际利率高于合同利率，一方面带来更多的收益，另一方面也是应对利率管制的权宜之策。

7.3.3 微型金融的抵押担保替代机制

微型金融机构成立的初衷决定了服务对象主要面向中低收入群体、贫困农民和微型企业，本身这些群体被排除在商业银行大门之外正是因为缺乏正规的抵押担保品。但在微型金融具体实践中，虽然不明确要求客户提供担保（抵押）品，但各种替代性抵押担保却广泛存在着。这类替代性的抵押担保品可以是某种形式的小组共同基金或者强制储蓄，也可以是一般商业银行不愿接受或者受法律保护较少的某种动产，甚至是可以预期的未来收入和现金流，等等。所以，即使小额信贷机构确实要求了某种形式的替代性抵押担保，虽然向客户索要了替代性抵押担保品，但这与小额信贷机构的初衷不完全矛盾。

孟加拉乡村银行传统模式下的小组基金，事实上强化了团体贷款在解决还款环节上的道德风险问题的能力。小组基金在某些成员确实投资失败的时候，还能够起到一种互相保险的作用。印度尼西亚人民银行的普通农业贷款就要求不低于借款等额的担保；而对于面向贫困无产者的小额信贷产品，也专门设计了特殊的担保机制，比如冻结借款小组部分存款作为保证金等。

7.3.4　微型金融的关系型借贷形式

关系型借贷是指贷款人的决策主要基于通过长期和多渠道与客户接触所积累的关于借款对象的相关信息而作出的。

关系型借贷在风险控制中表现出的优势包括：

第一，这些通过长期接触所取得的信息能够更好地解决信息不透明问题，学者普遍认为关系型借贷可以降低信用风险。信息不透明容易导致逆向选择和道德风险，微型金融的客户普遍是规模小、内部透明度低及信息壁垒严重，采用关系型借贷可以降低信用风险。

第二，关系型借贷使参与各方注重长期合作关系的建设与维持，借款人的短视行为减少，从而降低了机构的监督成本，借贷具有了更多的灵活性，有利于企业的发展。由于缺乏征信，当微型金融的客户出现经营损失时，违约现象较为严重，但在关系型借贷的基础上，机构可以协助客户做好资本管理，提高还款能力，降低违约率。对于微型金融客户来说，确立一家关系型机构，需要保持联系并展现自己良好的发展前景，以期获得更好的借贷服务。

当然关系型借贷也存在着一些局限，两者的紧密关系会使得合同的强制执行变得困难，客户可能会要求更多的贷款来弥补损失，再者关系形成后机构容易对客户的信息形成垄断，客户寻求其他机构贷款的成本变得很高。

关系型借贷的技术应用方式主要包括“熟人经济”方式和“供应链”融资方式。

7.4　微型金融的贷款质量控制

微型金融机构的风险无处不在，如何把风险控制好，前面已经介绍了很多风险控制的技术，但是具体到一个微型金融机构来讲，最关键的还是贷款控制，贷款质量的关键是如何防止拖欠现象。从理论上来说，只要资金出了金融机构的大门就有收不回来的风险，因此绝对避免坏账是不可能的。坏账是金融机构经营的风险成本，正常情况下金融机构应当用自身的利润来冲销坏账损失。只要机构能够保持资金的流动性，资金流通链就不会出现什么大麻烦。

要保持贷款的高质量，就需要对贷款风险进行定期的监测和分析，要运用贷款报告等机构监测贷款风险的有效工具。贷款报告反映贷款规模、发放、偿还、逾期账龄、本金冲销，以及其他能确定风险程度和跟踪贷款质量的详细信息，以预防管理和控制拖欠，保持机构的贷款质量。

7.4.1 贷款余额和贷款报告

（一）贷款余额和平均贷款余额（AOP）

贷款余额和平均贷款余额是衡量贷款质量的重要指标，贷款余额就是微型金融机构最大的资产和收入来源，它主要是通过利息、手续费获得收入。贷款余额指当前有效且掌握在借款人手上的实际未偿还贷款的本金总额，也可以说贷款总额等于机构在一定时期的贷款发放额减去贷款偿还额和坏账的冲销额。

正确计算出贷款总余额，并且定期（日、周、月、季度、年）计算该余额，就可以计算出这一时期的平均贷款余额（AOP）。AOP 运用某一确定期间（周、月、季度或年）的信息，按下列公式进行计算：

AOP =（期初余额 + 各期间期末余额总和）/（期间数 + 1），数据显示，现在我们国家小额信贷的 AOP 大概为 42 万元/笔。

在上述公式中，期间代表整段时期中划分出来的相同和固定的子区间。在计算一年的 AOP 时，可以选用一个季度、一个月、一周，甚至是一天作为一个期间。重要的准则是：选择的期间越多，计算的 AOP 就越精确。

（二）贷款报告

贷款报告是对资产负债表和损益表的补充，是辅助性财务报告。贷款报告提供贷款规模和贷款质量方面的信息，是微型金融机构非常重要的贷款质量监控工具。

（三）相关专业术语

用专业术语用来描述贷款质量，了解这些术语的确切含义是十分重要的。

1. 拖欠和逾期

微型金融拖欠把所有逾期偿还的贷款都计算在内，逾期后偿还的也叫拖欠，这与银行的五级分类有所不同。而拖欠率是衡量贷款质量最重要的一个指标，无论是贷款本金还是利息，不能按期偿还的都被认为是逾期。

2. 坏账

微型金融坏账是指借款者不能或者不愿偿还贷款的情形。当微型金融机构不再期望能够收回的贷款都被视为坏账。

7.4.2　贷款拖欠的隐含危险

对于微型金融机构而言，贷款拖欠的产生不仅影响机构的发展，而且还会对好的客户产生不利的影响。具体影响如下：

（1）拖欠增加资金成本。微型金融的拖欠降低了贷款的周期率和机构资产的使用效率，机构同样的资产放贷的数量将减少，显然增加了资金成本。

（2）影响机构形象和士气。微型金融出现拖欠，会对机构形象和员工士气产生负面影响，同时还有隐含的成本。贷款拖欠还具有传染性，影响优质客户的信心并导致一连串支付问题的不断产生，威胁微型金融机构的长期生存与发展。

（3）长期拖欠变为坏账。如果纵容了长期的拖欠，那么就会变为坏账。因此，对拖欠采取何种政策及如何预防、管理和控制拖欠是微型金融机构成功的关键。

7.4.3　贷款质量的衡量

怎么样来衡量这个贷款质量，作为一个机构，不能不发放信贷，因为什么呢？不发放贷款就没有盈利，但是一旦发放了贷款，贷款就实际上掌握在借款人手里，所有权就转移了，也就是说只要资金出了微型金融机构的大门，所有权就转移了，这个钱归了借款人所用，到期还款是借款人的一种承诺，是合同关系。所以要对放款人是否有偿还能力进行评估。

下面介绍衡量小额贷款质量常用的有效工具和方法：

（一）逾期率和风险贷款率

拖欠率或逾期率是用拖欠贷款占总贷款的比例来计算，用等式表示为

拖欠率 = 拖欠额/贷款余额

逾期率 = 逾期的分期还款总额/贷款总余额

风险贷款率 PAR = 拖欠贷款总余额/贷款总余额

风险贷款率更准确地衡量了贷款风险的指标，表示有多少贷款处于风险中或处于某种形式的危险中。

（二）逾期账龄指标

逾期账龄为掌握更全面的贷款风险信息提供了有效的帮助，是基于这样一种推理，即贷款逾期时间越长，无法收回贷款的可能性就越大。逾期账龄指标为机构掌握更全面的贷款风险信息提供了有效帮助。

在实际操作中，风险贷款率PAR衡量预定拖欠水平的风险状况，通常以逾期30天作为基准。在这种情况下，PAR30表明所有逾期30天或以上的未偿贷款余额，而拖欠时间越长，表明贷款的风险越高，机构一般设定拖欠120天以上的贷款风险率为100%。

（三）贷款损失率

贷款损失率是衡量不可回收的贷款损失，使用给定时期的贷款冲销额来计算，其公式如下：

贷款损失率=贷款冲销总额（给定时期）/平均贷款余额（同期），如果本次冲销计提100元，平均贷款余额为1 000元，贷款损失率就是10%。根据国际微型金融实践，如果一个微型金融机构每年贷款损失率大于5%，就不可能长期生存下去，成功的微型金融机构每年的贷款损失率应当控制在2%以下。

需要注意的是，一笔坏账的冲销并不意味着机构就马上放弃收回这笔贷款的权利，即使在贷款被冲销，机构还应当继续努力收回该笔贷款。

7.4.4 贷款损失的预提和冲销

（一）基本定义

贷款损失在贷款损失准备金中被冲销，贷款损失准备金是一个会计科目，指微型金融机构可能无法收回的贷款余额本金部分，在资产负债表中记为资产减项，从贷款余额中扣减。

贷款余额净值是扣减准备金后的贷款余额。

贷款损失预提是损益表中的支出项目，它增加了准备金的总量，而坏账冲销额则减少了准备金和贷款余额。

当微型金融机构受到监管时，金融监管部门为每一类账龄余额设置了损失准备金率，在不受监管情况下微型金融机构根据自己账龄不同的历史记录计提损失准备金，通过历史数据，微型金融机构可以预测每类账龄的贷款违约率。

（二）逾期账龄报告

1. 逾期账龄报告的定义

逾期账龄报告显示微型金融机构拖欠贷款的详细信息，并权衡每一类贷款的风险程度。该报告采用账龄类别进行分类，根据分期还款的逾期时间决定的风险等级，将贷款的未偿本金余额重新分组。账龄以贷款拖欠的逾期天数测量，分类范围从短期拖欠（小于30天）到可能成为坏账的拖欠（大于180天）。

2. 逾期账龄报告的制作

逾期账龄报告为计算合适的贷款损失准备金提供了依据，它包含账龄分类、每一类的逾期贷款笔数、贷款余额、逾期量和每一类的逾期率及风险贷款率。

3. 逾期账龄报告的使用

分析账龄报告可以看出机构的风险贷款率趋势，一方面贷款出现高拖欠率有时可能是由于没有及时冲销而引起的。如果坏账没有得到及时冲销，将依然会被计算在贷款余额中，而且还会反映在逾期率中，这样就无法反映资产负债表的真实资产；另一方面，如果贷款拖欠后马上冲销，则可能显示有较低的拖欠率。也就是说，快速冲销会低估贷款的健康状况。

因此，如果冲销额没有在贷款报告中列出，那么就必须利用损益表和资产负债表计算冲销额，计算公式如下：

冲销额 = 贷款损失预提费用（期间） + 贷款损失准备金余额（期初） - 贷款损失准备金余额（期末）

表7-3　逾期账龄报告（经验值）

逾期天数	贷款笔数	贷款余额	逾期额度	逾期率	风险贷款率	准备金计提率	准备金额度
本期贷款	2 500	279 000					
<8天	450	50 000	8 333	2.08%	12.50%	10%	5 000
8~30天	310	40 000	13 333	3.33%	10.00%	25%	10 000
31~60天	160	20 000	10 000	2.50%	5.00%	50%	10 000
61~90天	30	4 000	2 667	0.67%	1.00%	75%	3 000
>90天	50	7 000	5 833	1.46%	1.75%	100%	7 000
总计	3 500	400 000	40 166	10.04%	30.25%		35 000

（三）贷款重组

贷款重组是指由于借款人财务状况恶化，或无力还款而对借款合同还款条款作出调整的过程。当有些拖欠的贷款可能要成为坏账时，微型金融机构则更愿意对这样的贷款进行重组而不是进行简单的冲销。

一些不可抗力风险，例如自然灾害、严重的疾病等常常使客户无法正常还款。在这种情况下，渡过危机后客户的还款意愿和还款能力有可能开始恢复。即使这样，也不应当对拖欠的贷款进行随意重组。只有在极个别情况下，微型金融机构经过认真考虑危机与拖欠的内在风险的关系后，才能作出重组贷款的决定。然后，重新制定还款时间表，重新制定还款计划，包括对贷款延期或者改变偿还计划。这样，客户的贷款将不归到逾期类。

7.4.5 保持贷款高质量的技术

微型金融机构与传统商业银行不同，贷款风险控制设计是在整个流程中，而不是仅依靠贷后风险管理。保持贷款高质量的技术具体如下：

（一）零容忍拖欠政策

前文已经提到了出现拖欠的后果，微型金融机构应该严格在政策上对拖欠零容忍，维护机构的形象和员工的士气，保护资产，防止坏账出现。

（二）设计合适的信贷产品

微型金融机构不可能跟商业银行一样设立风险管理部、事后监督部，也没有这个必要，微型金融更多在流程中，要设计合适的信贷产品。

（三）采用合适的贷款方法

微型金融机构采用的贷款方法一定要适应客户的特点，前文已经阐述一般会采用现场调查、人品和现金流量分析等贷款方法，特别考察潜在客户是否有经济机会。

（四）密切跟踪客户的经营活动

采用的合适的贷款方法还需要对客户进行密切的跟踪，因为农户和小微企业在生产过程中面临着复杂的风险，微型金融机构需要对客户的经营活动进行密切的关注，以便随时掌握贷款质量。

（五）对优质客户的激励

前文提到拖欠现象会影响其他优质客户的还款行为，当然对优质客户的激励同样具有示范效应，让放贷区域内形成一种珍惜良好信用的氛围，优质客户得到激励后会更加珍惜贷款机会。

第8章

微型金融机构的绩效管理

微型金融机构具有社会绩效（Social Performance，SP）和财务绩效（Financial Performance，FP）的双重特性，但由于一些微型金融机构过度关注财务绩效而忽视社会绩效，低收入人群及弱势群体仍得不到充分的金融服务。为改善这种状况，应不断加强微型金融机构的绩效管理，在机构可持续发展的基础上，不断实现微型金融的社会目标。对微型金融机构绩效管理，尤其是社会绩效的深入理解对于推动微型金融机构及行业持续健康发展具有重要意义。

8.1 微型金融的绩效概述

8.1.1 微型金融机构的绩效

（一）绩效的概念

关于绩效的概念，国内外学者没有给出一个统一的定义。从字面意思分析，绩效是业绩与效率的组合，是机构期望的结果，也是机构为实现其目标而展现在不同层面上的有效产出。从管理学的角度看，绩效包括个人绩效和组织绩效两个方面，本章主要讨论微型金融机构（组织）的绩效。有学者将绩效分为真实绩效、可测绩效、测评绩效三个层次。我们无法全面、准确地观测到和精确测出企业的真实绩效，由于主客观原因，可测绩效也很难全面反映企业真实业绩，甚至有可能存在严重的失真和扭曲，而最为常用的测评绩效是以被观测的可测业绩维度为基础的，希望能最大程度地还原企业真实绩效，达到测评目标。

绩效管理包括绩效评价、绩效管理、绩效分类等内容。公司绩效评价方法经历了以下几个时期：成本绩效评价时期、财务绩效评价时期、综合绩效评价时期、战略绩效评价时期等。绩效管理包括设定明确的目标、监督实现目标的过程，采用有关信息改进绩效以及相关的业务实践。作为支持绩效管理的工具，绩效考核的方法选择是企业绩效管理的重要内容。目前，国内外学者在加强绩效考核方法的科学性和有效性方面已经做了大量的研究，各种评价方法已广泛地应用于国内外绩效管理实践中，并取得了良好的效果。

（二）微型金融机构的绩效

2009 年 10 月中国小额信贷高峰论坛将微型金融社会绩效引入中国。微型金融机构的绩效可以分为社会绩效和财务绩效，这是两个并存且同等重要的绩效概念。现有的绩效评价的不足主要集中于财务绩效评价，出现了忽视低收入人群利益、偏离社会绩效目标的现象和趋势。

1. 微型金融机构的财务绩效

微型金融机构的财务绩效是指微型金融机构在经营管理中的财务状况和盈利能力，主要运用贷款质量指标、经营效率指标和经营效益指标等指标来考核。现在国际上多数微型金融机构一般采用经营自足率（OSS）和财务自足率（FSS）来衡量其财务绩效，但我们也应注意到仅用几个的财务指标评价小额信贷财务绩效存在很大的不足。一是不反映实现最终经营成果的过程，二是过分追求财务绩效，微型金融机构的行为容易出现目标偏移，表现为微型金融机构为追求经济利益，会较少或不再以贫困或弱势群体为目标客户。

2. 微型金融机构的社会绩效

（1）社会绩效的定义

社会绩效是微型金融机构将社会目标有效地转化为符合社会价值判断的业务活动。公认的社会价值判断改善低收入群体享受金融服务状况、增加收入，为小微企业等弱势群体提供公平的发展机会。社会绩效将社会成果与机构的社会宗旨目标相联系，在设定机构社会宗旨目标时必须明确各利益相关者（包括客户、捐助者、投资者、员工以及社区等）所关注的绩效。在世界银行扶贫协商小组（CGAP）的推动下，社会绩效特别工作组（Social Performance Task Force，SPTF）将社会绩效定义为“社会绩效就是将一个机构的宗旨目标有效地转化为实践（行动、纠正措施、结果）”。社会绩效评价不仅能够促使微型金融机构约束自身行为，对出资人负责，使出资人将资金投向真正有利于社会发展的机构，而且便于不同微型金融机构进行对比，有利于规范整个行业健康有序发展。

（2）社会绩效的决定因素

影响微型金融机构社会绩效的决定因素可以分为内在因素和外在因素，内在因素主要包括机构的宗旨与目标、治理结构、金融产品与服务、人力资源及管理者的偏好等内容。外在因素主要包括微型金融机构所处的社会经济环境、有关微型金融发展的政策法律体系、监管制度、观念及文化传统。不同的外在因素和内在因素将决定微型金融机构社会绩效的管理过程、考核方法等。

（3）社会绩效是微型金融机构的目标

由于商业性金融资源配置具有趋利性的特点，按照比较收益原则，商业性资金会向盈利相对较高的领域倾斜，低收入人群及小微企业等弱势群体被商业性资金排除在目标群体之外。在正规金融（或商业性资金）不能满足低端客户需求的背景下，服务于低收入群体和贫困者的微型金融应运而生。微型金融能弥补金融资源配置缺失，实现让低收入人群和弱势群体拥有公平的信贷机会和金融服务享有权，改善和提高目标客户收入水平并促进其发展。从这个角度来说，社会绩效是微型金融机构的目标。

8.1.2　微型金融机构社会绩效与财务绩效间的关系及协调

微型金融机构天然地具有双重目标，社会目标反映的是机构如何为贫困人群或低收入人群提供金融服务，财务目标反映的是机构所具有的可持续发展能力。协调好社会绩效和财务绩效目标之间的关系，微型金融机构才有可能实现可持续发展和为低收入人群及弱势群体服务的双重目标。

（一）社会绩效与财务绩效的关系

1. 财务绩效是实现社会绩效目标的保障

实证研究（孙若梅，2006）发现，重复使用小额信贷的农户增加收入的可能性更大，微型金融要长期地为目标客户服务，机构自身就必须要生存下去。微型金融生存和发展的条件有两个：能提供为低收入者和弱势群体所需的金融产品和服务，有业务发展所需的足够资金和收益。作为捐赠者的国际组织和其他投资者，在很多时候不能把足够的资金投放到微型金融机构上，微型金融机构只能依靠自己创造的收入来保证自身的持续发展。因此，微型金融机构在业务发展过程中必须注重效率和收益，依靠自己创造的良好财务绩效来保障社会绩效目标的实现。

2. 社会绩效是目的，财务绩效是手段

近年来，一些微型金融机构为了实现财务目标而放弃了社会目标，违背了其设立和发展的初衷。微型金融机构为低收入者和弱势群体服务是其固有的社会宗旨和目标，而其通过良好的财务绩效获得可持续发展仅是手段。一方面，小额信贷如果没有了为低收入者和弱势群体服务的宗旨，可持续发展也就失去了它原本的意义。另一方面，微型金融机构的目标是为低收入者和弱势群体提供金融服务，帮助他们摆脱贫困，获得发展机会，实现社会效益的最大化。社会绩效目标和财务绩效目标，前者是目的，后者是手段，两者不能偏废也不能等同，当两者发生矛盾需要取舍时，将社会绩效目标作为优先目标才更符合微型金融的本来意义。

（二）社会绩效与财务绩效目标的矛盾协调

可持续地为穷人服务是微型金融行业追求的双重目标。然而，可持续发展的财务绩效目标与服务于穷人的社会绩效目标在实践中常常会产生矛盾。理清社会绩效目标与财务绩效目标的关系、协调好它们之间的矛盾对微型金融机构健康发展意义重大。

1. 过度商业化导致的社会绩效目标偏离

正如前文所述，微型金融机构社会目标的实现，必须以自身实现可持续发展为前提。近几年，一些微型金融机构为了实现可持续发展的财务目标，开始引入商业资本、进行股权改造，许多发展中国家开始放松监管、取消最高利率限制，当高利率将微型金融变成一个高利润行业时，大量逐利资金开始涌入，其结果是，商业性资金的趋利本性使得这些微型金融机构从服务穷人转向追逐商业利润。微型金融产生和发展的初衷已经被扭曲了，因为许多这类机构都收取过高的利率，有些已经收到了100%甚至更高。过高的利率虽然能够给微型金融机构带来短期的盈利，但却忽视了穷人的利益，与微型金融的社会目标偏离（Schwarcz，2011）。

2. 社会绩效与财务绩效目标的矛盾协调

微型金融机构实现可持续发展是为了能够长期地为低收入者和弱势群体客户服务，因此它是一个手段性目标；为以上目标客户服务是微型金融机构产生的动因和初衷，它是一个宗旨性目标，否则，可持续发展也就失去了它原本的意义。微型金融机构在经营过程中应该遵循市场经济的原则、注重机构的财务绩效，但不能以牺牲社会绩效目标为代价。在财务绩效评价指标体系健全而社会绩效评价指标缺乏的背景下，当二者发生矛盾时应建立健全社会绩效考核指标体系，防止目标偏离。对于中国微型金融机构而言，要实现可持续地为穷人服务的双重目标，保证扶贫目标不偏离，就应该尽快参考国际社会绩效标准体系，建立符合中国国情的社会绩效考核指标体系。

8.1.3　微型金融行业推行社会绩效的重要性

（一）微型金融机构的社会绩效受重视程度提高

除了微型金融机构本身外，捐助者和投资者也逐渐重视社会绩效。Oikocredit 使用记分卡对投资对象的环境、社会绩效和治理概况进行评分，为社会绩效较好的投资对象提供奖励，根据被投资机构的得分情况，在融资利率上给予 0.25% 到 1% 的折扣。Incofin 开发了一个类似仪表盘的东西（称为 ECHOS），在进行尽职调查过程中，根据环境和社会绩效指标给潜在的投资对象打分。得分如果低于政策所设定的最低分数，则对投资进行自动否决。2010 年 10 月后，印度发生的小额信贷危机的主要原因在于微型金融机构对社会绩效指标的忽视。这也使得越来越多的金融机构开始重视社会绩效，提升自己的社会形象，减少政府传统金融机构及社会大众对其的误解。

（二）社会绩效的发展伴随着两个目标相互实现

1. 微型金融要实现双重目标

可持续地发展和为低收入及弱势群体客户服务是近年来国际社会为微型金融制定的双重目标。可持续发展是微型金融机构的财务绩效目标，为目标客户提供适宜的服务、发展和增收的机会是微型金融机构的社会绩效目标。

2. 制度主义和福利主义争论背景下，推行社会绩效的必然性

微型金融有制度主义和福利主义的区分。制度主义强调微型金融机构发展的可持续性问题，认为应将微型金融纳入金融体系监管框架，微型金融机构的活动要以财务绩效为主要目标，社会绩效为次要的目标。制度主义认为，对于微型金融机构绩效的评价应更关注微型金融机构的财务绩效指标，包括贷款资产质量生产率与效率、补贴依赖指数、财务自足性、成本收益均衡情况和资本充足率等。世界银行在 2003 年提出了与盈利性相关的资产质量、效率和生产率等 14 项财务指标。财务绩效是微型金融机构绩效的一个重要方面，是决定微型金融机构可持续发展的重要基础。福利主义关注微型金融机构是否能为低收入人群或弱势群体服务等社会目标，社会绩效才是最主要的，财务绩效居于次要地位。衡量微型金融机构社会绩效的主要指标有覆盖率、贷款深度、脱贫进度指数等。20 世纪五六十年代的小额贷款更侧重福利性而忽视了制度性，而八九十年代的小额贷款更侧重制度性而忽视了福利性。罗

伯特·S. 卡普兰和戴维·P. 诺顿设计的平衡记分卡既强调财务绩效指标，也强调机构的社会绩效指标，实际上是对微型金融机构两种目标的一种权衡。

现有的绩效评价主要集中于财务绩效评价，但日益重视社会绩效。2010年印度等国发生小额信贷危机以后，小额信贷过分商业化从而忽视社会绩效和客户权益造成的风险引起了全球关注。也促使小额信贷行业重新审视自己的社会目标和发展模式。在此背景下。国际小额信贷绩效工作组（SPTF）在荷兰斯海尔托亨博斯举行2011年年会，其主要议题就是交流社会绩效研究领域的最新进展，并草拟社会绩效标准体系，以期实现以客户为中心的财务绩效和社会绩效双目标原则，防止微型金融机构偏离目标现象的加剧。

3. 良好的社会绩效还可以带来其他好处，如形成积极的企业文化，员工工作情绪饱满

最近的研究有一些令人鼓舞的证据表明，微型金融部门中出现了“良性循环”，财务效益、负责任的实践和社会效益承诺之间产生了积极的联系（Gonzalez，2010；Dewez 和 Neisa，2009）。这种情况正好也呼应了主流商业领域一种越来越普遍的认识，即公司如果希望发展，最好的方式是不仅为股东，而且也为客户和社区创造共同的价值（Porter 和 Kramer，2011）。

8.2 微型金融机构社会绩效管理与评估

就社会绩效与财务绩效间的平衡问题，学界逐渐形成一种共识，即 MFIs 通过实施社会绩效评估与管理可以有效地协调双重目标间的冲突，实现可持续发展。实践证明，通过提高客户保持率、降低运营成本等方式评估和管理社会绩效，有助于改善 MFIs 的财务绩效，也有助于降低目标偏离的风险（Christen，2004）。同时关注财务绩效和社会绩效将促使 MFIs 提供更符合客户要求的服务。社会绩效的管理具有重要作用，在目标设置、战略规划、周期性的内外部审计等方面进行系统性的改进并加以有效的实施，将有助于减少微型金融机构目标偏离现象的发生。本节对微型金融机构的社会绩效管理问题，如社会绩效管理流程、内容、评估、社会评级等问题逐一作出说明。

8.2.1 微型金融机构的社会绩效管理

（一）社会绩效管理的含义

微型金融机构为实现其社会目标，通过设定战略和指标开展经营管理、

产生和提高社会绩效的过程被称为社会绩效管理（Social Performance Management，SPM）。社会绩效管理与财务绩效管理共同构成微型金融机构的管理过程，它包含对社会绩效信息收集、衡量、分析、评估、报告和反馈，是微型金融绩效管理的重要组成部分。社会绩效管理在微型金融行业内所起的作用日益显著，微型金融机构、捐助者、投资者、评估机构、小额信贷网络和咨询公司等都日益关注和重视社会绩效发展。

社会绩效管理是一个衡量、分析、报告和使用社会绩效信息的过程，而与此有紧密联系的社会绩效评估是一个相对狭窄的概念，特指对社会绩效进行具体的评估。与社会绩效评估不同，社会绩效关注的不是事后结果，而是产生结果的过程。

有效的社会绩效管理将社会绩效信息整合到微型金融机构的日常经营管理和整个价值体系中，促使其更好地体现宗旨和实现社会目标。微型金融机构不同的利益相关者对社会绩效管理有着不同的标准。例如，捐助者和具有社会责任的投资者可能会更加强调信息的精确度，验证其影响力；而从业者则可能会更加关注实用性，通过改善机构的经营管理，提高其影响力。

（二）微型金融机构社会绩效管理的意义

大部分微型金融机构都有自己明确的社会宗旨，是减少贫困，是为弱势群体提供金融服务，抑或是提高妇女地位等。然而，微型金融机构的管理者和职员却多从财务绩效出发决策和活动，很少考虑社会绩效，致使机构偏离其设立的宗旨和社会目标。从某种程度上说，造成这种结果的主要原因是缺乏社会绩效管理的意识和行动。在当前形势下，加强社会绩效管理显得非常重要。

社会绩效管理一方面可以践行微型金融机构关于提高透明度和实现宗旨的承诺，另一方面关乎行业内利益相关者的切实利益。以下给出八个进行社会绩效管理的具体理由和好处。

（1）微型金融机构有义务以相对公开透明的方式公开其社会绩效。为了获得资金援助和投资，微型金融机构宣传其社会影响。反过来，这也要求它们以公开透明的方式向捐助者、投资者和其他利益相关者显示其社会绩效。

（2）社会绩效管理是微型金融机构实现其社会宗旨不可缺少的一部分。在一定程度上，由于财务原因，微型金融机构忽视了社会绩效管理的重要性，但是社会绩效管理将深刻地影响并塑造机构的价值观和行为。

（3）微型金融机构的客户从社会绩效管理中受益。管理社会绩效的过程将使客户大大受益，其中包括更适合客户需求的服务，更多的产品选择，更好的客户服务，以及对机构的管理和政策有较大的发言权。

（4）社会绩效管理帮助微型金融机构成为一个以客户为中心的机构，提供以需求为导向的产品和服务。社会绩效管理还将帮助微型金融机构完成以下工作：贷款业务细分以确定市场定位、机遇和挑战；监督客户如何使用这些服务以确定这些与客户能力相匹配的服务是否满足客户需求；通过恰当的产品和更好的客服创新性地提高客户的满意度和忠诚度；追踪对客户家庭和社区产生的预期和非预期的影响，了解微型金融机构在促进这些变化中发挥的作用。

（5）社会绩效管理有助于实现更好的财务绩效。通过让微型金融机构更能吸引潜在客户以及通过监督和响应客户需求增加客户保留率，管理和改进社会绩效将有助于帮助微型金融机构实现增长。

（6）社会绩效管理能够让微型金融机构的管理人员在财务绩效与社会绩效之间进行权衡管理。微型金融机构是寻求财务和社会效益，具备双重底线的机构。财务目标和社会目标有时可能会冲突，这就需要进行权衡。对一个机构来说，有效的社会绩效管理体系有助于以更具战略性的有效方式处理两者之间的权衡，也有助于管理层尽早发现经营管理中的问题。

（7）社会绩效管理有助于制定社会绩效基准。对于微型金融机构、捐助者、具有社会责任的投资者和其他利益相关者而言，对社会绩效进行横向比较是非常必要的，这就需要建立社会绩效基准。社会绩效管理产生的社会绩效信息有助于建立这个基准。

（8）社会绩效管理让社会导向型的微型金融机构向捐助者和投资者证明其双重回报。在没有引入社会绩效之前，捐助者和具有社会责任的投资者无法量化考察社会绩效，造成资金流向极少数财务业绩优良的微型金融机构。而社会绩效管理可以让微型金融机构向捐助者和投资者证明其社会绩效，要求它们重新分配资金，转而支持实现较高双重回报的社会导向型的微型金融机构。

（三）社会绩效管理流程

社会绩效管理过程是一个开放的循环过程，和其他管理系统一样，这个过程包括以下几个阶段（见图8－1）。

一是意图和设计：想实现什么样的结果？具体目标是什么？

二是行动和管理：如何通过特殊的组织结构和设计实现目标？

三是产出：有什么结果？服务广度和深度如何？服务质量如何？是否可持续？

最后是结果：是什么改变了结果？这些结果会产生什么长远的可持续的

影响?

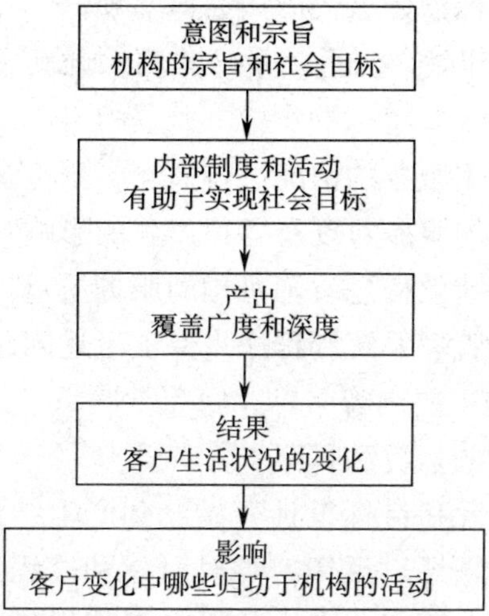

图8-1　社会绩效管理过程

社会绩效管理从微型金融机构的目标和宗旨出发，制定符合其目标的社会绩效战略规划，通过信息系统、内控系统和人力资源管理等，加强和改善机构的社会绩效管理，产生良好的社会绩效结果。在管理过程中还应有信息的反馈，修正社会绩效战略规划和管理过程。社会绩效管理流程见图8-2。

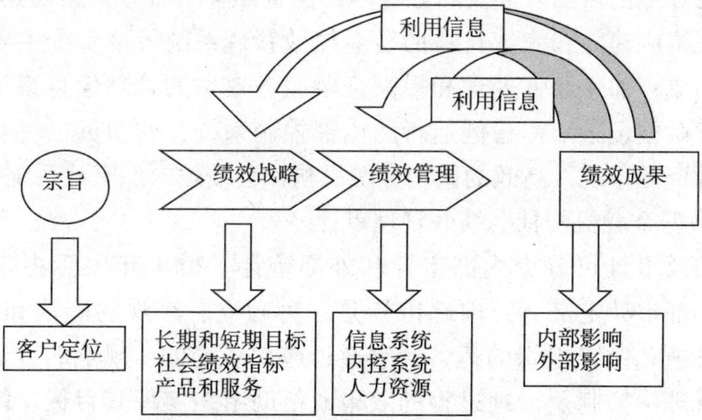

资料来源：刘文璞，等. 小额信贷管理［M］. 北京：社会科学文献出版社，2011.

图8-2　社会绩效管理流程

（四）社会绩效管理的关键问题与主要具体内容

1. 社会绩效管理的关键问题

在设计社会绩效管理之前及实施过程中，微型金融机构应清楚以下几个关键问题，社会绩效管理就是围绕这些问题展开的。

（1）机构的社会目标是什么？应该如何实现？

（2）机构如何对实际服务对象进行监测？谁获得了服务？谁没有获得服务？

（3）如何对客户使用服务的情况进行监测？哪些客户离开了，原因何在？

（4）如何监测机构的服务对现有客户产生的影响？

（5）如何运用社会绩效信息改善机构的服务质量？

（6）如何通过改善管理系统和程序来保证上述问题解决？

2. 社会绩效管理的主要内容

（1）社会绩效管理的宗旨和目标

社会绩效管理从宗旨和目标设计开始，到产生结果为止，形成一个完整的过程，结果提供的信息经过反馈，再对目标和过程加以调整。微型金融机构以向经济困难及包括小微企业在内的弱势群体提供金融服务，以改善生活水平、促进发展为宗旨。微型金融机构的目标应体现其宗旨，据时间不同可分为长期目标和短期目标。前者主要体现为惠及客户数、满足客户要求及改变客户生活等方面，后者则包含各分阶段的目标客户覆盖率、增加产品种类、优化成本结构等指标。

（2）微型金融社会绩效管理系统的构建与完善

为了更好地为贫困人群及弱势群体提供全面金融服务，实现其社会目标，微型金融机构应建立和完善自身的社会绩效管理系统。该系统主要由以下几个子系统构成：加速业务处理和提高金融服务效率的管理信息系统，提高竞争力、保证微型金融结构稳健运行的内部控制系统，调动员工提升社会绩效的人力资源资源系统，高效的微型金融机构社会绩效内部审计系统等。

（3）微型金融机构社会绩效管理审计

社会绩效审计可分为内部审计和外部审计。2001 年国际内部审计协会（IIA）将内部审计定义为：内部审计是一种独立、客观的确认和咨询服务，旨在增加价值和改善组织的运营。它通过应用系统的、规范的方法，评价并改善风险管理、控制及治理过程的效果，帮助组织实现其目标。内部审计是其内部控制的重要组成部分，内部审计旨在增加价值并提高小额信贷机构的经营效率和安全性。它可以帮助小额信贷机构使用纪律的方法来评估和改善它的经营和控制过程。

外部审计是由政府、社会审计组织或行业协会对微型金融机构进行的审计。外部审计的项目主要有金融产品或服务的客户满意度、妇女地位的改变情况、对地方经济的影响程度、客户脱贫程度、客户及员工保留率等。外部审计的结果对于微型金融机构、投资人、监管者和社会公众有重要意义。

微型金融机构社会绩效审计工具有如下几种：①美国国际开发署社会审计工具（USAID Social Audit Tool）；②波兰微型金融中心影响小组质量审计工具（MFC/Impact Consortium Quality Audit Tool）；③社会审计网络（Social Audit Network）；④全球报告倡议（Global Reporting Initiative）；⑤质量保证——经济责任审计（AA）1000（Quality Assurance - Accountability，AA1000）。

（4）社会绩效管理指标体系

社会绩效工作小组（SPTF）在调查基础上形成了一套共同的社会绩效指标，用于监测、报告和比较不同微型金融机构的社会绩效。社会绩效工作组将这套指标提供给小额信贷信息交流市场（MIX），由在 MIX 注册的机构提供并发布社会绩效数据，并形成行业基准数据。该套指标体系如图 8-3 所示。

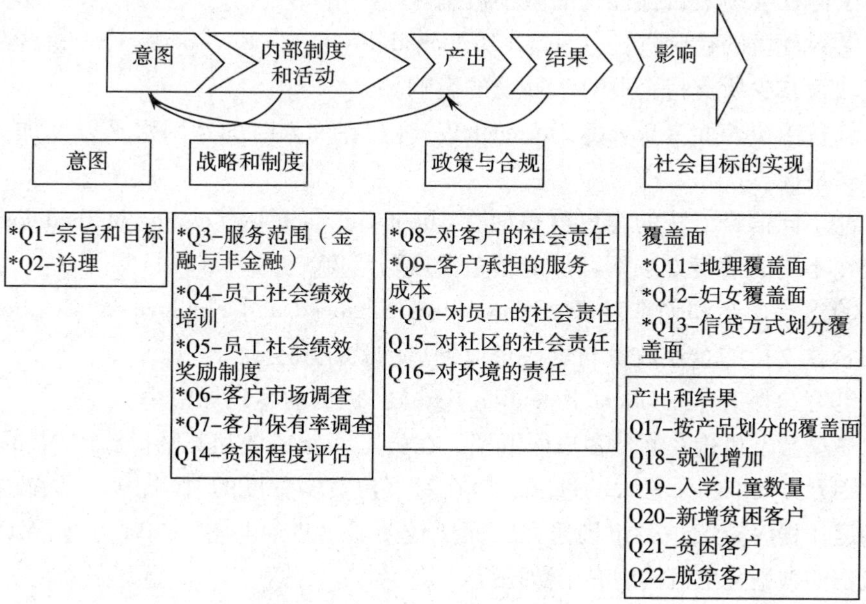

注：* 为 MIX MARKET 期望注册机构填写的指标。

资料来源：刘文璞，等．小额信贷管理［M］．北京：社会科学文献出版社，2011.

图 8-3　小额信贷信息交流市场采用的社会绩效指标体系

在原有的 22 个指标体系的基础上，MIX 综合了微型金融机构、投资者、网络的反馈及前几年的数据分析，对小额微型金融机构社会绩效指标进行了改进。2011 年的新指标列表包含了 11 项核心指标。

①宗旨与社会目标（Mission and Social Goals）：机构对社会宗旨、目标市

场和发展目标作出的书面承诺。

②治理（Governance）：机构理事会成员是否接受了社会绩效管理培训，设立了专门的委员会对社会绩效进行监管。

③产品和服务范围（Range of Products and Clients）：机构提供的金融与非金融产品与服务。

④对客户的社会责任（Social Responsibility to Clients）：机构对客户保护原则的实施情况，包括防止过度负债、信息透明化、合理定价、公平公正对待客户、有效地投诉解决机制和保护客户隐私权。

⑤对客户服务成本的透明度（Transparency of Cost of Service to Clients）：机构如何向客户说明利率。

⑥人力资源和员工激励（Human Resources and Staff Incentives）：机构对员工的社会责任政策，包括人力资源政策、理事会与员工构成、员工更换率以及员工与社会绩效目标挂钩的激励机制。

⑦对环境的社会责任（Social Responsibility to the Environment）：机构是否制定政策减少所支持企业对于环境的影响。

⑧贫困覆盖面（Poverty Outreach）：客户在加入时的贫困水平以及加入后的脱贫情况。

⑨不同信贷方法的客户覆盖面（Client Outreach by Lending Methodology）：机构在不同的信贷方法下客户的覆盖深度与广度。

⑩支持企业和创造就业（Enterprises Financed and Employment Creation）：机构贷款支持的企业数量与这些企业创造的就业机会。

⑪客户保有率（Client Retention Rate）：机构的客户保留率。

微型金融机构在衡量客户保留率，在员工绩效考评和奖励措施中增加社会绩效因素方面取得了很大的进展。但在对客户贫困程度的监测，以及为改进产品和运作程序持续进行市场研究方面比较薄弱（Pistelli 等，2011）。向 MIX 提交报告的微型金融机构中有半数还提供专门针对女性客户的非金融服务。

8.2.2 社会绩效评估

（一）社会绩效评估的含义

1. 定义

社会绩效评估也称社会绩效评价或社会绩效衡量，即机构按照预先确定的标准和一定的评价程序，运用科学的方法，对评价对象的社会绩效指标和结果作出客观公正和准确的综合评判。它衡量和评估的是微型金融机构的社会绩效与机构宗旨和目标之间的关系，以及和利益相关者之间的关系。

微型金融机构进行社会绩效的评估可以为决策提供重要的参考依据。通过评估可以发现机构发展过程中存在的问题，使得微型金融机构持续稳定发展，更好地履行社会责任。

社会绩效评估既可以是机构内部的自我评估，也可以是外部对结构的评估。对内部评估来说，社会绩效评估可以是一种内部审计，而外部评估则与社会绩效评级有关。社会绩效评估要使用一系列被微型金融行业普遍接受的社会绩效指标来进行衡量。这些指标体现了微型金融行业的社会价值底线，主要包括对贫困的衡量、对服务深度和服务质量的衡量以及对客户生活实际影响的衡量。

2. 社会绩效评估的过程

社会绩效评估的过程包括以下环节：信息处理、分析与评估、评估报告整理保存及总结性会议等（李镇西，2012）。

信息处理，即将收集来的信息进行处理。信息必须真实、客观地反映实际情况，虚假的信息往往会产生误导，使微型金融机构作出错误的判断和决策，从而造成伤害。由于机构不同部门的业务性质和范围不同，信息的加工处理应有一定的目的性和针对性，应有计划地收集和加工。

分析与评估。按照指标体系确定的分值，计算出微型金融机构的社会绩效的得分，依据历史数据、目标数据及同业数据进行纵向和横向的比较，全面分析绩效结果产生的原因。

评估报告整理保存。将评估的结果与原因分析呈报给微型金融结果的管理人员，在机构管理者签字后，将评估材料和报告整理保存。

总结性会议。确定了最终的评估报告后，微型金融机构应召开总结性会议，让员工了解机构社会绩效管理的状况，管理者将社会绩效管理的期望明确传达给员工。

（二）社会绩效评估方法

社会绩效评估的核心在于，采用什么方法或工具评估 MFIs 的社会绩效。迄今为止，微型金融领域已经形成了两种不同的评估社会绩效的方法，即指标（工具）法和试验法。

1. 指标（工具）法。社会绩效指标（工具）评估法的基本思路是通过建立适当的评估指标（工具）来实现对 MFIs 社会绩效的评估。

行动国际开发了 CGAP 贫困评估工具，为评估 MFIs 瞄准穷人及其影响提供了基本的指标，格莱珉基金则发展了贫困指数评估 MFIs 瞄准穷人的情况。

随后，在 Argidius 基金、CGAP 和 CERISE 的协助下，Zeller 等（2003）设计了一套基于四个维度（对穷人及其他排除者的覆盖、产品和服务对目标客户的适应性、对客户社区社会及政治资本的改善以及 MFIs 的社会责任）共计 15 个指标的社会绩效评估指标体系，在对指标数据采用某种加权的基础上最终得出评估结果。

按 SEEP（2006）的分析，社会绩效评估集中评估的是 MFIs 社会使命的完成情况，常采用社会审计或社会评级工具，例如，社会绩效指数（SPIs）和质量审计工具（Quality Audit Tool，QAT）。此外，也可以采用客户描述和影响分析工具进行评估，前者通常包括脱贫进度指数（Progress out of Poverty Index，PPI）和贫困评估工具（Poverty Assessment Tool，PAT），后者则包括 AIMS/SEEP 工具。Christian 等（2010）认为，已有的社会绩效评估工具共 14 种，可细分为进程管理、自我管理、结果管理、外部管理四类。微型金融机构可根据自身特点，设立符合自身情况的社会绩效评估指标。

2. 试验法。由于指标（工具）类方法往往在指标选取和权重设定过程中容易产生主观偏差，评估社会绩效的试验法开始出现，其基本思路是通过研究 MFIs 对目标对象的社会影响来评估其社会绩效。该类方法有绩效调查法、客户退出调查法、客户满意调查法、客户赋权调查法等，试验法通过比较现有客户与潜在客户在微型金融项目干预下的差异来揭示其影响，但由于这些方法在寻找对照组的过程中容易产生自选择偏差和非随机安排偏差而存在严重的估计误差。近年来，随机控制试验法因为可以较好地克服准试验方法不足而得到快速发展。随机控制试验法通过随机选择受项目影响的两组客户（处理组与对照组）进行比较来揭示项目或产品的影响，具体又可以细分为实验性信用评分法、随机项目安排法、鼓励性设计法三类。

（三）MFIs 社会绩效报告

社会绩效报告旨在进一步增强 MFIs 的透明度和责任感，更加规范地向利益相关方披露 MFIs 履行和管理社会绩效的情况。Sinha（2006）在 Argidius 基金会、SEEP 等机构的资助下完成了名为《微型金融中的社会评级与社会绩效报告——建立一个共同的框架》的报告，初步建立一个评估和报告社会绩效的体系，认为社会绩效由社会背景（包括国家、地区及 MFIs 概况）、过程（包括政策和战略两部分）、结果（社会目标的实现）三个要素构成，并从这三要素的角度提出了评估和报告社会绩效的指标体系以及获取指标数据的方式。

MFIs 社会绩效报告的内容包括同时设定财务目标和社会目标、设定测算这些目标实现的指标、持续收集客户信息以监督指标的改进、基于财务和社会绩效信息改进机构的战略和运行、融合社会绩效信息到管理系统中以帮助决策等内容。社会绩效报告是 MFIs 社会绩效管理的成果和总结，是在既定的时间内对 MFIs 产生的社会效益的总体评估（SEEP，2008）。

2006 年 MIX 发布了第一份社会绩效报告，该报告由 22 个核心指标构成，包含两个部分。其中，第一部分涵盖了社会绩效管理的前三个阶段，包括 13 个指标；第二部分为成果阶段，包括 9 个指标。MIX 的社会绩效报告具有一定的灵活性：如果 MFIs 希望改变已有的社会绩效指标，可以仅报告第一部分中 13 个指标的内容，第二部分中的 6 个指标和贫困评估表中的 3 个指标较为复杂，可以仅报告部分内容；MFIs 还可以在相关指标的评论栏中补充任何与指标相关的信息。显然，MIX 社会绩效报告中指标的选取遵循了社会影响产生过程的分析框架，该框架包括对机构目标、内部系统的有效性、为达成目标所从事的工作、相关产出以及对客户生活产生的积极影响等内容。

社会绩效情况的报告还处于初期的阶段，有 400 多个微型金融机构（占向 MIX 提交报告的机构总数的 40%）使用由从业者、融资机构、网络协会、技术援助提供商、评级机构和研究人员经过磋商制定的指标和统一框架，提交了社会绩效的公开（自行报告）数据。有 4 个微型金融专业评级机构进行了社会绩效评级，其中 120 多个评级是 2008—2009 年由 Rating Initiative 资助的。但是，微型金融机构中只有极少数机构能够准确地评估它们是否能够达到预设的目标。例如，向 MIX 提交报告的微型金融机构中 84% 的机构表明本机构设定了减贫目标，但只有 10% 的机构建立了客户脱贫进展监测系统。

此外，SPTF 也正在为供应商制定一套普遍适用的标准，对社会绩效的管理和报告提出明确的要求，内容涵盖客户保护、社会目标和目标客户、公司治理和员工对社会目标的承诺、符合客户需求的产品和服务、客户情况监测、对员工的责任、责任金融服务绩效等。

8.2.3　社会评级

（一）社会评级的含义

社会评级是使用标准的评级打分表对微型金融机构的社会绩效进行独立评估。通过评估微型金融机构的业绩及风险水平，对微型金融机构实现其社会目标的能力及长期可持续性发表意见。从 2005 年开始，一些评级公司开始对微型金融机构进行社会评级。

社会评级既评估社会风险也评估社会绩效。以社会绩效、社会绩效管理和社会责任等概念为基础，社会评级对微型金融机构的实践进行评估，对其社会绩效指标进行衡量，并通过打分与行业标准、最佳业绩和国际接受的标准进行对比。社会评级也包括社会审计，对微型金融机构的社会绩效数据的质量和可靠性进行验证，找出可以改正和完善的领域。

社会评级的结果主要是供社会责任投资机构使用，在很多情况下也会成为微型金融机构和政策制定者等利益相关者的决策参考或依据。

（二）开展社会评级的意义

社会评级是随着社会责任投资产业的发展而产生的业务，可以帮助社会责任投资者更好地选择投资对象。此外，对于微型金融机构来说，参与社会评级可以使得其了解自身社会绩效的实现情况，确定是否与社会绩效内部评估结果一致。

外部评级是保证行业信息公开透明、建立行业秩序、维护行业健康发展的一种有效手段。微型金融机构的社会评级与财务评价同样重要，微型金融机构天然地具有社会使命。微型金融机构在发展过程中存在着各种各样的问题（如2011年印度爆发的小额信贷危机），一些机构利用小额信贷之名只赚取经济利益，却偏离社会目标不承担社会责任，此外收贷方式不合理等也给行业造成不良影响。只有深入开展众多微型金融机构的社会评级，才能消除对该行业的误解，得到社会的认可和承认。

（三）社会评级工具的开发

目前，微型金融领域主要有四家机构开展社会评级业务，分别是国际小额信贷评级公司（Micro – Credit Ratings and Guarantees India Ltd.，M – CRIL）、小额信贷评级公司（Microfinanza Rating）、沛丰评级公司（Planet Rating）和微型评级公司（Micro Rate）。它们开发的评级方法主要有两类：综合社会评级（Enhanced Social Rating）和简化社会评级（Simple Social Rating）。各类方法都采用了与管理层座谈和查阅内部信息的方式，了解机构实现社会绩效的能力。两种方式的区别在于：综合社会评级需要收集客户信息，以评估机构对客户的覆盖面和质量。综合社会评级比标准评级更加复杂，需要花费更多的时间和费用，采用哪种方法，要看客户信息评估的价值和评估工作的时间与经费。

（1）国际小额信贷评级公司是微型金融领域第一家，也是标杆性的社会评级机构，2005年开始开展社会评级业务。社会评级报告中包括各种信息，如微型金融机构经营环境、机构将社会宗旨付诸实施的步骤及讨论机构社会责任所采用的方法等。该公司既提供综合评级服务也提供简化评级服务，从以下六个维度对微型金融机构进行评级：①背景——国家发展指标和 MFIs 资料；②宗旨及与之适应的系统；③企业的社会责任；④社会目标的覆盖面；⑤社会目标的服务质量；⑥社会目标的调整。M – CRIL 综合考虑上述情况，并最终从 9 级档次中作出选择，给出评级结果。

（2）微型金融评级机构（Microfinanza Rating）同样也提供两种类型的社会评级服务，简化社会评级和综合社会评级。上述两种评级包括以下四方面内容：①社会宗旨、战略和社会绩效管理系统；②社会责任；③社会目标中的覆盖面；④社会目标中的服务质量。在定量和定性分析的基础上给出社会评级报告，主要包括微型金融机构经营的社会经济环境，机构绩效的详细分析、优势劣势及总体判断的总结性的评价，以及微型金融机构社会绩效评级的最终观点和最终的分数。

一般情况下，社会绩效评级都是通过调查问卷、与 MFIs 相关人员交流以及目标客户的反馈信息等方式取得资料进行评级的，这些方式明显带有主观因素。

（3）沛丰评级（Planet Rating）的社会评级主要集中于三个重要领域。

第一是 MFIs 社会宗旨的制度化。在此领域沛丰评级主要关注的是整个机构的利益相关者是否有公认、清晰而明确的社会目标，且这一目标的具体内涵是否细化为指导机构每个员工（特别是高管层）具体的行为准则。

第二个领域是 MFIs 的定位和所提供的服务。其中包括 MFIs 是否有了明确的目标人群，目标人群是否为被正规金融体系所覆盖；MFIs 提供的金融服务是否适应目标人群的需求以及他们的满足程度；MFIs 是否尽最大努力降低相应的服务成本。

第三个领域是 MFIs 的责任。评价 MFIs 的运行体系能否有效保障目标客户的尊严；是否所有员工都认可与客户间的平等权利；MFIs 有没有以其他非金融手段致力于社会的发展及机构的业务活动是否对自然环境有积极的影响。

沛丰评级在社会绩效评级方法的基础上创立了相应的评级指标，共分五个等级，详见表 8 – 1。

表 8 – 1　　沛丰评级社会绩效评级指标

评级指标	具体内涵
5	高级的（Advanced）：长期致力于社会目标的实现，在社会表现和社会责任风险方面的管理有效，该机构很有可能发挥积极的社会影响。

续表

评级指标	具体内涵
4	令人信服的（Convincing）：机构有明确的社会目标承诺，对社会表现和社会责任风险方面的管理合理，该机构有可能发挥积极的社会影响。
3	发展中的（In Progress）：机构有明确的意图实现社会目标，正在建设社会表现管理体系。
2	初期的（Incipient）：机构有明确的意图实现社会目标，该机构的社会绩效管理能力很弱。
1	不存在的（Intangible）：该机构的社会目标仅是口头协议，其社会绩效管理能力很弱，几乎看不出有社会影响。

（4）微型评级（Micro Rate）。该机构的特点是在评级中对结构的社会绩效和社会风险进行评估。内容包括：社会绩效（覆盖面、服务深度和多样性、成本和可持续性及企业社会责任）社会风险（宗旨、沟通和领导能力、战略计划、客户服务、监控、招聘和培训、激励机制）。第一部分度量了微型金融机构是否将社会宗旨有效地付诸实践，而第二部分衡量了微型金融机构偏离社会宗旨或不能创造良好前景的风险。

表8－2　　　　微型评级社会评级主要指标

社会评级内容	需考察的要素
社会绩效	机构产出 1. 覆盖面 2. 服务深度和多样性 3. 成本和可持续性 4. 企业社会责任
社会风险	内部过程 1. 宗旨 2. 沟通和领导能力 3. 战略计划 4. 客户服务、监控、招聘和培训 5. 激励机制

（四）社会评级有待解决的问题

自2005年国际小额信贷评级公司（M－CRIL）开展微型金融结构社会评级以来，社会评级得到巨大的发展，但由于发展时间较短，在评级技术和方法上还存在很多不完善之处，例如一是评分和权重问题，二是信息收集方法，三是商业模式（Social Performance Map，SEEP，2008）。

评分和权重问题。评级是指按照行业基准对机构的绩效和指标进行打分。但是，微型金融领域还没有形成被普遍接受的行业基准指标数据。目前评级常用的方法是以机构历史数据作为参考，分析机构能力的加强和改善情况。不同内容的权重也会有同样的问题，缺少行业认可的数据。一般的做法是根据用户自己对权重的安排进行。

收集信息的方法。目前，微型金融机构收集和报告社会绩效数据的能力与市场成熟程度和竞争情况、是否为员工提供社会绩效方面的培训、投资者对这种数据的要求之间有重要的联系。很多机构只能提供财务绩效数据，缺少社会绩效数据。综合社会绩效评价虽然是在获得机构内部提供数据基础上进行的，但直接从微型金融机构客户那里收集信息成本过高，从而限制了社会评级活动的开展。

商业模式。这里的商业模式主要是指社会评级的支付方式。目前至少存在两种商业模式：一种是由用户支付评级费用；另一种则不必进行评级，只支付订阅费，从而获得其他机构的评级结果作为参考。从总体上说，目前还没有形成成熟的社会评级商业模式。

8.3　微型金融财务绩效管理与评估

8.3.1　财务绩效管理解决的主要问题

微型金融机构重要底线之一是财务的可持续，在财务绩效管理上，信贷运作的收入要能覆盖操作费、贷款损失、包括通货膨胀在内的资金成本和扩展所需的利润。财务绩效管理要解决三个基本问题：

1. 机构的持续性。微型金融机构是否有财力资源使明天能够和今天一样不断地为人们提供服务？

2. 开展业务有效性。微型金融机构能否以最低的成本利用其资源为尽可能多的目标客户提供适宜的服务？

3. 微型金融机构的业务质量。微型金融机构在开展业务，提供金融服务过程中能否负责任地工作，管理自己最重要的资产？

8.3.2　SEEP 分析财务绩效的财务比率

微型金融机构可使用很多财务比率分析其财务绩效，其中常见的是使用美国小企业教育促进网络（Small Enterprise Education and Promotion，SEEP）的16个比率，详见表8-3。

第一组比率是分析机构的财务可持续性。如果机构希望提供长期服务，财务的可持续性至关重要。只有在不依赖外部帮助的情况下，一个微型金融机构能满足业务发展和壮大，才能更好地为贫困人口和弱势群体提供服务。第二组比率分析机构运作的有效性。由于贫困的大量存在，机构必须将其有限的资源服务尽可能多的客户，通过这组反映运作效率的指标，机构可作出关于人员、业务种类等方面决策和调整。第三组比率帮助机构认清其贷款质量。如果贷款处于不良状态，机构的生存与发展将受到巨大威胁，该组指标能在一定程度上反映机构的风险控制情况（刘文璞，2011）。

表8-3　　微型金融机构财务绩效分析比率（SEEP）

比率	公式	用途
第一组：金融持续性比率		
R1：运营资产回报率	金融收入/平均运营资产	反映信贷服务和投资活动的金融生产率
R2：资金成本比率	资金成本/平均运营资产	反映资金成本，受自有资产、软贷款和商业贷款的综合影响
R3：贷款损失预留比率	贷款损失预留/平均运营资产	反映目前阶段贷款业务所需准备金
R4：操作成本比率	操作费用/平均运营资产	表明信贷运作的有效性
R5：资金机会成本比率	资金机会成本/平均运营资产	表明维持自有资产和软贷款价值的成本
R6：捐助与赠款比率	用于操作的捐助和赠款/平均运营资产	表明机构运营对外部无偿资金的依靠程度
R7：经营自负盈亏率	金融收入/（资金成本+运作成本+准备今年）	反映机构内部经营收入弥补经营成本的能力
R8：财务自负盈亏率	金融收入/（资金成本+运作成本+资金机会成本）	反映机构弥补经营成本、维持资本价值、实现长期可持续的能力
第二组：运作效率比率		
R9：借出单位资金的成本	经营成本/发放贷款总额	发放贷款的效率（以资金量衡量）
R10：发放每笔贷款的成本	经营成本/发放贷款总额	发放贷款的效率（以借款人数衡量）
R11：每位信贷员负责的借款人数	有效借款平均人数/信贷员平均人数	反映信贷员行为和借贷方法的效率
R12：每位信贷员负责的业务量	平均贷款余额/信贷员的平均人数	反映信贷员行为和借贷方法的效率

续表

比率	公式	用途
第三组：业务质量比率		
R13：贷款拖欠比率	拖欠还款额/未偿还贷款总额	反映逾期还款额
R14：风险贷款比率	拖欠贷款余额/未偿还贷款额	度量业务的拖欠风险
R15：贷款损失比率	贷款注销额/平均未偿还贷款额	反映上期没有收回的贷款量
R16：准备金比率	贷款损失准备金/未偿还贷款额	反映准备金与业务量的适宜程度

8.3.3　财务绩效指标体系

国际上微型金融机构较常使用的财务绩效指标分为三类：贷款质量比率、运营效率比率和盈利能力比率。

（一）贷款质量比率

1. 风险贷款率

风险贷款率是指在贷款余额中有风险的贷款所占的比重。计算公式为：风险贷款率 = 风险贷款额/贷款余额

风险贷款率呈不断下降趋势为积极走向。国际上一般认为 5% 以下是可以接受的范围。这里风险贷款额是有拖欠行为的全部贷款余额，包括已到期应还未还的贷款（拖欠贷款），也包括未到期的贷款余额。风险贷款率不仅包含已经发生的风险，而且还考虑了潜在的或未来可能发生的风险，是衡量贷款质量的较好指标。

2. 拖欠贷款率

拖欠贷款率是指在贷款余额中逾期贷款所占的比重。计算的公式为：拖欠贷款率 = 拖欠贷款额/贷款余额

拖欠贷款率呈不断下降趋势为积极走向，国际上一般认为 2% 以下为可接受的范围。拖欠额仅仅指已经到期应还而未偿还的本金，反映的是已经发生的风险，没有包括潜在的风险。经常有这样的情况，两笔贷款的拖欠额相同，但风险贷款额却不一样。

风险贷款率和拖欠还款率指标受多种因素的影响，在使用这些指标时要注意一些因素会影响贷款质量指标发生变化，如拖欠定义、发放新贷款、注销坏账等。贷款的风险程度和拖欠的时间成正比，拖欠时间越长，风险越大，收回的可能性越小。因此在评估贷款质量时，要对风险贷款进行分时段分析。

3. 贷款损失率

贷款损失率用于衡量过去不可回收贷款的损失，它使用给定期间的贷款冲销额来计算，公式如下：

贷款损失率（LL）=贷款冲销损失总额（给定时期）/平均贷款余额(同期)

冲销额与这段时间内的贷款活动有关，而与期末的贷款余额无关。如果冲销额没有在贷款报告中列出，那么就必须利用损益表和资产负债表计算冲销额：

冲销额=贷款损失预提费用（期间）+贷款损失准备金余额（期初）-贷款损失准备金余额（期末）

由于贷款损失预提费用会增加当期的贷款损失准备金，所以，如果没有贷款被冲销，期末的贷款损失准备金应该是这两者之和。然而，如果被冲销，则冲销额应该等于贷款损失预提费用和期初贷款损失准备金之和减去期末贷款损失准备金之差额。

4. 贷款损失准备金率

贷款损失准备金（Loan - loss Allowance）是指因拖欠而导致的损失所耗费的那部分总贷款余额。这一科目是指累计的贷款损失预提费用减去累计贷款注销额所剩余的部分。应该注意的是，贷款损失准备金通常不是现金准备，而是一个账户设置，用于向财务报告的读者提供预计贷款损失规模的信息。

（二）运营效率比率

运营效率比率反映小额贷款公司使用其所拥有资源的程度，特别是资产及人力资源的使用程度。常用的评价机构效率的指标包括营业费用率、单位客户成本、信贷员生产率等。本章主要介绍营业费用率和信贷员生产率，作为评价微型金融机构效率状况的指标。

1. 营业费用率

营业费用率是指在评价期间微型金融机构的营业费用总额与平均贷款余额（期初与期末贷款余额的平均值）的比值，反映微型金融机构发放贷款耗费成本的信息。营业费用率指标越小，说明小额贷款公司的贷款管理成本越低，管理运营效率越高。

计算公式为：营业费用率=营业费用总额/平均贷款余额

营业费用包括员工费用和管理费用，但不包括财务成本和贷款损失准备金，也不包括与非金融服务相关的费用。其中员工费用（Personal Expense）包括员工的工资、奖金、福利以及就业税，也包括招聘员工的费用和最初的岗位设定费用；但不包括为现有员工提供的继续或专业培训费用，这种费用应被视为管理费用。管理费用（Administrative Expense）是与微型金融机构金融服务或其他服务直接相关的非财务费用，这些服务构成机构与客户金融服务关系的一部分，如折旧、水电费、办公用品、广告、交通、通信以及咨询费用，包括交易税和购置税，但不包括对员工、收入或利润的征税。

平均贷款余额（AOP）=（期初贷款总余额+各期间期末贷款余额总和）/（期间数+1）

式中，期间代表了整段时期中划分出来的相同和固定的子区间。

2. 信贷员生产率

信贷员生产率是指每名信贷员负责的有效客户数和贷款余额笔数，用于衡量小额贷款公司信贷员的生产效率。

（1）有效客户总数/信贷员总数。这个指标是有效贷款客户与信贷员或直接从事金融服务的职员总数之比。有些分析人员认为在不同机构间比较时可比性较差，因为不同机构的贷款技术、人员结构及服务类别存在差异。一般而言，微型金融机构在这个指标上的标准值为：个人信贷方法下每个信贷员保有250个有效贷款客户，小组信贷方法下每个信贷员保有350个有效贷款客户。

（2）总贷款余额/信贷员总数。该指标用于衡量财务生产率，它比较的是总贷款余额与信贷员总数，该指标会因微型金融机构的贷款方法、贷款规模和目标市场的变化而有很大不同，微型金融机构的管理者可利用这个指标跟踪信贷员一段时间内的财务生产率。

信贷员生产率指标与微型金融机构的贷款管理方式、信贷员的工作能力等方面的因素有关，一般而言信贷员生产率会随着信贷员工作能力的提升而逐渐上升，并达到一个相对稳定的状态，该指标越大，说明信贷员的工作效率越高、工作能力越强，说明小额贷款公司的人力资源的使用效率较高。

（三）盈利能力（金融持续性）比率

1. 贷款收益率

贷款收益率衡量的是微型金融机构通过贷款获得多少收益。贷款收入包括所有利息和费用收入，但不包括应收利息。贷款收益率的计算公式如下：

贷款收益率=贷款收入/平均贷款余额

贷款收益率反映利息和收费占平均贷款余额净值的百分比。这个指标显示贷款的实际收入。贷款收益率在整个阶段相对稳定，微型金融机构根据产生稳定增长的贷款收益率设定价格结构。

2. 操作成本比率

操作成本率反映的是为经营一定量的资产并使其产生收益必须支付的操作（管理）费用，其计算公式为：操作成本率＝操作成本/平均总资产

该指标是度量金融效率的关键指标之一，有人认为该指标较借出单位资金的成本指标更为精确。影响这一指标的因素有借贷方法、员工劳动效率等。国际经验表明，微型金融机构的指标值远远高于大银行指标值。在使用该指标时，有的机构只用本机构直接支出的成本，而没有计算外部提供的现金和实物捐赠以及服务，如无偿接受组织提供的培训；机构本身虽未付出这部分成本，但也应通过调整将其计入成本，使得成本更为准确。

3. 经营自负盈亏（OSS）

捐助者和微型金融机构的管理者常常运用 OSS 去评估一个微型金融机构用经营收入覆盖经营成本的程度。公式如下：

经营自负盈亏率＝经营收入/（金融费用＋贷款损失计提费用＋经营费用）

经营上的财务自负盈亏是衡量机构在经营过程中收入覆盖成本的水平。财务上自负盈亏率超过 100%，就意味着机构平均资产收益率大于零，因为计算这两个指标时使用的数据相似。案例中的微型金融机构虽然在调整后的 2002 年利润率下降，但仍然实现了财务自负盈亏，如果能够很好地处理拖欠等问题，那么机构可以保持同样的盈利水平，这样就能吸引投资者。

经验表明，微型金融机构可以在 5～7 年实现财务上自负盈亏。成功的关键取决于机构管理贷款拖欠、设置合理的贷款定价政策、管理与经营的高效和控制成本的能力。当然，通货膨胀也是影响机构财务可持续性的另一个因素。

4. 财务自负盈亏率（FSS）

财务自负盈亏率同样用来衡量经营收入覆盖经营成本的程度。然而 FSS 是计算经调整后的收入覆盖成本的程度。FSS 的计算公式如下：

财务自负盈亏率＝调整后的经营收入/调整后的（金融费用＋贷款损失计提费用＋经营费用）

计算 FSS 要求对微型金融机构的经营费用进行调整。客户存款（储蓄）和负债也必须经过调整，以反映存贷款的市场利率水平。同样，由于通货膨胀会侵蚀净资产，因此对净资产余额也必须进行调整。如果微型金融机构接受了补贴资金或者实物捐赠，那么这些项目也必须纳入调整范围。现金捐赠也必须从经营收入中剔出。微型金融机构达到财务自负盈亏时，就具备了在

不依赖捐赠补贴的前提下，收入能够覆盖成本和对净资产保值的能力。

8.4　微型金融的社会责任和客户保护

8.4.1　企业社会责任

（一）社会责任的含义

企业社会责任（Corporate Social Responsibility，CSR）是指一个企业在其运营和活动中对其所有利益相关者应承担的责任或义务，这种义务基于基本的道德规范和社会准则。企业社会责任具有三重基本原则，即企业对经营绩效的考核要兼顾社会、环境和经济三个相互关联的领域。运用三重底线的意义在于保证经营绩效可以满足社会责任、环境可靠和经济持久的目标。企业社会责任不仅考量企业如何运用其利润，也考核企业如何获得利润。股东和利益相关者（包括员工、客户、政策制定者等）要求企业在社会绩效方面保持透明度和可计量。

理解企业社会责任时，需要注意三点：企业社会责任已不是一个新概念；企业承担社会责任的动机可能并不相同，从而导致存在很多差别；当企业的社会责任被看做社会义务时，这种义务在本质和范围上具有很高的不确定性。

社会责任是微型金融社会绩效体系的一个内容，但与社会绩效管理不同，有学者（杜晓山，2011）对二者的联系和区别作了说明，见表 8－4。

表 8－4　　企业社会责任和企业社会绩效的区别

维度	一般企业社会责任		微型金融机构社会绩效
	层次一	层次二	
企业目的和责任	经济目的是企业唯一目的，社会目的是实现经济目的的手段	企业目的是多元的，追求利益相关者的整体利益	企业目的是多元的，追求利益相关者的整体利益
动力来源	外部压力要求	自觉、自愿	自觉、自愿
行动模式	社会事务参与	社会事务参与	纳入企业经营管理
行为特征	可不纳入内控系统 可不纳入考核评价 可不纳入报表报告	可不纳入内控系统 可不纳入考核评价 可不纳入报表报告	纳入内控系统 纳入考核评价 纳入报表报告

(二) 微型金融机构主要社会目标

微型金融机构的社会价值包括改善穷人和被排除在正规金融服务之外的客户及其家人的生活水平，并且拓宽沟通的渠道。为实现这一价值，微型金融机构的社会目标必须包括：(1) 针对目标客户提高可持续金融服务的覆盖广度和深度；(2) 提高目标客户获得金融服务的质量和适当性；(3) 为目标客户及其家人和所在社区创造利益，满足他们的基本需求；(4) 提高微型金融机构对员工、客户以及所服务社区的社会责任。

社会目标一般包括以下三个维度：

1. 普惠金融的深度

社会绩效考核关注的重点之一是服务于贫困群体的规模，确定贫困标准和层次，测定初始客户的贫困状况，测定老客户的贫困变化状况，并且要长期跟踪客户贫困状况的变化。因此，应关注以下指标：贫困线以下的贷款者比率、妇女贷款者比率、无土地贷款者比率、处于贫困时间超过 3 年的贷款者比率、新贷款者比率、平均贷款规模、贷款人数增长比率等。

使命偏移风险涉及社会绩效问题的一部分，微型金融机构可能并没有实现其宣称的社会目标。例如微型金融机构可能只服务于比较容易到达的服务市场；只部分地服务于低收入人群；客户的保有率有限，即退出率高，对减贫和就业的贡献有限；等等。

2. 消费者保护和机构管理间的平衡

必备的原则包括避免过度负债；透明化的机制和披露机制，不允许变相欺骗客户，许多微型金融机构的贷款费用很高，但放贷的时候往往不透露；适宜的收贷制度，不允许黑社会介入，不允许暴力追债；员工行为的道德规范，不允许“拿卡要”；对客户不满投诉的反馈、纠正和补偿机制；客户数据保护机制，只有信贷员和直属经理知道该信贷员手中的客户信息，不能向其他人透露。

微型金融的发展导致服务机构间的竞争，竞争使客户有多元的负债来源或可能过度负债。因此金融服务成本要适宜。这包括信贷的有效利率、金融服务的其他成本和储蓄利率。要控制低端贫困客户服务的成本，因为它是一种不同的市场条件：困难的服务地区，更低的贷款额度，需要更有效的沟通交流。

3. 微型金融机构的治理结构

治理结构是否合理也是要考虑的社会绩效指标，主要包括：独立和相互支持与制衡的负责人；各样平衡的技能、定位和经验；员工轮岗；规则和约束机制；收入的分配机制；是否有适宜水平的利润；是否在对客户提供更多的支持服务上有投入的激励等。

8.4.2　微型金融的客户保护

（一）微型金融客户保护运动

2001年，部分微型金融机构在SEEP讨论了玻利维亚和南非一些小额信贷机构破坏消费者友好型声誉的事件。SEEP意识到潜在的消费者损害问题，试图防止政府的严厉整治，最后形成了SEEP消费者保护工作小组。

SEEP的消费者权益保护工作组在2003年开始开发，并于2004年通过了客户端原则，SEEP各成员认识到积极的态度和消费者权益保护会鼓励微型金融机构改善它们的服务：实行客户保护原则有利于微型金融行业发展，防止客户过度负债，可以保证贷款质量；负责任地定价，可以避免客户因负担沉重而导致风险；有效的投诉机制和客户信息保密制度，有利于树立机构信誉，提高客户保留率；实施客户保护，可以体现微型金融的社会绩效，从而吸引更多的社会责任投资信息的公开透明，有利于市场的公平竞争，促进微型金融的市场繁荣。

（二）微型金融客户保护原则（Client Protection Principles，CPP）

1. SEEP的消费者保护原则及发展

SEEP小组最初的目标是增加有关消费者保护政策的透明性。SEEP制定了如下消费者保护原则：（1）服务质量原则。确保每一位客户受到尊敬，接受公平、健康、灵活与及时的服务。客户应当有机会对服务质量的反馈意见。（2）维护客户尊严原则。对待客户要公平、守规，要尊重客户。致力于提升政策实践，肯定客户尊严，尊重文化与性别差异。（3）信息的真实与透明原则。客户有权要求服务条件完全、准确和可理解的信息，从而所有的客户均可作出明智的决策。（4）保护客户免遭不合伦理规范与非法从业行为的危害原则。客户应当免遭非法服务、不合伦理规范的服务、歧视性服务或者欺诈性服务的侵害，例如过于强势的市场策略、暴力追债行为或者其他侵害客户利益的行为。（5）保护客户信息的隐私权原则。微型金融机构应当保护客户的私人信息，在没有客户知情或同意的情况下，不能披露客户的信息。通过这些原则，成员致力于制定经营伦理规则并付诸实践，以便提高对SEEP成员在全球采用的客户友好原则的重要性的认识，促进这些原则在执行该制度的成员间广泛运用。

此后，SEEP 组织中的一些成员开始采用不同的方法推进消费者保护。如行动国际 2004 年起草了消费者保护宣言，之后 20 多家机构共同签署，并承诺实施保护消费者的政策实践。2006 年 3 月 ACDI/VOCA 管理层在总部层面通过了金融机构的消费者保护宣言，并对机构如何采用、实施消费者保护政策提供了建议。乌干达小额信贷协会（Association of Microfinance Institution in Uganda，AMFIU）与 SEEP 消费者保护工作小组合作推出新的消费者业务条例，特别强调了透明性。

2. SMART CAMPAIGN 的客户保护六原则

从 2008 年 10 月开始，由全球 34 家微型金融机构发起、讨论推出 SMART CAMPAIGN 客户保护六原则。作为行业共同遵守的自律规则主要内容有：一是避免客户过度负债。即微型金融机构应审慎确认借款人的还款和偿付能力，借款人在不牺牲正常生活质量的前提下要有能力偿付债务开支。二是透明度和有社会责任的利率定价。微型金融机构应保证完整信息，应使用清晰和容易理解的语言，避免使用产生误导的语句。应为客户提供性价比高的优质服务，以确保其在市场上的竞争力。保持与客户的长期利益关系，而不仅仅局限于短期的利益最大化，与实践相一致的透明定价是实施这一原则的前提。三是适当的收款方式。微型金融机构也应保护客户的尊严，即使他们没有达到合同要求。四是员工的行为道德。微型金融机构应构建具有崇高价值观和道德标准的企业文化，并制定明确的措施，防范、监测和纠正腐败的滋生及不恰当对待客户的行为。五是投诉有门的机制。微型金融机构应有一套收集、及时反映并为客户解决问题的机制。六是客户信息的隐私权。微型金融机构应尊重客户资料的隐私性，确保客户信息的完整性和安全性，在得到客户允许的前提下与外界分享资料。

上述原则明确指出了微型金融领域与客户保护相关的关键因素。印度小额信贷危机期间，SMART CAMPAIGN 加大了客户保护原则的宣传推广，并准备在全球推广微型金融机构客户保护评估，进而提出要用这些原则对微型金融机构甚至投资机构进行资质认证。

3. 客户保护核心原则的修订

经过业内广泛磋商，SMART CAMPSIGN 制定并于近期修订了七项客户保护核心原则（CPP），这成为运动的基石。截至 2011 年，SMART CAMPAIGN 得到了来自 130 个国家的 640 多家零售供应商（其客户总数估计为 5 000 万户）、225 个协会和相关支持组织以及 125 个融资机构（包括大多数大型融资机构）的支持，经过反复讨论和修改，最终确定为稍有变化的七项基本原则，可见表 8－5。

表 8－5　　　　　　　　客户保护新旧原则对比表

新修订的客户保护原则	原有客户保护原则
1. 恰当的产品设计和投放程序	
2. 防止过度负债（很少的文字修改）	1. 避免过度负债 最初产品设计和过度负债是放在一起的。现在被分开以保证各自的独立性，使得能既重视产品设计有重视过度负债。
3. 透明度	2. 透明和负责任的定价 分开以强调透明交流作为一项主要原则，同时也强调负责任定价的重要性
4. 负责任地定价	
5. 尊重客户，公正地对待客户 收款方式和有道德行为分开	3. 恰当的收款方式
	4. 员工的道德行为 强调公平对待和尊重客户
6. 客户资料保密	5. 投诉解决机制
7. 投诉解决机制 最后两条的顺序做了调整	6. 客户资料保密

（三）客户保护的现状及展望

SMART CAMPAIGN 目前的重点是将这些客户保护原则转换为行动。为此，该机构收集了不同供应商的良好做法的实例，开发了培训和网络工具，提供详细的指南，按照不同的原则和金融服务的类别分类，协助零售机构评估其目前的产品特点、程序和政策规定是否充分。它还为第三方评估者（包括评级机构）、网络和协会提供了其他的工具。截至 2011 年 9 月，经过 SMART CAMPAIGN 认证的咨询人员已经对 23 家微型金融机构进行了深入的评估。由于与 30 个国家和区域性的微型金融协会签订了谅解备忘录，像巴基斯坦微型金融协会（PMN）这样的组织就能够帮助其成员加强客户保护工作。

客户保护的意识逐渐增强，客户保护运动也将在更大范围内得以开展。随着客户保护原则的不断宣传推广，越来越多的微型金融机构的客户保护意识逐渐增强。目前，向 MIX 提交报告的微型金融机构中，大约有三分之二的机构在客户保护方面采取了措施，有 40% 多的机构在改进贷款回收做法、处理投诉、客户资料保密和员工的职业行为方面采取了措施。据不完全统计，完全采用了所有七项原则的机构只有 15%，接受沛丰评级公司对其进行社会评级的微型金融机构中有 70% 正在实施这些原则，其中 50% 还需要改进，做得比较好的只占 20%。为了更好地推动客户保护运动，将原则转换为标准和基准，还有很多事情要做，其中重要的环节是找到可靠的方法对绩效进行验证。SMART CAMPAIGN 组织了微型金融专业评级机构和社会审计机构就如何将客户保护与现有的工具相结合进行交流，并在开发一个单一的工具对微型金融机构遵守客户保护核心原则的情况进行认证。有理由认为，在众多机构和组织积极参与下，客户保护运动会不断深入，微型金融机构的社会绩效管理也将取得卓有成效的成绩。

附表 8－1　　MIX 社会绩效指标体系及简要说明

机构目的	1. 机构宗旨、定位市场和社会目标。 2. 治理结构：理事会成员构成及其在社会绩效方面的知识和承诺。
战略与政策制度	3. 产品和服务的范围：金融和非金融的产品和服务。 4. 社会绩效培训：员工接受社会绩效管理培训的情况。 5. 员工绩效考核和激励：与实现社会绩效目标相关的员工激励制度。 6. 对客户的市场调研：对客户进行市场研究的方法和频率。 7. 衡量客户保留率：反映客户的满意度。 8. 贫困评估：跟踪客户脱贫的进程。
政策与执行	9. 对客户的社会责任。 10. 为客户服务成本的透明度。 11. 对员工的社会责任。 12. 对社区的社会责任。 13. 对环境的社会责任。
产出：社会目标成果	14. 地理覆盖面。 15. 妇女覆盖面。服务的妇女客户数（存贷）。 16. 客户覆盖面。为目标市场提供服务的能力。 17. 非金融服务的覆盖面。 18. 就业促进。 19. 儿童上学率。 20. 刚加入机构的贫困及非常贫困的客户数量。 21. 加入机构 3 年或 5 年后仍处于贫困状态的客户数量。 22. 加入机构 3 年或 5 年后脱贫的客户数量。

附表 8－2　SPTF 关于社会绩效管理的通用标准（草案－2011 年）

	SPTF 建议采用的社会绩效通用标准：组成通用标准的单项标准。	目标： 描述金融服务供应商需要符合特定标准的原因。	指导方针/基准： 衡量金融服务供应商既定标准完成情况的一些具体特征/指标，这些建议仍有待 SPTF 及其成员进行审查。
第一部分：社会目标和目标客户			
1a	机构有明确的社会使命，清晰的社会目标，以及目标客户。	客户目标和社会目标是社会绩效的核心。有清晰目标的微小融资机构更有可能采取审慎的战略措施达到目标。确定客户目标是提供满足客户需求的产品和服务的本质要求。	* 所有的董事会成员，管理人员和职员了解并理解社会使命、社会目的和目标客户。这些可以通过情况介绍、培训、会议日程项目或者与董事会及员工的交流获得。
1b	机构拥有一套现行的制度，用以监控社会目标的实施状况（具体的社会目标详见第六部分）。	机构必须了解是否实现了其阐述的社会目标以及实现的途径，仅仅依靠传闻性质的证据还不够充分。收集到的数据需要用来适时调整社会目标和社会绩效体系。没有这些数据，机构就不可能平衡社会目标和财务目标。	* 机构对照社会目标，使用一些指标来衡量绩效。 * 机构设立可衡量的目标，在管理层和董事会议上定期检验目标实现的进度。 * 机构将社会绩效指标纳入信息管理内部体系中（比如管理信息系统）。
第二部分：基于社会目标的公司治理和员工承诺			
2a	董事会成员致力于实现机构的社会目标。	所有的董事会成员都应致力于机构的社会目标的实现。董事会的组成成员应平衡好机构的社会目标和财务目标。机构应积极聘用那些能够提供多样化观点董事会成员。	* 当董事会成员加入董事会时，向其解释并由其签署承诺书及使命宣言。 * 当董事会成员加入董事会时，向每一位成员发放一份社会绩效情况介绍。 * 社会绩效作为董事会绩效评估和管理层绩效评估的一部分。 * 投资者的董事会成员承诺提供“耐心资本”。 * 合理的董事会结构——平衡董事会成员的专业结构，包括个人承担的社会绩效。 * 董事会拥有“社会绩效倡导组”或“社会绩效委员会”，他们持续关注社会绩效信息。 * 董事会成员定期与客户接触。 * 董事会代表客户权益。
2b	董事会成员通过正式监控机制来管理机构的社会绩效。	在制定机构战略时，董事会应将机构的社会绩效考虑在内。为此，董事会必须理解并监控机构完成社会目标的进度。	* 董事会拥有一套审查机构社会绩效的正式体系，包括使命完成状况、绩效结果、人力资源政策、利益分配。这套体系与机构的社会目标相关。 * 每次董事会成员见面时都需审查社会绩效信息。

续表

2c	董事会高级管理层的薪酬机制应平衡好保证金，合理补偿金与机构社会绩效目标的关系。	董事会应将高级管理层的薪酬制定在一个合理的水平。透明的薪酬体制能使机构外的利益相关者对薪酬体制是否符合道德标准作出评判。	* 机构设立薪酬委员会，设定高级管理层的工资水平。 * 机构应公开发布高级管理层的薪酬制度（包括奖金、非标效益以及股份认购权，在某些情况下，为安全起见，信息不公开）。 * 机构为私人银行同行业水平提供标准数据。首席执行官的工资水平不应高于中等规模银行机构的平均水平。
2d	将社会绩效信息纳入日常管理报告和战略计划中。	在制定决策和评估机构的发展进程时，应将机构的现行社会绩效水平纳入考虑范畴。为此，管理层必须询问和获取审查机构的常规社会绩效报告。	* 管理层需要从特定的员工/部门获取具体的社会绩效信息。 * 社会绩效信息应定期获取，并由管理层审查，以便其制定战略，作出决策。
2e	所有员工都理解其在机构社会目标的实现中应当发挥的作用。	员工应理解个人工作如何帮助机构完成社会使命，明白如何监控机构社会使命的完成进度及实现状况。社会绩效的监控工作应被看作正常工作流程的一部分而非“特殊工作”。	* 所有员工，无论职位高低，都应在入职时接受机构关于社会目标的培训，并在之后的工作中继续接受培训。 * 正式的工作描述和员工的职业培训中都应包含社会绩效监控。
2f	对所有员工的与社会绩效相关的工作进行评估。	员工应高度重视良好的客户服务，赢得机构的目标客户，具有出众的客户维系能力和准确收集客户信息的能力。激励机制将影响员工对工作的重视情况，履行职责状况以及与客户接洽的状况。	* 员工的绩效评估包括与社会绩效相关的工作职责的评估。 * 对于工作职责描述中包含有社会绩效监控的员工来说，对该员工工作绩效的考核也应包括社会绩效监控职责。 * 机构的激励机制包含与机构的社会目标相关的激励标准（使用员工激励机制的情况下）。 * 一定比例以上的用于评判员工绩效的激励标准是建立在机构的社会目标之上的。激励标准包括：从目标市场吸引新客户的能力；将服务范围扩大到偏远/贫困地区；将服务范围扩展到女性群体；正式的客户反馈机制反映出的与客户接洽的水平；客户维持/客户流失比率；综合素质；其他与机构社会使命相关的因素。
第三部分：客户权益保护			
3.	金融机构必须遵守由 SMART CAMPAIGN 运动所设立的客户保护准则的最低标准保护客户的权益。	金融产品与服务不得损害客户利益，所有的金融服务提供商都应坚持维护客户权益的最低标准。	

续表

3a	适当的产品设计和产品交付。	产品和服务提供商应足够关注产品设计和交付渠道，以免损害客户权益。	
3b	防止过度负债。	金融服务提供者应审慎确立借款人的还款和偿付能力。借款人在不牺牲正常生活质量的前提下有能力偿付债务开支。	
3c	透明度。	金融服务提供者必须使用客户可理解的语言和行为方式与客户进行清晰的交流和提供足够与及时的信息以帮助客户作出明智的决定。产品的定价、期限和条款的透明度尤为重要。	
3d	合理定价。	产品和服务的价格必须是客户负担得起的，同时又能够保证金融机构可持续发展。微型金融机构需努力获得良好的实际存款回报率。	
3e	员工的道德行为。	金融服务供应商及其代理机构将做到公平对待、尊重客户，不歧视客户。供应商将充分保证严格监测并纠正自身腐败行为以及员工或代理机构侵犯或侮辱客户的行为，特别是他们在贷款销售及追收过程中的行为。	
3f	客户信息的隐私性	每位客户的数据隐私权将依照有关个人权限的法律法规得到充分保护。所有数据，除非获得客户特别许可，仅限用于信息录入时所规定的或者符合法律规定的用途。	
3g	投诉解决机制	金融服务供应商将为客户建立及时、灵敏的响应机制，以解决客户的各种投诉及问题，此外，供应商还将利用这些机制来改善自己的产品和服务。	
第四部分：满足客户需求的产品和服务			
4a	金融机构要根据目标客户的需求和条件为其提供产品和服务。	设计并提供以客户为中心的产品和服务要求金融机构必须通过定期客户调研、收集客户反馈、分析客户绩效等方式来了解客户需求。	* 定期的市场调研应包括多项社会绩效目标，例如避免过度负债、提升客户满意度及目标客户覆盖面等。 * 产品及服务的设计和制定特点应反映出针对客户需求的市场调研或市场资讯。 * 金融机构应根据贷款客户的业务及生活需求提供灵活的还款方式。 * 金融机构应根据自身条件以及合理的财务绩效要求，提供各种产品/服务（可能包括非金融服务）。
4b	金融机构要定期调研现有客户并统计客户保留率。	客户保留率可以作为统计社会绩效的一个重要指标，特别是它可以反映客户服务及产品是否符合客户需求。若能辅之以退出客户访谈，客户保留率就能发挥其最大效用，因为这种访谈可以帮助机构查出导致客户退出的原因所在。	* 金融机构应收集客户保留率的数据并利用这一数据指导决策制定，且在适当条件下利用该数据评估客户变动情况。 * 金融机构至少应按季度来统计客户保留率。 * 客户保留率应高于该评估时段（变量最小化时的）平均值。 * 金融机构应重视手机客户退出的调研信息。 * 应为不同的产品和服务制定各项指标（保留率各不相同，比如存款额比贷款额）。
4c	金融机构要定期收集客户满意度反馈，并通过这一数据来了解客户对各产品、服务及员工的评价。	除市场调研外，客户满意度专项监测对于了解金融机构以可靠、便捷的方式为客户提供优质产品及服务的能力也至关重要。	* 金融机构至少应在以下几个方面调研客户：产品及服务制定可靠度，服务使用便捷度，产品可购性，术语及条件理解程度以及售后服务等。 * 坚持数据保密并应鼓励客户给出负面反馈。

续表

第五部分：对员工的社会责任			
5a	金融机构人力资源政策要透明并保护员工权益	人力资源政策是保障员工得到公平对待的重要途径。除使员工获得尊重外，保护员工权益的人力资源政策还能对员工对待客户的态度产生积极影响。受到尊重的员工更有可能尊重客户。	* 所有员工均应了解正式的人力资源政策，包括正式的岗位描述。 * 员工薪酬、福利及工作场所待遇（包括严禁歧视和骚扰）至少应符合当地法律规定。 * 金融机构人力资源政策应正式并透明地说明以下情况： 员工薪酬幅度、福利、机构如何在工作场所保护员工（至少应包括人身安全及反骚扰等）；机构的平等政策（至少包括反歧视、同等技术水平下男女同酬等）；以及其他当地法律规定。 * 薪酬应接近当地同行业标准且工资标准应高于当地最低收入职员。
5b	金融机构要定期评估员工各方面需求及满意度。	即使已经制定了完善的人力资源政策，金融机构仍应监测员工满意度以便了解员工的各种关切和需求。	* 金融机构应持续不间断或至少每年收集一次员工满意度。 * 金融机构应为员工建立一种随时投诉机制。 * 满意度调查过程中应尊重员工隐私权，不应使员工因投诉不满或提供负面反馈信息而受到任何惩戒。 * 每年的员工流动率应保持或低于某一特定水平。
第六部分：对客户的监测			
若金融机构设定了以下一个或多个清晰的社会目标，那么它就须设立各种机制以监测这些目标的实现情况。		金融机构必须了解他们能否及如何实现其既定目标，但仅凭一些未经验证的评估是不够的。须通过数据收集来完善各种机制从而实现这些社会目标。	* 金融机构可为实现其最终社会目标设定清晰的长短期目标，并通过各项指标来评估这些目标的实现程度。 * 收集的数据可存储于金融机构并实行内部通报。 * 可利用这些数据来评估对既定目标的实际实现程度。 * 管理层可对这一信息进行评审以更好地制定战略、决策。 * 金融机构应向小额信贷信息交流中心（MIX）报告其所追求的社会目标及所取得的成果。
贫困人口覆盖度（引入客户的贫困状况）。			
贫困状况缓解率（改变客户贫困状况）。			
性别覆盖度。			
妇女权益/性别平等度。			
就业机会创造水平。			
农村覆盖度。			
新创企业的发展情况。			
现有业务增长率。			
其他社会目标（例如，年轻人覆盖度、本土居民覆盖度、残疾人涵盖度）。			

续表

第七部分：合理的财务绩效：同类群体划分细则——国家、贷款年限、规模等			
7a	金融机构要追求一种保证覆盖面提升的前提下尽可能降低成本的经营效率，但不能以牺牲服务质量、严格的借贷程序、负责的员工薪酬为代价。	经营效率本身并非（金融机构的）最终目标，而应视之为一种通过共享效率提升为客户创造更多价值的途径。金融机构不应以牺牲全面的员工培训和薪酬体系以及服务质量为代价来追求效率的提升。	* 必须将薪酬及生活成本的差异视为经营成本的一个主要构成部分。国际社会关于同行业平均工资水平的不同标准可以协助分析不同国家经营效率水平的差别。 * 必须将贷款额度、贷款年限、贷款规模等方面的差异视为经营成本的主要构成部分。忽略这些差异而制定的单一标准将会对年轻、小规模的微型金融机构及发放小数额贷款的微型金融机构产生不利影响，并将刺激金融机构为提高经营效率向高收入客户群转移。 * 必须意识到未知因素的存在。其他潜在的相关变量目前可能尚未确定，包括其他金融类和非金融类服务所带来的影响等。
7b	金融机构要追求可持续的增长速度，不得让客户承担风险。	盲目的高速增长会导致客户过度负债、其他机构挖角、草率放贷、客户失去信任等问题。	* 不能孤立看待微型金融机构的增长率：单个微型金融机构的增长率本身并不足以说明问题，除非是非常高的增长率，应全面了解整个行业（的发展）。 * 必须观察业务的具体增长点：集约型增长。例如，扩大同一增长点的客户群而非开拓新市场，这更有利于发现资产组合质量问题。 * 必须将整个市场作为一个整体：当某些市场饱和时，所有市场参与者，即使是增长率较低的机构面临的风险都会加大。而与此同时，处于非饱和市场上高速增长的微型金融机构就有可能灵活覆盖到新的客户群。
7c	金融机构要达到一种收益平衡以实现在不剥削客户的前提下维持可持续增长。	金融机构必须平衡追求利润与杜绝超标收费、投资部分利润到产品及服务改善、增长融资及提升员工受益，同时在条件允许的情况下为客户降低利率等要求之间的矛盾。	* 必须对利润驱动因素进行监测以使之处于机构可控范围内。无论利润高或低，都是由一些与社会绩效直接相关的因素推动的（比如定价和薪酬水平等）。要实现社会绩效与财务绩效的均衡发展。 * 金融机构董事会必须对利润水平和分配作出妥当安排。 * 金融机构管理层和董事会应定期评估利润水平和利润分配。

第9章

微型金融的监管

监管是一个永恒的话题，凡是涉及金融体制的活动，金融与监管必然是在一起的。监管就是监督和管理。在微型金融领域，目前针对微型金融的监管还很少，还没有一个固定的监管模式。尽管包括世界银行、国际组织在内的机构对微型金融的监管各方面都有很多的讨论，但是到底对微型金融怎么监管到现在没有一个统一的、规范性的定论。本章主要介绍三部分的内容。第一部分将介绍银行监管的基本原理。微型金融属于金融领域，金融领域对银行监管的一些基本的经验和原理也适用于微型金融。但是，微型金融因其有不同于传统商业银行之处，国内外专家学者们又有针对性地总结出一些新的规律和规则，这将在第二部分国际微型金融监管的基本原理中介绍。第三部分介绍我国微型金融监管的基本情况。

9.1 银行监管的基本原理

“金融监管”这个概念直到1994年墨西哥金融危机才引起各方重视。在中国，1995年之前的文件中根本没有“金融监管”这个词，我们叫“金融管理”。追溯历史，1929—1933年的美国金融危机及30年代金本位制的普遍崩溃和二战后布雷顿森林体系的确立，使得20世纪初至60年代甚至70年代期间，银行业从自由进入了全面管制时期；从70年代末80年代初开始，西方主要国家竞相进行了金融改革，放松金融管制；1994年到1995年墨西哥金融危机的爆发使世界各国意识到应该对银行进行监管；紧接着1997年的亚洲金融危机使“金融监管”概念真正被提出来，各国意识到应该进行金融监管改革。国际上金融监管走在前面的是英国，1998年英国把金融监管的职能专门列出来成立了金融服务局，这拉开了全球金融监管的序幕。

9.1.1　银行监管的目标和原则

（一）银行监管目标

进入21世纪以后，“金融监管”的概念显得愈发重要，积极活跃在人们的视野。然而，事实上，各国尽管加强了金融管理，2008年的全球金融危机仍然没有避免，这就指向了一个本质的问题：既然要做好银行监管，那么银行监管的目标是什么？为什么要做金融监管？

银行监管的目标一般包括：（1）保护存款人和金融消费者利益；（2）维护金融体系安全和稳定，增强市场信心。

2006年修订的《中华人民共和国银行业监督管理法》明确我国银行业监管目标是：促进银行业合法、稳健运行，维护公众对银行业的信心，同时保证银行业公平竞争，提高银行业竞争能力。

金融业的链条和一般工商企业的链条是有差异的。一般的工商企业，如果出现了一个问题，很可能只是链条里面某一环出了问题，它的影响是单个的。而我们称金融业为血液，如果金融业出现了问题就会是比较大的，就是整个链条的问题。我们国家从1998年进行金融监管的时候，有很多人不理解为什么要进行监管，认为一个银行倒闭了也没有什么关系。事实上，银行危机无论是一家大银行还是众多的银行破产都会导致货币供应的突然紧缩、支付系统的失灵、经济严重脱节等问题，甚至可能波及国家的经济基础。任何银行的破产，不论其规模多小，其不良影响会蔓延并导致人们对银行体系丧失信心，甚至引发政治危机，除非政府能证明它能有条不紊地处理银行倒闭。所以，金融监管的本质目标就是为了保持金融业的稳定发展。

（二）银行监管原则

如何监管才能实现稳定，这涉及银行监管的两个原则：审慎性监管原则和有效银行监管的核心原则。

审慎性监管以风险为本为特征，是基于1979年美国监管当局提出的CAMEL评级体系［后来发展为CAMELs体系，包括资本充足性（Capital Adequacy）、资产质量（Assets Quality）、管理（Management）、盈利性（Earnings）、流动性（Liquidity）、市场风险敏感度（Sensitivity to Market Risk）六个要素］发展而来的监管和检查方法。监管机构通过非现场监管对银行各业务线风险水平、风险演化方向和风险管理能力进行评估，并依据风险特征有计划性投放监管资源，最后通过现场检查得出 CAMELs 评级结果，并对被监管银行实施监管处置纠正措施，按照评级标准，对银行经营管理状况进行系统、全面、持续的评价。

在介绍有效银行监管的核心原则之前，首先要介绍一个重要的机构：巴塞尔银行监管委员会（简称巴尔塞委员会）。巴塞尔委员会是国际清算银行（BIS）的巴塞尔银行业条例和监督委员会的常设委员会，1974 年由十国集团中央银行行长倡议建立的，其成员包括十国集团中央银行和银行监管部门的代表。自成立以来，巴塞尔委员会制定了一系列重要的银行监管规定，如 1983 年的《银行国外机构的监管原则》（又称巴塞尔协定，Basel Concordat）和 1988 年的《巴塞尔资本协议》（Basel Accord）。这些规定不具法律约束力，但十国集团监管部门一致同意在规定时间内在十国集团实施。经过一段时间的检验，鉴于其合理性、科学性和可操作性，许多非十国集团监管部门也自愿地遵守了巴塞尔协定和资本协议，特别是那些国际金融参与度高的国家。虽然巴塞尔委员会不是严格意义上的银行监管国际组织，但事实上已成为银行监管国际标准的制定者。

巴塞尔委员会 1997 年 9 月发布并于 2006 年 10 月修订的《有效银行监管的核心原则》，以及 1988 年《巴塞尔资本协议》（即《巴塞尔协议Ⅰ》）、2006 年《巴塞尔新资本协议》（即《巴塞尔协议Ⅱ》）等构成现代银行监管的基本原则和国际合作基础。其中，《巴塞尔资本协议》提出 1992 年底开始实施 8% 的最低资本要求框架，并被各成员国广泛采用，这意味着银行从资本负债管理时代向风险管理时代过渡。《巴塞尔新资本协议》中明确提出，资本要求、监督检查和市场约束是促进金融体系安全和稳健的三大支柱。《有效银行监管的核心原则》规定了有效监管体系的 25 条原则，这些原则总体上包括七个方面内容：目标、独立性、权力、透明度和合作（原则 1），许可的业务范围（原则 2 至原则 5），审慎监管规章制度（原则 6 至原则 18），持续监管的各种方法（原则 19 至原则 21），会计处理与信息披露（原则 22），监管当局的纠正及整改权力（原则 23），并表及跨境监管（原则 24 至原则 25）。这些核心原则是良好监管实践的最低标准，适用于世界各国。

自巴塞尔委员会 2007 年颁布和修订一系列监管规则后，2010 年 9 月 12 日，由 27 个国家中央银行和银行业监管部门高级代表组成的巴塞尔银行监管委员会就《巴塞尔协议Ⅲ》的内容达成一致，全球银行业正式步入“巴塞尔协议Ⅲ时代”。《巴塞尔协议Ⅲ》的主要内容包括：

(1) 提高资本充足率要求。《巴塞尔协议Ⅲ》对于核心一级资本充足率、一级资本充足率的最低要求有所提高，引入了资本留存缓冲，提升银行吸收经济衰退时期损失的能力，建立与信贷过快增长挂钩的反周期超额资本区间，对大型银行提出附加资本要求，降低“大而不能倒”带来的道德风险。

(2) 严格资本扣除限制。对于少数股权、商誉、递延税资产、金融机构普通股的非并表投资、债务工具和其他投资性资产的未实现收益、拨备额与预期亏损之差、固定收益养老基金资产和负债等计入资本的要求有所改变。

(3) 扩大风险资产覆盖范围。提高“再资产证券化风险暴露”的资本要求、增加压力状态下的风险价值、提高交易业务的资本要求、提高场外衍生品交易（OTC Derivatives）和证券融资业务（SFTs）的交易对手信用风险（CCR）的资本要求等。

(4) 引入杠杆率。为弥补资本充足率要求下无法反映表内外总资产的扩张情况的不足，减少对资产通过加权系数转换后计算资本要求所带来的漏洞，推出了杠杆率，并逐步将其纳入第一支柱。

(5) 加强流动性管理。降低银行体系的流动性风险，引入了流动性监管指标，包括流动性覆盖率和净稳定资产比率。同时，巴塞尔委员会提出了其他辅助监测工具，包括合同期限错配、融资集中度、可用的无变现障碍资产和与市场有关的监测工具等。

9.1.2　银行监管指标体系

银行监管指标设计以风险监管为核心，以法人机构为主体，兼顾分支机构，形成分类、分级监测体系，并应具有准确性、可比性、及时性、持续性、法人并表和保密性原则。中国银监会《商业银行风险监管核心指标（试行）》规定，风险监管核心指标包括风险水平、风险迁徙和风险抵补三类。

(一) 风险水平

风险水平指标衡量商业银行主要风险种类的严重程度，是一系列静止性指标，具体包括：

(1) 流动性风险指标：流动性比例、超额备付金比率、核心负债比率、流动性缺口率；经调整资产流动性比例、存贷款比例、最大十户存款比例；营运资金作为生息资产的比例、境内外汇存款与外汇总资产比例。

(2) 信用风险指标：不良资产率和不良贷款率、预期损失率、单一客户授信集中度、贷款损失准备金率、不良贷款拨备覆盖率。

（3）操作风险指标：操作风险损失率。

（4）市场风险指标：累计外汇敞口头寸比率、市值敏感性比率。

（二）风险迁徙

风险迁徙指标衡量商业银行各类资产持续恶化的速度和程度，也就是指银行风险的协同效应和传染效应。风险迁徙指标表示为资产质量从前期到本期变化的比率，属于动态指标。具体包括：

（1）正常类贷款迁徙率；

（2）关注类贷款迁徙率；

（3）次级贷款迁徙率；

（4）可疑贷款迁徙率。

（三）风险抵补

风险抵补指标衡量商业银行以资本和盈利弥补风险的能力，具体包括：

（1）盈利能力指标：资本金收益率、资产收益率、净资产收益率、净利息收入率、非利息收入率；

（2）准备金充足程度指标：信贷资产准备充足率、非信贷资产准备充足率；

（3）资本充足程度指标：核心资本充足率、资本充足率。

9.1.3 银行监管方法

商业银行实施监管政策并实现监管目标的方法包括资本监管、市场准入、风险评级和监督检查四个方面。

（一）资本监管

资本监管是审慎银行监管的核心，它是建立在审慎贷款风险分类、充分计提各类资产损失准备基础上的资本充足率指标，是衡量银行综合经营实力和风险抵补能力的核心指标。资本充足率监管贯穿于银行设立、持续经营和市场退出全过程。统一的最低资本要求，有助于维护银行业公平竞争环境，抑制银行“速度情节”和“规模冲动”。

中国银监会2004年公布的《商业银行资本充足率管理办法》，参考1988年《巴塞尔资本协议》确定了资本充足率计算方法，并借鉴《巴塞尔新资本协议》的“三大支柱”构建符合我国实际的资本监管框架。按照该办法，银行监管中的最低资本要求是：资本充足率≥8%，同时，核心资本充足率≥4%。其中，核心资本包括实收资本（普通股或股本）、资本公积、盈余公积、未分配利润和少数股权；附属资本包括重估储备、一般准备（按全部贷款余额一定比例计提的用于弥补尚未识别的可能性损失的准备)、可转换债券、长期次级债务。

在巴塞尔委员会就《巴塞尔协议Ⅲ》达成一致从而全球银行监管进入“巴塞尔协议Ⅲ时代”的背景下，中国银监会于2011年发布《中国银行业实施新监管标准的指导意见》，强化了贷款损失准备监管和资本充足率监管，并改进了流动性风险监管。

（二）市场准入

市场准入是监管部门采取行政许可手段审查、批准市场主体可以进入某一领域并从事相关活动的机制。商业银行市场准入包括机构准入（法人及其分支机构）、业务准入和高级管理人员准入。

（三）风险评级

监管评级是监管机构依据非现场监管和现场检查情况，针对商业银行风险水平和风险管理有效性，按照CAMELs评级体系给出的评级得分。

CAMELs评级是国际通用的、系统评价银行机构整体财务实力和经营管理状况的一个方法体系。CAMELs评级结果从1至5，数字越大表明评级越差和监管关注程度越高。

（四）监督检查

监督检查是指监管部门通过非现场监管和现场检查，实现对银行风险的及时预警、识别和评估，并针对不同风险程度的银行机构，建立风险纠正和处置安排，确保银行风险得以有效控制和处置的过程。监督检查包括非现场监管、现场检查和风险处置纠正三个方面。

1. 非现场监管

非现场监管是非现场监管人员按照风险为本的监管理念，全面持续地收集、监测和分析被监管机构的风险信息，针对被监管机构的主要风险隐患制定监管计划，并结合被监管机构风险水平和对金融体系稳定影响程度，合理配置监管资源，并实施一系列分类监管措施的周而复始的过程。

2. 现场监管

现场监管是监管机构派出监管人员到被监管金融机构进行实地检查，通过查阅金融机构账表、文件等各种资料和座谈询问等方法，对金融机构经营管理情况进行分析、检查、评价和处理，督促金融机构合法稳健经营，提高经营管理水平，维护金融机构和金融体系安全的一种检查方式。

3. 风险处置纠正

风险处置纠正是监管部门针对银行机构存在的不同风险和风险严重程度，及时采取相应措施加以处置的行为，包括三类情况：

（1）风险纠正：主要针对正常类和关注类机构实施，包括建议性或参考性措施和具有强制性或监控性措施。

（2）风险救助：针对问题银行机构采取的措施，主要包括调整决策层和管理层、实施资产和债务重组、外部注资、变现资产、股东增资、冻结大额开支和股息红利分配、停止部分业务以及实施兼并重组等。

（3）强制市场退出：监管机构对出现严重风险并难以挽救的金融机构采取的处置措施，包括勒令停办业务、吊销营业许可证、取消银行资格等。

9.2 国际微型金融监管的基本原理

9.2.1 微型金融与传统银行的风险比较

（1）从负债业务范围看，微型金融机构可分为两类：存款类微型金融机构（像普通银行一样，这些机构除吸收来自会员的强制储蓄外，还吸收普通公众存款）和非存款类微型金融机构（这些机构不吸收存款或仅吸收少量会员储蓄，不吸收公众存款）。一般而言，对存款类微型金融机构可以实施类似银行那样的监管制度，而对非吸收存款类机构实施更加宽松的监管方案。

（2）从风险缓解方式看，微型金融具有不同于传统银行业务的担保方式。经典意义上的微型金融常常没有正式的担保（抵押、质押和保证），而是以其他创新方式（联保贷款、动态激励、分期还款等）作为替代性担保方式，因而其信贷资产具有特殊属性，在监管方面应予以特别关注。

（3）由于具有较小规模或特殊社会使命，微型金融机构的贷款在地域和部门分布上往往比较集中，其信贷资产组合面临较大的“协变风险”。如对于以农业贷款为主的微型金融机构而言，一旦所在地区发生较大的自然灾害，大量客户可能同时发生违约，这可能导致微型金融机构破产。

（4）国际上有许多非政府组织性质的微型金融机构，它们凭借捐助资金建立，机构的经营者和控制者并非最终产权的所有人，机构存在“所有者缺位”的问题，这可能导致管理层面的低效率和经营者的道德风险行为。这在监管政策的某些方面也必须加以考虑。

基于国际微型金融发展的实际情况，部分国际机构和微型金融专家已就微型金融监管问题提出许多建议，其中有代表性的是扶贫协商小组（Consultative Group to Assist the Poor，CGAP）2002年9月通过的《微型金融监管指导原则》，该文献阐述了分别适用于不同类型微型金融机构的非审慎监管和审慎性监管的各个方面。

9.2.2　微型金融的监管动机

在许多国家，微型金融首先是由非政府组织（NGO）开始开办的，一般没有合法的章程批准它们从事金融中介活动。随着微型金融的发展，各国相继开始探讨微型金融的监管问题，许多国家的政府、捐助者和执业者开始考虑是否和如何为微型金融建立新的法律框架。他们探讨微型金融的监管问题大多出于以下动机：

（1）从资金本身的角度看，从事微型金融的非政府组织为了能够从公众吸储，或者从捐助者、政府那里得到融资，它们往往希望获得政府的许可，这样它们就要受到监管。

（2）微型金融机构，尤其是非政府组织，相信政府监管将有助于推动它们的业务发展，并提高操作水平。

（3）捐助者和政府认为为微型金融建立一个特别的管理窗口将催生大量的可持续的微型金融机构。

（4）许多微型金融机构收取高得惊人的利率，政府可能会认为这种利率具有剥削性并且想保护弱小的借款人免受剥削。

（5）地方政府有时对许多微型金融机构的问题感到头痛，并对资助它们的捐助者正在进行的协调工作不太认同。他们希望有人能参与进来，整顿国内妨碍微型金融发展的环境。

（6）有些国家根本没有以社会发展为目标的组织合法地向穷人提供贷款所需的法律框架。除非建立这样的法律框架，否则有些贷款在法律意义上是收不回来的，甚至微型金融提供者还有受到起诉的危险。

正是鉴于以上原因和动机，微型金融机构的监管问题才被广泛地被讨论和研究。但是对微型金融监管的试验时间太短，以至于无法更多地依靠历史数据来提供指导，各国在对微型金融的监管问题上只能尝试性地进行解决。

9.2.3　微型金融的监管目标

微型金融机构的监管一般区分为审慎监管和非审慎监管，在有关微型金融监管的讨论中，针对存款类微型金融机构和非存款类微型金融机构的不同特征，必须注意区分审慎性监管和非审慎监管。

（一）审慎性监管的基本概念

审慎监管就是政府对被监管机构的金融稳定性进行的监管，此类管理的目的在于确保被授权机构保持偿付能力，或在其无力偿还债务时中止其储蓄业务。审慎性监管适用于存款类微型金融机构，旨在保护整个金融体系和小储户的安全，由专门的金融行政部门执行的监督管理工作。银行体系存在脆弱性，一个机构的风险（暴露）可能引致公众信心危机，这将进一步导致其他机构的风险（暴露），从而酿成金融体系的系统性风险（暴露），比如规模较大的银行倒闭就有可能导致银行体系的系统性风险。

国际公认的审慎监管的目标包括：

（1）防止因一个机构的失败而引起其他机构的失败，以保护国家的金融系统；

（2）保护小储户，因为小储户自身不具备有效监督该机构金融健全性的能力。

（二）非审慎监管的基本概念

非审慎监管则意味着金融监管当局没有保障被监管机构稳定发展的认可和责任，而只是提供指导原则以及不涉及金融监管当局绝对保障力的指引性标准。非审慎监管适用于非存款类微型金融机构，因为对于非存款类微型金融机构而言，没有需要保护的小额存款人。非审慎监管的目标是确保微型金融作为一种普通商业活动能够以互惠原则合法进行。

微型金融非谨慎监管涉及的问题范围很广，包括授权建立和运行小额贷款机构、消费者保护、防止欺诈和金融犯罪、建立信用信息服务、支持有安全保障的交易、制定与利率相关的政策、确定税收和会计等多方面问题。

（三）审慎性监管和非审慎监管的关系

（1）审慎性监管通常比大多数非审慎监管更复杂、更困难，并需要花费更多的监管资源。审慎监管通常需要专门的监管机构来执行，而非审慎监管大都具备自主实施特征。

（2）如果监管目标是非审慎的，那么应避免使用审慎性监管规则。也就是说如果目的不是为了保护储户安全或金融行业整体稳定，那么不必让审慎性监管部门来承担有关监管工作。非审慎监管只需放在一般商业法规下进行并由执行这些法规的政府部门来管理即可。

（3）审慎性监管和非审慎监管并不总是可以明确区分的，有的监管规则既有助于实现审慎性目标，也有助于实现非审慎性目标。

（四）审慎监管的基本内容

随着对微型金融机构在一些国家被允许吸收公众存款，政府就必须从保护存款人利益的角度出发，逐渐引入和应用审慎性监管的原则和方法。审慎监管的内容可以参照商业银行监管制度来制定，但在一些方面可能需要作出专门的修订。

1. 审慎性监管的基本内容

（1）最小资本要求；

（2）资本充足率；

（3）存款准备金；

（4）内部治理；

（5）贷款合同和相关文件；

（6）机构限制；

（7）担保限制。

2. 风险处置纠正手段的调整

有些银行监管中的风险处置纠正手段在微型金融审慎监管中是不适用的，必须根据微型金融的特征进行调整。

（1）资产组合监督手段

监督银行资产组合的手段，如贷款文件备案，并不适合于微型金融机构。监督者应该根据微型金融机构的贷款制度和历史表现，制定资产组合监督手段，而这就要求监督者具备微型金融营运方面的相关知识。因此，除非监督者受过专门的训练，否则不可能有效地监督微型金融机构。

（2）停止发放贷款的命令

对于有问题的银行，停止发放贷款可以有效地阻止银行进一步承担信贷风险。商业银行贷款都有抵押，而且银行的大多数客户并不期望在它们还款之后自动地继续获得贷款。因此商业银行能够在没有损害其现有贷款能力的前提下，停止贷款。而这并不适用于微型金融机构，获得未来的贷款通常是对小额贷款借款人还款的激励。如果微型金融机构长时间停止发放贷款，客户通常不会还款，这反倒造成微型金融机构更大的坏账率。

（3）资产拍卖或合并

小额信贷是关系型的信贷，即客户与微型金融机构存在紧密的关系。因此资产拍卖或合并也不可取，因为微型金融的资产（主要是针对小额借款人的债权）对于别人来说可能并没有什么太多的价值，出售资产可能会使其资产大幅度贬值。

（4）资本补充

要求陷入困境的微型金融机构补充资本往往行不通，因为微型金融机构补充资本金的努力往往受捐助者态度和投资者资本规模的限制。

3. 审慎性监管的主体

微型金融审慎性监管的主体可以是银行业监管当局，也可以是行业协会等自律性组织，甚至可以委托其他部门监管，这取决于对于不同主体监管成本和效率的衡量。

（五）非审慎监管的基本内容

有的微型金融机构不吸收公共存款，或仅吸收借款人的现金抵押或强制性储蓄，它们可能依赖捐助资金，可能获得商业的或者非商业的融资，也可能从受到审慎监管的商业银行那里获得贷款，在这些情况下，应该对微型金融机构实施非审慎性监管，微型金融机构只需注册即可在业务范围内开展活动。按照国际专家的建议，非审慎性监管涉及的问题包括：

1. 授权建立和运行微型金融机构

微型金融业务准入许可包括三种类型：特许牌照，得到监管当局经营许可的机构可以从事信贷业务；许可证，申请人提交符合监管要求的相关资料，监管当局颁发许可证；备案制，申请人只要提交相关资料即可从事信贷业务。

注册登记和签发贷款业务许可证应该公开进行，登记机关应该明确针对违规行为的纠正准则，也应该确定衡量行业绩效的标准。

2. 保护借款人利益

政府应该明确保护借款人利益的政策，这和发展微型金融的初衷是一致的。首先，应该明确保护借款人免受微型金融机构不当行为的影响，因为这些机构在放贷尤其是收款过程中可能采取不正当手段，如未经审慎评估的随意放款造成借款人负担过重，当机构发现贷款无法收回时，可能采取过激的逼迫手段；其次，应该明确要求微型金融机构向借款人提供有关放款的真实信息，比如，以有效利率衡量的贷款的成本以及有可比性的、透明的信息。

3. 防止欺诈和金融犯罪

主要是防止洗钱行为的发生。微型金融机构适用与传统银行同样的法律，由国家司法机关按照法律程序执法，不一定由金融监管部门执行。

4. 建立公共的信用信息服务

尤其是在微型金融机构之间的竞争已经趋于加剧的国家和地区。

5. 加强相关立法

支持那些可行的而且有一定安全保障的金融交易，比如推进有关动产担保（抵押）的立法行动。

6. 制定与利息相关的政策

即使不能完全放开利率管制，也应该给微型金融机构足够的利率定价空间。

7. 制定便于国际投资的政策

放宽有关NGO活动和商业投资的国际约束。

8. 税收和会计问题

微型金融机构应该有一套标准的会计制度和相应的审计规则，而针对金融交易和金融行为的税收优惠应该依据交易属性而不是根据机构性质来制定。

9. 与机构转型相关的问题

比如原有的NGO向商业组织转型，或者国内微型金融机构转型为国际组织在本国的代理机构，机构转型往往牵涉许多法律问题和管理规则。

9.2.4 微型金融机构监管的原则

对微型金融机构的监管要求和普通商业银行是不同的，这一方面是因为微型金融行业不同于商业银行的业务和风险特征，另一方面是因为这个行业还处于成长之中。综观全球微型金融的发展及各国对微型金融机构的发展模式和监管框架，凡是微型金融发展较好的国家，一般具备比较清晰的监管思路和法律框架，而且在政府的监管框架中，特别强调微型金融机构的灵活性和创新性；凡是微型金融发展不好的国家，一般而言不具备对于微型金融机构的明确的法律框架，微型金融机构受到过多的政府干预和行政性控制，过度的金融抑制措施使得机构的发展空间受到限制。国际微型金融发展的经验表明，微型金融监管框架的设计必须符合以下几个基本原则：

第一，灵活性原则。即监管框架的设计必须适应微型金融机构运行机制的特征（如贷款合约文件简单、信用评估体系简便、金融产品设计灵活），采取比较灵活的更具弹性的措施，而不是比照正式金融机构的运行特征对微型金融行业进行过于僵硬的监管。

第二，激励兼容的原则。即监管框架的设计必须有利于调动机构、投资人、捐赠人和其他批发性贷款者的积极性，激励他们更多地投入到这个“穷人的金融行业”的发展中，而不是通过法律框架遏制这种投入。例如，监管当局应该设法使那些运行良好的微型金融机构最终能够以某种形式获得储蓄资金，或者获得某个批发机构的转贷资金。监管当局的职责是在控制和防范机构个体金融风险和系统性金融风险的同时，必须选择适合的具有“正向激励效果”的发展规则，使得那些经营较好，诚信记录良好的机构可以遵循这一规则，逐步扩大其融资来源。

第三，成本收益原则。即监管框架的设计必须考虑到监管行为和被监管行为本身给监管者和被监管者可能造成的成本以及可能获得的收益。这就意味着，监管框架的设计首先必须考虑到微型金融机构所付出的成本，如各种信息披露文件的整理和报送的成本；其次还要考虑到监管者的监管成本，即监管者对大量的微型金融机构必须付出很多的人力、物力和财力。经验表明，在一些国家，对于那些资金规模可能只占很小比例，但数量众多而规模很小的金融机构，政府可能要花费它们监管资源的25%到50%。监管成本高昂可能导致对这些小机构监管不力。如果监管框架的设计过于繁琐，既超过了被监管者的承受能力，也超过了监管者的监管能力，那么这样的监管框架或者形同虚设，或者最终归于失败。

第四，适应性原则。即监管框架的设计必须与现有各类微型金融机构的实际性质和类别相适应。现有的机构，种类繁多，经营方式和资金来源都有很大的区别，因此必须针对不同的机构进行不同的监管，其监管模式和监管内容都应该有所区别。

第五，基于风险的自我监管原则。即必须在监管框架中更多地鼓励微型金融机构自我监管，使其有动力在内部风险管理的基础上进行自我监督，有效进行预防性内部监管。

第六，行业自律原则。在控制监管成本的考虑下，应尽量鼓励行业性的自律组织的建立，利用这些行业自律组织对微型金融机构进行信用评级、资产评级、业务监管和信息披露。行业自律对于非正式的非银行类机构极为有效。

9.2.5 微型金融机构监管的分层次监管实践

对微型金融机构实施有效的监管有利其健康发展。理论上，可以存在三种框架，即银行法框架下的监管、特定微型金融法律框架下的监管以及自我监管三种。

在银行法框架下进行监管是建立在微型金融机构从事的是银行业务的前提下，即微型金融机构也是在吸收个人存款并发放贷款，所以应该将其纳入现有的银行监管体系中来。这种监管方式既包括现场监管，也包括日常监管。通常由政府的专业银行监管机构负责进行监管，但在一些情况下也可能是由一个或多个独立的私人监管机构完成这项任务。但若同时使一个机构肩负监管金融机构以及为金融机构的作为负责的双重任务的话，将很可能引发监管机构的机会主义行为。这种监管方式的一个好处是，政府可以动用大量的金融资源，并且享有很高的信用度。例如，在金融机构出现了现金流危机的时候，政府可以发行货币进行补充。在很多国家，对于不同类型的金融机构，如商业银行、共同银行和金融公司，有着不同的监管规定。而寻求正式身份的微型金融机构可以从中挑选最适宜自己的需要和能力的法律框架。

当前，一些国家已经采用了微型金融特殊法律，提出全新的金融机构监管类别。在特定的微型金融法律框架下进行监管的前提条件是，一方面，监管者意识到微型金融机构的重要性；另一方面，微型金融机构也发展成熟到能够适应法律监管的地步。由于监管者和机构都对专项监管缺乏经验，我们可以预见这一法律框架应该是一个长期内共同协调从经验中学习的过程，并且法律条款的几番修改也是在所难免。监管方可以是现有金融监管机构的新增内设部门，也可以设立一个完全独立的新机构。另外还可以在中央监管机构以外单独设立一个地方性的执行机构负责对微型金融的专项监管。同样，对于微型金融有丰富经验的私人咨询公司也可以担负监管的责任。

由于对微型金融缺乏兴趣、监管能力不足或是缺少对微型金融的了解，政府部门极少介入微型金融机构的监管活动，从而使其在自我监管的框架下运行。实行自我监管的动力在于向外界（包括捐款者、商业投资者和存款者）发送一种“成功信号”，从而降低它们的融资成本或是获得新的融资途径。在这种监管方式下，一个旨在披露信息的机构取代了政府监管的地位，自我监管演变成了金融机构的评级系统。但是自我监管不能仅为了保护投资者的利益，同时它还必须兼顾消费者的利益保护，因而监管的威慑作用必不可少。

总之，传统监管制度的基本原则是保护存款者和维护金融系统的稳定性，而现在应该考虑将增加穷人和微小企业对金融服务的获取途径与监管制度相结合。实现普惠金融的愿景需要把金融服务的获取途径问题融入整个金融业，同时强调监管框架对于金融服务获得程度的重要性。

9.3　我国微型金融监管的基本情况

9.3.1　我国的微型金融市场格局

20世纪80年代之后，尤其是2005年以来，在推动农村信贷市场开放、促进农村金融组织和产品创新、培育多种形式微型金融的政策背景下，我国已经初步形成多种所有制和多种法人属性微型金融组织共同发展的基本格局。

我国微型金融机构可分为如下两类：

（1）兼业微型金融组织：主要指商业银行和农村合作金融机构（含农村信用社、农村合作银行和农村商业银行）等正规金融机构，这些组织通过其特殊的业务窗口向城镇和农村的微型经济活动主体提供消费信贷和各类生产性贷款。

（2）专业微型金融机构：主要指包括村镇银行、贷款公司（商业银行或农村合作银行全资设立）和农村资金互助社等新型农村金融机构，以及小额贷款公司和非政府组织微型金融机构在内的微型金融专业机构，这些组织也在城镇和农村微型金融市场中发挥着积极作用。

表 9－1　　对我国各类微型金融市场总量的估计

	机构数量（家）	客户数量（户）	贷款余额（亿元）	信贷员数量（人）
小额贷款公司①	3 027	—	2 047.66	—
新型农村金融机构	248②	17 811③	34.2②	1 583④
非政府组织微型金融机构	109⑤	89 035⑥	3.36⑥	353⑥
中国扶贫基金会	26⑦	26 878⑧	1.07⑦	100⑦
政府微型金融项目	—	—	6⑨	—
中国农业银行扶贫贴息贷款	13 175⑩	—	242.93⑪	210 000⑫
农信社农户贷款	60 325⑬	—	210 000⑭	570 000⑮
商业银行小企业贷款	—	—	95 300⑯	—

注：①此数据截至 2011 年 3 月末，来源于中国人民银行；

②此数据截至 2010 年 6 月末，来源于中国银监会；

③此数据截至 2008 年末，来源于中国银监会，其中获得贷款的农户数为 16 003 个，获得贷款的中小企业数为 1 808 个；

④此数据截至 2008 年末，这是新型农村金融机构员工总数，数据来源于中国银监会；

⑤这是“中国小额信贷发展促进网络”2007 年的会员单位总数，该网络成立以来，已经将我国现存非政府组织微型金融机构悉数纳入；

⑥此数据为 2007 年向“中国小额信贷发展促进网络”报告数据的 44 家会员组织的数据加总；

⑦数据截至 2008 年末，来源于中国扶贫基金会；

⑧数据截至 2008 年末，这是有效客户数量，数据来源于中国扶贫基金会；

⑨政府微型金融项目数据截至 1998 年 8 月；

⑩此数据为 2006 年末中国农业银行县域网点数量；

⑪扶贫贴息贷款数据截至 2007 年末；

⑫此数据为中国农业银行 2006 年末县域以下网点从业人员总数；

⑬此数据为 2009 年末农村信用社营业性网点数量；

⑭此数据是截至 2010 年末农村信用社农户贷款余额；

⑮此数据为农村信用社 2009 年末从业人员总数；

⑯此数据为 2011 年 5 月末，全国商业银行小企业贷款余额。

9.3.2　我国微型金融监管框架

对微型金融机构的监管模式因资金来源不同而异：

（1）对于资金全部来源于个人投资或机构捐赠的微型金融机构，由出资人、捐赠方委托的第三方负责监督，一般情况下政府不直接进行监管，但可通过银行监管部门了解此类机构的业务规模，通过司法部门惩治金融犯罪。

（2）对资金全部来源于内部成员的互助型机构，由银行监管当局负责，并适用于相对简化的审慎监管框架，如通过设定并监控业务范围、限制贷款期限、设立利率上限等控制风险。

（3）对于资金主要来源于公众存款的机构，纳入银行监管框架。

9.3.3　我国微型金融监管格局

（一）我国微型金融监管制度的基本特征

我国微型金融监管制度的基本特征是：监管主体按照机构划分且监管主体并不与机构法律属性保持一致，而是遵循“谁审批，谁监管”的原则，整体上具有明显的过渡属性，具体特征如下：

（1）商业银行和农村合作金融机构等兼业机构的微型金融业务仅是其整体银行业务的一个组成部门，这些机构及其业务的监管由中国银监会负责；

（2）村镇银行、贷款公司和农民资金互助社等银行或非银行机构由中国银监会审批设立，也由中国银监会持续监管；

（3）小额贷款公司由地方政府审批设立，也由地方政府监管；

（4）非政府组织微型金融机构一般由专门的试点单位牵头，以试点项目形式存在，没有统一的监管机构（其中，贫困村村级互助资金主要由国务院扶贫办、财政部等部门管理，还有许多贫困村互助资金由地方政府直接主导）。

（二）商业银行、农村合作金融机构的监管制度

在银监会的批准和推动下，商业银行和农村合作金融机构等正规金融机构将微型金融当作一个特殊业务种类来开展。这些机构都由中国银监会依据《商业银行法》、《银行业监督管理法》等法律规范对业务进行监管，监管方式主要是通过各级银行业监督管理部门开展日常监测和检查，监管内容主要包括业务资格资质审批、业务运作规范性监督管理和金融风险防范等。

（三）村镇银行、贷款公司和农民资金互助社新型农村金融机构的监管框架

自2007年以来，村镇银行、贷款公司和农民资金互助社等新型农村金融

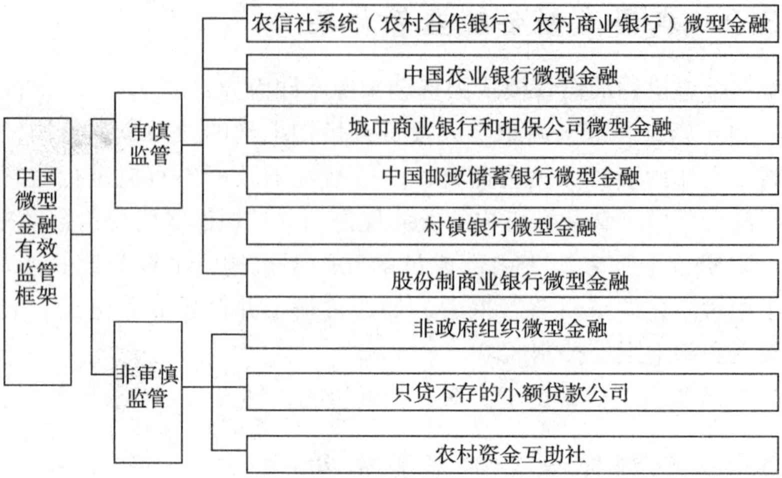

图 9－1　我国微型金融机构监管模式

机构按照“低门槛、严监管”原则开始试点，其设立初衷为鼓励各类资本回流农村，促进农村地区形成投资多元、种类多样、覆盖全面、治理灵活、服务高效的银行业金融服务体系。这三类新型农村金融机构试点监管框架如下：

1. 村镇银行

村镇银行由境内外金融机构、境内非金融机构企业法人或者境内自然人出资并在县（市）、乡（镇）两级设立，只能在县（市）级以下开展业务。村镇银行的发起、设立和股权安排应由某一银行业金融机构主导，并遵循股权适度分散的原则，最大银行业金融机构持股比例不低于 20%，同时其他单一股东持股比例不高于 10%。

按照“低门槛”标准，放宽对投资资本性质与注册资本额度的要求，在县（市）设立村镇银行，注册资本不得低于人民币 300 万元，在乡（镇）设立的，注册资本不得低于人民币 100 万元。

村镇银行是要面向农村地区，为贫困和低收入群体以及微型和小型企业提供储蓄、贷款、结算、贴现、银行卡、代理以及同业拆借等金融服务。

2. 贷款公司

贷款公司由商业银行或农村合作银行全额出资，在县（市）及以下地区设立，注册资本不得低于 50 万元。

贷款公司以其投资人投入的实收资本和投资人提供的借款开展以贷款为主，包括票据贴现、资产转让和结算等在内的金融业务，不得吸收公众存款。各项金融服务应坚持“小额、分散”原则，坚持为农村小型和微型企业、中低收入居民和贫困居民服务的发展方向。

3. 农村资金互助社

农村资金互助社是农民和农村小企业按照自愿原则，在乡（镇）或行政村发起设立的，为入股社员服务、谋求社员共同利益、实行社员民主管理的社区互助性信用合作组织。

农村资金互助社由农民自主发起设立，资本金要求较低，股权结构既不宜过度分散，也不应过度集中。在乡（镇）设立农村资金互助社，注册资本不得低于30万元，在行政村设立的，注册资本不得低于10万元。

农村资金互助社应建立科学有效的法人治理结构，可设社员大会（较大的还可以设社员代表大会）、监事会和经理，必要时也可设理事会。社员（代表）大会原则上实行“一人一票”的民主表决程序，出资额较大的社员可享受不超过该社社员基本表决权总票数20%的附加表决权。农村资金互助社的社员，在一定条件下享有退股和退社自由。民主表决程序和社员退社自由，是保证农村资金互助社的合作制属性的关键因素，监管部门和有关法规应予以重点关注并加以保护。

农村资金互助社以实收资本和捐赠资金为基础，面向社员提供存款、贷款、结算和代理等金融服务，也可以从其他银行业金融机构融入资金。但不得面向非社员吸收存款、发放贷款及办理其他金融业务，不得以该社资产为其他单位或个人提供担保。

（四）我国小额贷款公司试点的监管制度

中国银监会和中国人民银行于2008年5月联合发布的《关于小额贷款公司试点的指导意见》（银监发〔2008〕23号）明确了全国试点政策中有关小额贷款公司监管的政策框架：

（1）小额贷款公司的性质为自然人、企业法人与其他社会组织投资设立的，不吸收公众存款的，主要经营小额贷款业务的有限责任公司或股份有限公司。

（2）小额贷款公司的股东人数，有限责任公司不超过50个，股份有限公司应有2~200名发起人；小额贷款公司的注册资本，有限责任公司不低于500万元，股份有限公司不低于1 000万元；单一股东及其关联方持股不得超过小额贷款公司注册资本总额的10%。

（3）小额贷款公司的主要资金来源为股东缴纳的资本金、捐赠资金，以及来自不超过两个银行业金融机构的融入资金；融入资金的余额不得超过资本净额的50%。

（4）小额贷款公司自主选择贷款对象，贷款利率在法定范围内放开。

（5）符合条件的小额贷款公司，可按《村镇银行组建审批工作指引》和《村镇银行管理暂行规定》规范改造为村镇银行。

（6）关于小额贷款公司的监督管理制度，《关于小额贷款公司试点的指导意见》规定“凡是省级政府能明确一个主管部门（金融办或相关机构）负责对小额贷款公司的监督管理，并愿意承担小额贷款公司风险处置责任的，方可在本省（自治区、直辖市）的县域范围内开展组建小额贷款公司试点”。这实际上明确了地方政府在承担监管和风险处置责任的前提下，可以自愿参与试点的基本原则；或者反过来说，一个地方政府能否开展试点的前提，取决于其是否能够明确一个主管部门并承担风险处置责任。

从全国试点情况来看，各地区小额贷款公司试点方案在最重要的监管制度、融资限制、利率政策等方面，均严格遵守《关于小额贷款公司试点的指导意见》有关规定。而在注册资本、股权结构、经营区域等方面则作出了许多因地制宜的不同规定。

（五）非政府组织微型金融机构的监管情况

尽管所有从事微型金融业务的非政府组织微型金融机构都在当地民政部门登记，有些甚至获得了中国人民银行有关部门同意开展小额信贷扶贫试验的批件，但目前仍主要由其试点单位牵头，以试点项目形式存在，没有统一的监管机构（其中，贫困村村级互助资金主要由国务院扶贫办、财政部等部门管理，还有许多贫困村互助资金由地方政府直接主导）。

（六）政府微型金融项目

政府微型金融项目早期主要以各种名称建立的地方政府或准政府机构操作的微型金融组织出现，并未纳入国家金融监管部门的监管之下。目前，这类政府机构大多数只作为扶贫职能部门而存在，小额信贷业务一般委托政策性金融机构代为实施，监管主体是相关政府主管部门或资金受托方，监管方式和手段缺乏明确、统一的标准和规范。

第 10 章

微型金融的发展前景

10.1 微型金融未来的发展空间

10.1.1 国际微型金融领域发展概述

（一）微型金融巨大发展后的新特点

20 世纪 80 年代以来，在世界银行、国际金融公司等组织的推动下，小额信贷不断成长壮大，从小额信用贷款发展到微型金融。微型金融内涵也在不断被拓宽，已成为包括信贷、储蓄、汇兑、保险等小额金融的综合体。微型金融在亚、非、拉地区的推广，有效地为贫困人口和微企业等弱势群体提供贷款等金融服务，为数亿受益者改善生活质量、获得发展作出了积极贡献。小额信贷（微型金融）的先驱尤努斯教授因其卓越的成绩获得 2006 年诺贝尔和平奖。

经过多年发展，目前国际上的微型金融机构为不同客户提供量身定做的金融服务，已成为能提供覆盖更大范围的产品和服务的机构，而且在不断开展金融创新，拓展金融服务的渠道和模式。厄瓜多尔的团结银行在 32 家分行和营业网点的基础上，在全国率先运用手机终端（PDA）等现代 IT 技术，拓展金融服务模式。该行通过资产证券化等方式将部分信贷资产组合打包出售，其证券化资产的 50% 由该国社保基金持有，其余分别出售给其他主权债务基金和私人投资者，评级为 AAA 级（汪小亚，2012）。

微型金融的客户保护原则受到重视。2001 年成立了 SEEP 消费者保护工作小组，2008年10月开始，由全球34家微型金融机构发起、讨论推出Smart Campaign客户保护的六原则。2010年印度微型金融出现危机后，责任金融被广泛重视，许多国家和地区开始推行责任金融，责任金融运动进一步深化了客户保护原则。经过业内广泛磋商，Smart Campaign制定并修订公布七项客户保护核心原则（CPP）。消费者保护将成为整个微型金融活动的中心原则，渗透于微型金融活动的各个方面。

（二）微型金融发展中仍存不足

从世界范围来看，尽管微型金融近年来取得了很大成绩，但金融服务的覆盖面还不尽如人意。Demirguc－Kunt和Klapper（2012）对各地区成人拥有银行账户的情况作了统计，发现在不同地区，情况差异很大。

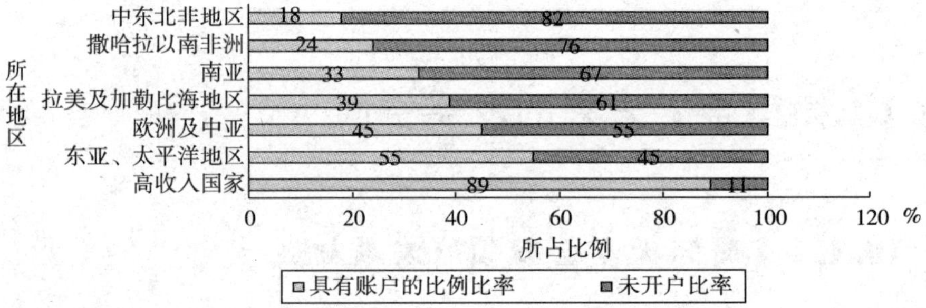

资料来源：Demirguc－Kunt和Klapper，2012。

图10－1　世界各地区成人拥有银行账户情况

Honohan（2007）对全世界177个国家的调查结论基本类似，总体看来，全世界有一半左右的人未获得金融服务。

表10－1　世界各地区金融服务获取情况　单位：亿元，%

地区	成年人数	获得金融服务人数	未获得金融服务人数	获得金融服务比例
阿拉伯国家	2.033	0.671	1.362	33
中亚与东欧	3.937	2.010	1.927	51
东亚	14.929	6.169	8.760	41
欧盟	7.189	6.587	0.602	92
拉美及加勒比海地区	3.871	1.368	2.503	35
南亚	10.530	4.414	6.116	42
撒哈拉以南非洲地区	4.076	0.820	3.256	20
总计	46.565	22.039	24.526	—

资料来源：Honohan（2007）对177个样本国家和地区调查数据。

从微型金融的主要客户数量分布来看，世界上大部分贫困人口来自中等收入国家，且较为集中分布。如果基于每日1.25美元的贫困线，世界上74%的贫困人口居住在中等收入国家；如果基于每日2美元的贫困线，世界上79%的贫困人口居住在中等收入国家。在中等收入国家这个层面上，如果以每日2美元的贫困线作为基础，世界上35%的贫困人口来自印度，16%来自中国，还有28%主要生活在尼日利亚、印度尼西亚和巴基斯坦。无论我们按照人均收入标准，还是根据多维贫困指数①来测量，最新的贫困估测②都支持该结论。相反，只有不到1/4的世界贫困人口居住在低收入国家。预计到2015年，这种趋势依然会持续下去（Chandy等，2011）。

（三）微型金融仍具有很强的脆弱性

与正规金融相比，微型金融非常弱小。微型金融的发展是在获得正规金融大力支持的前提下才取得当前成绩的；即便是今后几十年微型金融进一步发展，它仍然离不开正规金融。向贫困人口提供多样化的服务和微型金融机构的健康可持续发展在一定程度上将更多依赖于正规金融市场。在20世纪90年代东亚的货币危机和拉丁美洲的银行业危机中，为穷困客户服务的金融机构的经济效益总的来说强于主流银行。当时，通过微型金融机构融资的客户和微型企业还没有进入当地的银行与货币市场。在这次全球金融危机过后，世界性的衰退造成的中长期影响必将对广大穷困人口以及为他们服务的机构造成伤害。各个市场的非正式的信息表明，由于危机在全球扩散的后果，例如信贷紧缩、货币失调、失业以及需求下降等，微型金融机构正受到不同程度的影响。微小型企业、个体经营者和农户的贷款提供服务减少，在一定程度上加重了微小型企业、个体经营者和农户的经营困难。微型金融机构与金融市场的联系日益紧密，一旦金融市场“打喷嚏”，面向低收入人群的金融业便可能“患上感冒”。

10.1.2 金砖五国的发展潜力

为了更好地评价微型金融的发展状况，估测微型金融市场的未来发展空间，将发展中国家和转型国家分为两类很有必要。一类是经济和金融体系发展迅速，在世界的政治经济舞台上地位日渐突出的国家或国家共同体如金砖

① 这些指数共同组成了多维贫困指数（MPI），见联合国开发计划署2010年和2011年的《人类发展报告》对这些指数的详述。

② 这些贫困估测可以在2012年Povcal数据中查到，请参阅世界银行发展数据小组在Povcalnet网站发布的2012年数据。

五国，另一类是经济发展相对缓慢及非常贫穷的其他国家和地区。

金砖五国包括巴西、俄罗斯、印度、中国、南非，是在金砖四国的概念的基础上演化而来的。金砖四国英文原版是“BRICs”，是由巴西（Brazil）、俄罗斯（Russia）、印度（India）和中国（China）四国的英文名称首字母缩写而成，由于“BRICs”发音与砖块（Bricks）相似，故称为“金砖四国”。南非于2010年12月正式获邀加入金砖国家合作机制，金砖国家由四国变成五国。

金砖五国因为国家大，发展快而备受关注（CGAP，2008）。五国占世界人口的40%，单印度和中国就超过了37%。2010年，金砖四国占世界GDP的比重从2001年的8.0%上升至17.8%。在2008年金融危机之后，动力日益增长的新兴国家集团和受此次危机沉重打击的西方国家之间形成了鲜明的对比。尽管面临此次金融危机，但中国和印度仍能够保持强劲的经济增长。2008年至2010年中国GDP分别同比增长9.6%、9.2%和10.3%，2010年印度GDP同比增长10.4%。2011年金砖五国的移动宽带上网的客户达到1 140万户，占到了世界总量的45%。

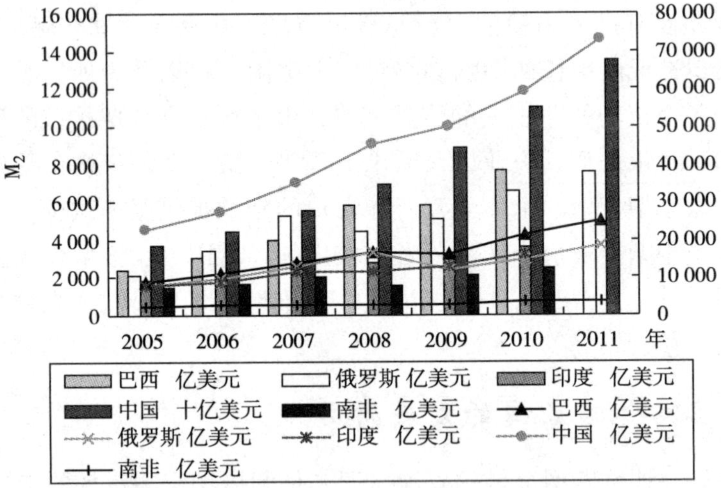

图10-2 金砖五国GDP和M_2发行情况（2005—2011年）

在此次危机之后，中国和印度这样的新兴国家开始在推动全球经济摆脱衰退的过程中发挥主导作用。由于自身地位显著提升，中国已取代日本成为世界第二大经济体。另外，中国、俄罗斯、巴西和印度四国在国际储备资产（不含黄金）中所占的总比重约为42%。动力逐步从富裕国家向新兴国家转移。一旦金砖五国中的一个或多个国家变得不稳定，全球经济必然会受到影响，而且会累及第二类国家，从而对世界微型金融事业的发展带来消极影响。

在金砖五国中中国和印度居于特殊地位，这两个国家微型金融的发展程度对整个世界的微型金融的发展将起到重要引导作用。Sumner（2012）的研究指出，不管是采用何种贫困县标准，中国和印度的贫困人口之和占世界贫困人口总比例接近 50%。金砖五国尤其是中印两国的快速发展，将为世界微型金融的发展注入活力，开拓了巨大的发展空间。

表 10－2　　对全球贫困分布和贫困发生率的预测

	每日 1.25 美元贫困线			每日 2 美元贫困线		
	人数（百万人）	占全球贫困人口百分比	贫困发生率（占人口百分比）	人数（百万人）	占全球贫困人口百分比	贫困发生率（占人口百分比）
东亚及太平洋地区	265.4	21.5	14.3	614.3	26.1	33.2
东欧及中亚	2.1	0.2	0.5	9.9	0.4	2.4
拉美及加勒比海地区	35.3	2.9	6.9	67.4	2.9	13.1
中东及北非	8.5	0.7	2.7	43.8	1.9	13.9
南亚	546.5	44.3	36	1074.7	45.6	70.9
撒哈拉以南非洲	376	30.5	47.5	547.5	23.2	69.2
低收入国家	316.7	25.7	48.5	486.3	20.6	74.4
中等收入国家	917.1	74.3	19.5	1871.1	79.4	39.7
除去印度的中等偏低收入国家	285.6	23.1	23.4	569.4	24.2	46.7
中国和印度	599	48.6	24.3	1 219.5	51.7	53.8
总计	1 223.8	100	—	2 357.5	100	—

资料来源：Andy Sumner, Global Poverty and the "New Bottom Billion Revisited: Exploring the Paradox that Most of the World's Extreme Poor No Longer Live in the Poorest Countries", Working paper, May 2012.

10.1.3　人口巨变影响为微型金融的发展创造机会

人口因素将在未来给城市、劳动力市场和移民格局带来更大的压力，也有可能是未来影响金融获得和其他方面的最重要的一个因素。全球微型金融服务的客户群将具有以下特点：

（一）人口年轻化

在过去的半个世纪，全球经济的快速发展使得欠发达地区的死亡率快速降低，且远远高于出生率的下降速度，由此带来的人口冲击非常显著，以至于年轻人的数量从未如此之多。在一些发展中国家，如印度、阿富汗、乌干达，正经历着年轻人人口的膨胀，当然如果管理得当会带来人口红利，但反之也给该国的发展带来巨大压力。世界上年龄处于 15 岁至 24 岁的年轻人估计在 12 亿人左右，他们大部分生活在贫困国家（Brazier 和 Anthony，2011）。印度是一个典型的例子，当前，印度人口已经超过了 10 亿人，根据印度国家人口委员会公布的数据，印度人口年龄结构将发生重大的变化。到 2016 年，大约有一半的人将处于 15 ~25 岁这个年龄段。因此，在未来的几年中，印度将会有大量的年轻人进入受教育阶段以及就业领域，在未来的 30 年中，平均每年将有约 1 500 万人进入就业市场。新的一代将进入他们的青壮年时期，这个过程也为小微企业的成长创造了极为有利的条件（查卡拉巴提，2012）。

最近几年，政治家、政策制定者、捐赠者、金融服务提供商等微型金融的利益相关者对需要金融服务的年轻人给予了大量关注和支持。世界银行最近公布的全球普惠金融数据库（Findex）数据显示，15 岁至 24 岁的年轻人和成人相比，拥有的银行账户少 33%（Demargic - Kunt 和 Klapper，2012）。仅有大概 420 万左右的年轻人享受过正规金融服务，涉及 1. 86 亿美元的贷款、4 800万美元储蓄和 120 万美元的保险（MakingCents International，2010），还有 8 亿左右的年轻人生活在每天 2 美元贫困线之下（Wyman，2007）。

（二）人口城市化[①]

全球人口数据估计表明，世界城市人口数量自 2007 年以来已开始超过农村人口数量，世界一半以上的人口生活在城市地区。城镇人口仍将继续不断增长，预计 2030 年将达到 50 亿人，占世界城市人口的 81%。（State of World Population 2007，UNFPA）。城市化主要发生在发展中国家，20 世纪世界城市人口从 2. 2 人亿增长到 28 亿人，其中亚洲和非洲的发展中国家城市人口将最多。到 2030 年，发展中国家的许多新增城市居民将是贫困人口。目前，估计有三分之一的城镇居民是穷人，即世界贫困总人口的四分之一（Ravallion 等，2007）。与其他欠发达区域相比，拉丁美洲和加勒比地区的情况更具典型性，

① 从农村社会向城市化程度更高的社会转化的过程。城市化的程度是指生活在城镇和城市的人口占总人口的比例。

2005年，该区域77%的人口被界定为城市人口，生活在2万居民以上城市的人口比例大于欧洲。

城市化将带来贫民窟的形成和缺乏服务等问题。数据显示，贫民窟和较为富裕的社区在教育机会和识字水平上的区别显著。在某些国家，如孟加拉国、哥伦比亚、印度和巴基斯坦，生活在贫民窟的妇女的识字率比非贫民窟社区的妇女低30%~50%，青年继续上学等会因为到了结婚年龄、怀孕和需要掌管家务而受到影响。不过，现在城市地区的贫困人口增长速度比农村更快，得到的关注却少得多。大部分评估事实上都低估了城市贫困的规模和深度。总体数据隐藏了深度的不平等，并低估了城市内严重贫困集中的问题。

（三）联系更加紧密，信息更加丰富

近年来，发展中国家的信息基础设施得到明显改善，信息通信技术的创新与扩散取得了显著进展。据国际通讯联盟统计，全球有59亿的移动电话用户，全球的渗透率达到87%，发展中国家也已达到79%，移动上网用户在过去四年增加到45%，现在移动上网的用户数是固网的两倍。全球大约有18亿个家庭，有网络可得性的占三分之一，而五年前只有五分之一。在发展中国家，25%的家庭有计算机，20%有网络，而三年前则是20%与13%。通信技术的进步使发展中国家人们彼此之间及与世界的联系更加密切，世界人口大范围的流动增加了他们接触和交流的机会，并使消费者更了解金融服务。信息通信技术应用可以降低微型金融机构为偏远地区人们提供金融服务的成本，并提供更多的服务的手段和方法。

人口因素的巨大变化，给微型金融的发展提出挑战，也为其带来了机会。年轻一代的价值观念及生活方式已和父辈大不相同，能否研发新的微型金融产品来满足青年一代服务需求？现有的微型金融方式对于首次创业的年轻客户是否适用，在城市化背景下，微型金融的发展如何？微型金融的主战场农村地区能否发生改变？在现代通信、信息获取更为便捷的情况下，微型金融服务硬件如何改进等都是微型金融发展中出现的问题。总之，人口因素的巨大变化将为微型金融的发展提供难得的机会和较大的空间。

10.1.4 电子技术的发展使微型金融的进一步发展成为可能

通信技术的发展已经改变了微型金融发展的前景，它使微型金融客户获取低成本的金融服务和独特的金融服务成为可能，在一定程度上拓展了微型金融市场。通信信息技术的发展产生了电子化金融，电子化金融服务被定义为通过"信息技术获取银行服务，包括银行账户或特定的银行服务"（Enriquez 等，2009），这是信息技术促进金融包容的很多可能性之一。目前，电子化金融服务包括：（1）面对面的现金交易（包括国内和国际汇款）；（2）获取现金和购买货物；（3）支付费用和偿还贷款（Enriquez 等，2009）。

作为传统物理网点服务渠道的有力补充和替代，电子化金融服务解决了穷人获取金融服务的两大障碍：可支付和物理距离。与传统银行相比较，电子银行处理小额交易并不会带来高的交易费用。微型金融机构通过网络发挥现代科技的优势，比如使用信息基础设施，能够在网上以较低成本为偏远的农村地区的穷人提供金融服务。微型金融机构要总结推广和不断创新金融服务方式，研发推广适合当地农户服务需求的金融业务产品，积极发展现代支付工具，如电话银行、手机银行等。

在信息技术快速发展的形势下，如何拓展微型金融服务？为低收入者提供电子化金融服务不仅要考虑便利性，而且更要考虑可获得性和可支付性（Domier，2007），为没有获得正规金融服务的人群提供了一个较为光明的前景。

10.2 影响微型金融发展的四大外部因素

微型金融的发展会受到诸多因素的影响，既有来自于需求方面的影响，也有来自供给方面的影响，其发展既受制于自身发展因素，也会受到来自外部环境改变的影响。从影响微型金融发展的外部环境来看，以下四个因素可谓是非常重要的，它们分别是信息技术、政府政策、微型金融的新参与者和国际法规。

10.2.1 信息技术

信息技术的普遍应用能显著降低交易成本，即使极度贫穷和偏远的客户也能随时随地获得服务（CGAP，2008）。信息技术在金融领域的应用使得电子银行得到长足发展。电子银行业务是指银行通过面向社会公众开放的通信通道或开放型公众网络，以及特定自助服务设施等，向客户提供的离柜金融服务，主要包括网上银行、手机银行、自助银行以及其他离柜业务。除手机银行外，网上银行①、自助银行以及其他离柜业务如POS机等和微型金融业务联系并不紧密。

（一）手机银行的发展

手机银行是通过金融机构与移动通讯运营商之间通过跨行业合作，借助移动互联网络平台，以手机作为终端向客户提供银行服务的一种金融服务方式。对手机银行而言，又分为两种商业模式：一是银行主导型模式：客户属于正规金融机构，但是客户可以自由地在相关的零售代理点进行交易。二是非银行主导型模式。客户拥有的是手机银行的虚拟账户，也就是手机钱包，可以在任意第三方中介使用账户。手机钱包的账户记录在电信运营商的系统中，电信运营商只在银行开设一个账户管理所有的虚拟账户存款。穷人和非银行客户、经常出差和变动工作的人喜欢开设手机银行账户或者取款。根据CGAP的估计，到2009年末，发展中国家会有大约120个手机钱包计划，几乎是2008年的一倍。到2012年，预计17亿此类人群中有20%将使用手机钱包。

从国际发展经验来看，由于能减少获得金融服务的成本，并保证金融服务的可持续性，手机银行在广大发展中国家得到广泛发展。表10－3反映了在发展中国家（新兴市场）手机银行业务发展居前十位的单位的基本情况。

表10－3　发展中国家（新兴市场）手机银行发展情况（前十名）

国家	电信运营商	服务（开始年份）	手机钱包（万人）	手机用户（万人）	手机用户市场占比	手机钱包占手机用户比
肯尼亚	Safaricom	M－Pesa（2007）	1 190	1 624	80.9%	73.3%
泰国	True Corp	True Move（2005）	600	1 636.5	23.8%	36.7%
菲律宾	Smart	Smart Money（2000）	300	4 534.5	39.3%	6.6%
	Global	Gcash（2004）	120	24 632.1	31.3%	4.9%
坦桑尼亚	Vodacom	M－Pesa（2007）	300	800.9	39.9	37.5
乌干达	MTN	Mobil Money（2009）	100	591.9	44.2%	16.9%
	Airtel	Zap（2009）	14	239.1	17.8%	5.9%
印度	Mchek	Mchek（2008）	100	—	—	—
科特迪瓦	MTN	Mobil Money（2009）	45	481.8	28.8%	9.3%
阿富汗	Roshan	M－Paisa	11.5	478.6	31.7	2.4%

资料来源：Dobardziev，2010.

---

①　网上银行是Internet上的虚拟银行柜台，通过Internet向用户提供支付、转账、理财等服务项目，是电子银行的一种渠道产品。

手机银行在这些国家的成功开拓了微型金融服务创新的思路，引起业界和学术界的广泛关注。肯尼亚的手机银行是微型金融领域比较典型的案例。随着经济发展、人口流动的增加，肯尼亚国内的个人汇款也逐步增加，但许多汇款通过邮局效率低下。2007 年肯尼亚最大手机运营商 Safaricom 正是在这样的背景下推出手机银行系统 M－PESA，该系统将金融应用集成到客户手机 SIM 卡中，实现汇款转账、账户查询等金融服务，其业务初期主要是个人汇款。除汇款外，P－PESA 陆续推出了多项业务，包括远程支付、代发工资、交学费、手机 ATM 取现等，详见表 10－4。2011 年肯尼亚手机用户达到了 2 500万人，普及率超过了 50%。据 Findex 最近的一项调查显示，肯尼亚的 M－PESA 目前拥有 1 600 万客户，肯尼亚 70% 的适龄就业人口使用手机发送或接受电子货币（CGAP 年度报告，2012）。

表 10－4　　P－PESA 业务功能介绍

业务名称	描述
存取款	实现现金与 P－PESA 虚拟货币的相互转换，并通过和银行合作，支持 ATM 的无卡手机取现
汇款	通过手机汇款到 M－PESA 的注册或者非注册客户
支付	网上交学费、服务费等
批量支付	面向公司客户提供的批量代收代付的服务
M－TICKTING	一种电子凭证预约服务
购物	在超市、卖场、零售店等实现支付，完成购物
M－KESHO	通过手机利用银行账户进行汇款、支付等业务
手机充值	直接对 Safaricom 手机进行充值
个人账户管理	账户查询，密码修改语言设定、软件更新等个人管理

（二）无网点银行

根据无网点银行对金融服务的增进作用，可分为改良型模式和变革型模式。前者是指仅对主流金融机构已存在客户，增加其金融服务获取渠道、选择空间或便利性。后者是指能够将金融服务扩展到之前银行网点覆盖不到的区域和人群。无网点银行业务潜力巨大，可以使传统的银行网点无法覆盖的穷人获得金融服务；可降低提供服务的成本①，包括银行建立和维持服务渠道的成本，以及顾客使用服务的成本，如路途往返和排队时间等。近年来，许多发展中国家（如肯尼亚、泰国、菲律宾、乌干达等）都借助信息通信技术成功地开展了无网点银行创新（马九杰，2012）。

无网点银行业务主要有以下特征：使用支付卡或手机技术识别客户，用电子方式记录交易，有时客户可以进行远距离交易；使用第三方销售点（专属或非专属），如邮局和小零售商作为金融服务供应商的代理，使客户可以完成需要本人亲自到场的业务，如现金存取，银行开户所需的客户尽职调查等；在交易性或支付服务业务外，至少可以提供基本的现金存取服务；有政府认可的、经营储蓄业务的机构如有正式经营牌照的银行的支持。

无网点银行可以在零售层面实现从集中向分散转移，将分销网点遍布尽可能多的地区，减少低收入人群和居住在偏远地区的人们获取金融服务的成本，并保证获得提供金融服务的可持续性，特别是适合偏远山区和成本偏高的地区，能在很大程度上帮助发展中国家扩大微型金融服务的覆盖面。虽然大多数国家的监管政策继续限制无网点银行业务的发展，但决策者与监管者对这一业务都已表现出极大的关注。在监管规定允许的情况下，市场的许多参与者都在制定无网点银行业务新方案（CGAP，2008）。

无线通信和网络技术的快速发展与广泛运用是影响微型金融的发展的一个重要因素。微型金融机构与电信及网络运营商的合作是一个双赢或多赢的过程，微型金融机构目前的手机银行、无网点银行服务还处于起步阶段，需要政府政策、法律上为其创造发展条件，需要克服一些障碍，才能得到广泛使用。

10.2.2　政府政策

政府部门对于微型金融行业的持续发展负有重要责任。微型金融相关政策取向是宽松还是严格，微型金融行业的政策是否具有灵活性，能否针对不同的形势和条件作出调整等都对微型金融的发展产生影响。就对于微型金融领域内政府政策的看法而言，微型金融界多数人认为政府最好的角色是为微型金融服务创造良好的政策环境，而不是直接提供服务，尤其是直接提供信

① 在菲律宾，通过传统银行完成一笔业务的成本为2.5美元，而通过手机银行完成相同一笔业务的成本仅为0.5美元（亚洲银行家，2007）。秘鲁信贷银行（Banco de Credito in Peru）估算，通过传统银行完成现金交易的成本为0.85美元，而通过手机银行完成现金交易的成本仅为0.32美元。

贷服务。然而在BRICs国家及更多的平民主义政府国家内，政府向穷人直接提供金融服务的现象愈来愈多。在BRICs国家，大型国有商业银行和其他国有信贷机构一直是重要的金融服务支持者，政府更倾向于利用自己能掌控的零售机构作为实现更广泛的金融普惠的手段。

以下一些关于政府政策的观点可能会对今后微型金融的发展起到积极作用。

（1）政府制定适当的货币政策和财政政策，保证宏观经济环境稳定。剧烈的通货膨胀破坏微型金融机构的正常发展，同时也影响客户的信心。政府应该致力于微型金融机构监管能力的培养，在很多国家，监管部门对银行业金融机构监管能力非常有限，面对种类、数量繁多的微型金融机构监管的效果也不尽如人意，在这种情况下对非银行微型金融机构颁发牌照是没有意义的。

（2）政府应该为微型金融业的市场准入和竞争引入法律和监管环境。要做到这一点，主管金融业的国家部委、中央银行和其他政府组织应该承认微型金融业作为整个金融体系一部分的合法地位，而不是视为边缘产业或者资源转移机制。

（3）政府不应制定利率上限的政策。大多数发展国家都没有完善发达的金融市场，利率并非由市场形成。作为借贷资金的价格，利率上限的规定在起到稳定市场的同时，也降低了微型金融机构覆盖其经营成本的能力，最终影响新的微型金融机构的出现，使已有的微型金融机构陷入困境，从而最终损害贫困人口的利益。由于利率上限的存在，很多微型金融机构退出市场，增长缓慢、降低其贷款所收费用的透明度，或是缩减其在偏远农村市场的业务。

（4）政府部门不应直接放贷或参与微型金融机构的管理。政府通常不具备管理小额信贷的技能，补贴性的贷款通常导致高拖欠率，从而扭曲金融市场，阻碍微型金融机构的健康发展。

各国政府为了更好地推动本国微型金融事业的发展，使更多低收入者及弱势群体享受到金融服务，还应积极推动以下各方面工作，如建立本国或本地区的信息共享系统，包括监管信息、征信信息、服务信息等配合政策，并起好引导作用。

10.2.3 微型金融的新参与者

微型金融机构参与者通过不同的融资渠道如储蓄、无担保债务、有担保债务、次级债等多种形式参与微型金融活动。不同参与者会对微型金融价格的制定、经营决策产生重大影响。最近，微型金融领域出现新的变化，一些机构和个人通过融资交易（包括资产证券化、风险投资微型金融机构以及股票首次公开上市等）参与微型金融活动。此外，在法律架构允许的情况下，许多微型金融机构还进行了大规模的储蓄动员活动，并将其作为一个核心的融资策略。众多的新参与者一方面通过资金为微型金融机构的发展注入活力，另一方面通过投入的资金调整和改变微型金融机构资本结构影响微型金融机构的发展。

（一）批发机构资金

批发机构是由若干基金汇集而成，专门为小额金融机构提供资金，然后再由小额金融机构发放给低收入客户。批发机构的融资来源是本国政府提供的公共资金或发达国家的捐助者提供的资金。大多数批发机构的融资中既有来自国际公共融资机构［大多数是双边和多边机构以及发展金融机构（DFIs）］的资金，也有政府提供的资金。为批发机构融资最多的5个捐赠者分别是德国复兴信贷银行（KFW）、世界银行、美洲开发银行（IDB）、国际农业发展基金（IFAD）以及欧盟（Duflos/El－Zoghbi，2010）。

国际融资机构和各国政府对批发机构十分关注，它们都认为批发机构是增加穷人获得贷款机会，帮助穷人改善经济状况和生活质量的一个途径。对政府而言，支持批发机构既可以表明政府对普惠金融的承诺，也可借助这种方式向许多通常被银行和商业投资者所忽视的微型金融机构注入大量资金。2009年2月，世界银行扶贫协商小组完成了一项关于批发机构的调查项目，确定在全世界有76家微型金融批发机构。这类机构在南亚和拉丁美洲尤其普遍，分别占批发机构2007年提供资金总数的69%和29%。

小额信贷批发基金已被证实为一种有效的工具，并且在某些情况下促进了小额信贷市场的发展，尤其是发展的初期和割裂的市场中更是如此。在阿富汗、孟加拉国、波斯尼亚和巴基斯坦都有建立小额信贷批发基金的成功案例（Duflos，2008）。在中国，中国农业银行和国家开发银行近年已向微型金融机构发放了一些批发贷款（白澄宇，2008；何广文等，2009），并且为促进小额信贷行业批发贷款的各种计划目前也在制定当中。

（二）股权投资

金融危机发生以后，很多机构和研究者认为，股权投资会在危机之后迅速减少，而实际的情况却恰恰相反。2008年之后股权投资总额出现了高速增长的势头，尽管一些以公益为主的国际参与者在减少，私募性质的基金发展却非常迅速。从世界范围来看，股权投资主要在拉美及加勒比海地区占比较大，几乎占据了一半的份额。2009 年之后增长最快的是撒哈拉以南非洲地区，但实际交易数量仍未达到2009 年的水平。如 10－3 图所示，近 3 年来新的股权投资在总投资额中所占比重在逐步增长，从 2009 年的 25% 发展到 2011 年的 44%，转让股权交易的总量和比重近三年来逐渐下降，由 2009 年的占总交易量的 75% 降到 56%（CGAP，2012）。

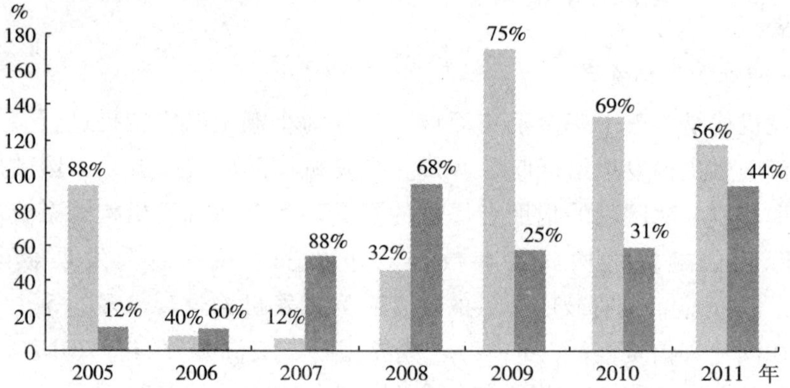

资料来源：CGAP Research，*Global Microfinance Equity Survey*，2012.

图 10－3　股权交易量及不同类别比重

从国别来看，2011 年秘鲁、印度及蒙古三个国家在微型金融股权投资方面位居前三名，具体的交易笔数、金额等指标如表 10－5 所示。

表 10－5　2011 年交易前三名国家情况

	总交易笔数	交易额（亿美元）	4 年平均 P/BV	2011 年平均 P/BV
秘鲁	10	116.5	1.5	1.8
印度	19	88.4	2.0	1.9
蒙古	7	7.7	1.3	1.0

资料来源：CGAP Research，*Globle Microfinance Equity Survey*，2012.

（三）跨境投资

2011 年，跨境设立微型机构投资达到了 250 亿美元。CGAP 的研究显示，在国际金融危机和国内财政普遍收紧的情况下，跨境投资额仍在不断增加，但增长速度却在逐步放缓，由 2007—2009 年年均 17% 的增速降到了 2009—2011 年年均 6% 的增速。2009—2011 年私募性质基金年均 12% 的增速明显高于公募基金 3% 的增速，而在此之前的 2007—2009 年间，两者的增速分别为

19% 和 16%。可以预计，在将来的几年内还会有更多的跨境资金设立微型金融机构，为农业、农村金融提供支持，为贫困人群提供服务，支持责任金融和无网点微型金融的发展（CGAP BREIF，2012）。跨境资金的提供者的行为对国内市场发展可能会产生影响。出资者除了追求商业目的，还可能将目标定位于帮助微型金融机构发展壮大，这在某种程度上有助于建立一个能为贫困群体服务的综合金融体系。

10.2.4　国际法规[①]

过去的 20 年间，为了推动全球微型金融的发展，CGAP、MIX、IFC、SPTF、微型金融联盟等国际组织制定出台了一系列的标准和政策。在这些标准中客户保护原则、绩效指引、社会绩效管理通用标准等对微型金融机构起到了规范行动、促进发展的作用，使得能够获得正规金融服务的低收入者数量急剧增加。但我们也应注意到现存的一些国际法规的实施影响了微型金融的发展，如反洗钱和反恐（AML/CFT）的相关规定。反洗钱及打击恐怖主义相关规定的实施却让微型金融发展的脚步慢了下来。这些标准虽然有效地降低了犯罪的发生，但也使得数百万的低收入者不能获得微型金融服务。

不断增多的国际标准和法规影响着发展中国家的金融体系，对已纳入全球贸易体系的国家影响更大。发展中国家在制定这些标准的国际组织里基本上没有发言权，而这些标准中又很少涉及金融可获得性问题。如反洗钱和反恐（AML/CFT）的相关规定、海外资产监管局颁发的证书及《巴塞尔协议》等，其目的是为了在全球建立金融体系稳定的框架结构，这些规定得到广泛认可，不遵循这些原则的国家将被限制在国际金融体系之外。理解客户原则要求金融机构收集并报告所有客户的信息，这种规定会让遵循这样原则的微型金融机构付出巨大代价，除非被豁免于要求之外，否则一些从事小额交易和小额账户业务的机构根本做不到这一点。

这些规则也限制了那些有能力提供服务的机构。世界信贷联盟理事会已经不得不将其业务从发展中国家的下行资金营运商转移到美国营运商那里，以满足报告的需要。如果被指责与洗钱或恐怖主义活动有关，境外资金的流入会受到严格审查，从而使微型金融机构设立及业务发展受到巨大影响。在实践中，发展中国家通常要承受巨大的压力去接受和执行那些由发达国家制定并适用于发达国家的条款。实际上，有些规则和标准的实施通常与控制防

① 该部分内容主要参考了《普惠金融 2015：微型金融未来的四种情景》一文。

范风险有关，政府可根据其所处的当地环境灵活适用，平衡金融安全和可获得性之间的关系。

如何才能将贫穷和可获得性与国际安全和金融稳定统一起来，而不是让它们继续发生冲突呢？鉴于国际规则的主要制定者是发达国家的事实，目前最好的办法是通过对话和协商来解决，或是通过来自发达国家的捐赠者的影响力尽可能影响规则，协调安全性和可获得性之间的矛盾。一些组织如 CGAP 指出了这样的问题并作了大量研究，我们有理由相信在微型金融发展的道路上安全性和金融可获得性间的冲突是能很好解决的。

除了上述四种因素外，过度负债及数据信息的共享也能在一定程度上影响微型金融的发展。

1. 过度负债（Over - indebtedness）指的是个人或家庭长期无力准时偿还金融机构所有债务，客户过度负债程度可通过对比周期性债务与周期性家庭净收入衡量。2010 年印度的小额信贷危机以后，微型金融的过度负债问题被彻底暴露。研究人员从微型金融机构发展中的风险角度、行业的可持续发展角度、利率市场化和政府角色定位等不同角度对该问题进行了研究。客户获取适度金融服务或信贷能平滑其收入，提高家庭生活质量，但在客户收入偏低、缺乏抵押品、风险抵御能力差情况下，过度负债会带来财务压力，甚至会影响微型金融机构的可持续发展。

过度负债的原因来自于两方面，一是由于无法从正规金融机构获取信用，只好求助于其他渠道，承担较高的利率，造成过度负债；二是由于客户从一个或多个来源同时获得两笔或更多贷款，多头贷款造成了过度负债。客户承受过高的利率获得资金可能与微型金融机构所在国家和地区金融市场的不完善有关，或者与市场形成利率机制不健全及政府部门监管太差有关。

2010 年印度小额信贷危机中的微型金融机构普遍存在过度负债的情况。为了满足不同需求，一些贫困人口通常会同时从不同的微型金融机构取得多笔贷款，并希望获得收益。相对于安得拉邦的人口规模，其微型金融机构客户和自助小组成员数量在全国总量中所占比重处于极高水平。调查显示，11% 的受访农户拥有微型金融贷款，54% 通过自助小组获得贷款，多头贷款非常普遍——估计 84% 的农户拥有一笔以上未偿贷款。斯里尼瓦桑估计，印度小额信贷危机前，每户贫困家庭至少拥有 10 笔来自微型金融机构和自助小组的未偿贷款。表 10 - 6 显示每户贫困家庭拥有近 4 笔来自微型金融机构和自助小组的未偿贷款。此外，根据斯里尼瓦桑的分析，安得拉邦贫困户从微型金融机构和自助小组获得的未偿贷款户均总额位居印度各邦首位，是全国平均水平的10倍。

表10-6　　安德拉邦贫困户及贷款数量

安德拉邦人口（人）	84 665 533
贫困人口占比（%）	29.9
贫困人口数量（人）	25 314 994
每户贷款数量（笔）	3.9

2. 数据的收集与共享。微型金融行业相关数据的缺乏是影响微型金融机构为低收入家庭和微小企业提供服务的一大障碍。近些年一些组织如G20在这个问题上作了很多努力，已经取得很大的进步。2004年6月，8国集团签署了微型金融主要原则，2009年匹兹堡G20峰会上各国领导人达成了为贫困家庭提供金融服务的协定，并在以后各届峰会上不断强调。2011年11月的G20峰会建立了GPFI组织，执行进入行动计划。GPFI的中心主题就是数据的收集和测度，识别微型金融数据的现状、面板数据及开发主要的绩效指标，各国政府已行动起来，委托做需求方调查以设立国家的普惠金融的目标，建立跨境机构解决问题。G20也把收集微型金融数据作为一项重点内容，普惠金融全球合作伙伴的三个子集团之一的GPFI正在积极扩展数据作为执行政策的基础。2012年最成功的就是建立在GPFI基础上的普惠金融指标集。

10.3　我国未来微型金融发展预测

10.3.1　我国微型金融发展的政策环境

进入21世纪以来，我国国民经济始终健康、快速发展，2012年国内生产总值达到519 322.1亿元，比上年同期增长7.8%。同时，我国微型金融业迅速发展，供给主体多层次、多元化趋势明显，金融服务更为完善。微型金融的发展在很大程度上得益于国家陆续出台了一些关于农村金融、小微企业融资方面的规定，得益于适于小额信贷（微型金融）行业发展的稳定的宏观经济状况和政策环境。

（一）中央政府、有关部门制定了一系列促进小额信贷发展的政策措施和办法

中共十七届三中全会在《中共中央关于推进农村改革发展若干重大问题的决定》中，将建设现代农村金融制度列为实现农村发展战略目标的六项制

度创新之一。2010年中央一号文件提出积极推广农村小额信用贷款，针对农业农村特点创新金融产品和服务方式；在多元化机构体系方面，要求加快培育村镇银行、贷款公司、农村资金互助社，有序发展小额贷款组织，引导社会资金投资设立适应“三农”需要的各类新型金融组织。

2008年5月，中国银监会和中国人民银行联合发布《关于小额贷款公司试点的指导意见》（银监发〔2008〕23号），将2005年五省小额贷款公司试点扩大到全国范围，同时进一步明确了试点政策框架。中国银监会2008年12月1日印发《关于银行建立小企业金融服务专营机构的指导意见》，引导各银行业金融机构改进小企业金融服务。2009年10月10日发布《关于开展工会创业小额贷款试点工作的通知》（银监发〔2009〕89号），开始在黑龙江、辽宁、河北、山东、河南、四川、江苏、湖北、广东九个省的20个城市开展工会创业小额贷款试点工作。

2011年10月12日国务院常务会议出台“国九条”，此后，中国银行、建设银行、农业银行等陆续作出承诺，保证小企业贷款增速要高于贷款平均增速，并公布了具体的操作方法。10月24日，中国银监会出台了《关于支持商业银行进一步改进小型微型企业金融服务的补充通知》，将银行小微企业的信贷开展情况直接与其机构扩张挂钩，还提出允许商业银行发行专项用于小微企业贷款的金融债，以解决银行资金来源问题。中国银监会颁布的《农户贷款管理办法》自2013年1月1日起施行。

为贯彻落实《国务院关于鼓励和引导民间投资健康发展的若干意见》，鼓励和引导民间资本进入银行业，加强对民间投资的融资支持，中国银监会出台了《关于鼓励和引导民间资本进入银行业的实施意见》。该实施意见明确指出支持民间资本参与村镇银行发起设立或增资扩股，并将村镇银行主发起行的最低持股比例由20%降到15%，要为民间资本进入银行业创造良好环境。

（二）地方政府结合当地实际，不断推出与小额信贷相关政策

天津市为了奖励向小型微型企业放贷的融资机构，2012年8月发出《关于落实融资机构向我市小型微型企业提供融资服务财政奖励政策的通知》①，该通知指出从2012年起3年内，对融资机构向天津市小型微型企业发放的本外币贷款（含票据贴现）以及提供的融资租赁额、保理额、融资的保险额，由市财政按当年末余额比上年末增加部分给予奖励，每增加1亿元奖励30万

① 通知界定了融资机构的范围，为在天津市注册的银行业金融机构、小额贷款公司、融资租赁公司、商业保理公司和财产保险公司。

元。若上年末余额低于2011年末余额，则按超过2011年末余额计算增加额。

重庆市在2012年6月颁布的《重庆市人民政府关于大力发展民营经济的意见》中提出，小贷公司可以通过金融资产交易平台（成员包括银行机构、资产管理公司、信托投资公司和专门从事金融资产交易的机构等），开展回购方式的资产转让业务。浙江省2012年2月颁布《关于深入推进小额贷款公司改革发展的若干意见》，对小贷公司准入条件、资金来源渠道、服务模式创新等方面作了大幅度政策松绑，但仍要求融资上限"不得突破注册资本净额"。

2011年6月，工业和信息化部、国家统计局、国家发展和改革委员会、财政部联合发布《关于印发中小企业划型标准规定的通知》，首次将中小企业细分为中型、小型、微型三类。从小型企业中进一步细分出微型企业后，有利于更详尽具体地考察各行业企业规模的变化情况，有利于对国家各类经济体的运行进行分类指导，有利于微型金融机构更为准确地选择微小企业作为服务对象，推动微型金融的发展。我国宏观经济状况和政策环境基本上是有利于微型金融发展的。

10.3.2　我国微型金融需求分析

（一）微型金融需求主体具有多样性和多层次性

我国微型金融的需求主体包括小微企业、农户、贫困人口、创业和城市失业人群等。金融服务需求是多种多样的，既有信贷需求，也有储蓄、保险、投资等的需求。在所有金融服务需求中，从满足需求的难易程度角度分析，信贷需求是首要的需求。需求主体的信贷能力具有鲜明的层次性特征，不同的主体其资金需求的数量和满足方式及渠道也各不相同。

小微企业已成为微型金融需求的主体，这一点与国际上小微企业已成为一个重要需求主体的趋势是一致的，从国际范围来看，微型金融机构为小企业提供服务的主要原因在于其更好的商业成长机会，如图10－4所示。

（二）需求主体的数量界定

1. 小微企业

截至2010年末，我国小微企业工商登记企业有1 030万户，约占我国企业总数的90%，创造的生产总值约占国内生产总值60%以上，为社会提供了75%以上的就业岗位，若加上个体工商户，这一群体超过4 000万户。2011年下半年国家统计局抽样调查的3.8万家小微工业企业经营状况显示，仅有15.5%的小微工业企业能够获得银行贷款，据此看来我国需要微型金融服务

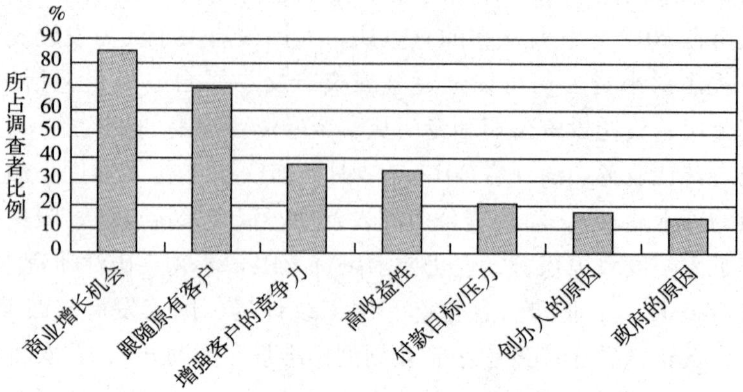

资料来源：CGAP SME Industry Survey 2011.

图 10－4　国际微型金融机构支持小企业原因调查结果

的小微企业数量异常庞大。

2. 农村贫困人口

自 20 世纪 80 年代以来中国农村贫困人口处于不断减少的趋势。确定贫困人口的一个重要标准是贫困线，依据当时划定的贫困线，农村贫困人口从 80 年代初的 1.5 亿人减少到 2007 年的 1 600 万人。自《中国农村扶贫开发纲要（2001—2010 年）》实施以来，农村贫困人口由 2000 年的 9 422 万人下降至 2010 年的 2 688 万人，贫困人口年均减少 673 万人，年均下降 11.8%。十年间，共有 6 734 万人实现脱贫，贫困发生率从 10.2% 下降到 2.8%。2011 年，我国政府再次将贫困线提高，从 1 360 元/年/人提高到 2 300 元/年/人，在新贫困线下，农村贫困人口的数量会增加到 1.3 亿人。包含贫困人口在内的普通农户也是微型金融潜在的客户群体，他们需要存贷款、支付、小额保险在内的各种微型金融服务。

3. 城镇贫困群体

在城镇，小额信贷的需求主体主要是下岗失业人员和贫困大学生。我国城镇登记失业[①]主要包括以下三类人员。一是国有企业、集体企业改革过程中产生的下岗失业人员；二是高校毕业等待就业的大学生；三是残疾人员、复员转业军人等。城镇下岗职工中很多属于城镇贫困人口。微型金融的发展为

① 按照《中国劳动统计年鉴》的解释，"城镇登记失业人员"是"指有非农业户口，在一定的劳动年龄内（16 岁以上及男 50 岁以下，女 45 岁以下），有劳动能力，无业而要求就业，并在当地就业服务机构进行求职登记的人员。"

我国城镇贫困人口带来了脱贫的希望。2002年12月，中国人民银行等四部委共同制定并下发了《下岗失业人员小额担保贷款的管理办法》，具备一定条件的人员可以向商业银行或其分支机构申请小额担保贷款。我国近年来的城镇失业人数基本保持稳定，但数量依然很庞大（见表10－7），截至2012年6月末我国登记的城镇失业人数为918万人，数量比较庞大。另一方面，贫困大学生也对小额信贷构成了大量的需求。下岗失业人员和贫困大学生是城镇小额信贷的需求主体，目前的状况是大量需求得不到满足，小额信贷产品供给不足是主要问题。

表10－7　　我国近年来劳动人口基本情况

指标	单位	2005年	2006年	2007年	2008年	2009年	2010年	2011年
就业人口	万人	74 674	74 978	75 321	75 564	75 828	76 105	76 420
按年龄划分								
16~24岁	%	12.8	12.4	11.9	12.1	12.4	14.3	
25~59岁	%	80.4	79.4	79.5	79.1	78.7	78.2	
60岁及以上	%	6.8	8.2	8.7	8.9	8.9	7.5	
城镇登记失业数	万人	840	850	830	890	920	910	920
失业率	%	4.2	4.1	4.0	4.2	4.3	4.1	4.1

资料来源：《中国统计年鉴2012》。

（三）潜在微型金融市场空间估计

1. 农村有较大的信贷市场空间

在我国农村中贫困人口、普通农户、农村的微企业都是微型金融市场潜在的客户，只是他们的金融需求种类和数量存在差异。就贫困人口而言，2010年我国西部地区农村贫困人口为1 751万人，中部地区农村贫困人口为813万人，东部地区农村贫困人口为124万人（农村贫困监测报告，2010）。这一类人群缺乏最基本的金融服务，资金需求数量额度较小，可以由公益性小额信贷组织为其提供小额信贷。2011年末，中国乡村人口为65 656万人，户数接近1.8亿户，中国农村居民人均纯收入6 977元。我国农村金融服务覆盖面较低，能享受金融服务的人数比例估计不会超过50%，留给微型金融发展的潜在农户的数量还是相当大的。孙翯和李凌云（2011）通过层次分析法对我国农村金融服务覆盖面的整体状况进行了分析，研究发现我国农村金融服务中与贷款相关的金融服务所占权重值较大，基础设施建设和存款相关业务次之，其他业务权重较低。张世春（2010）基于对广东、江西两省农村信用社小额信贷的实地调查，发现农村信用社小额信贷明显偏向农村中高收入阶层，商业性金融机构难以坚持扶贫是目标偏离的主要原因之一。

2. 中小企业、微型企业融资市场空间较大

根据中国银监会2011年10月末发布的数据，截至2011年8月末，银行业金融机构小企业贷款余额达到10万亿元，占企业贷款余额的29.3%，占全部贷款余额的18.4%。根据中金公司估计，2011年中期我国民间借贷余额为3.8万亿元，相当于银行总贷款的7%。相较小微企业的重要作用，现阶段小微企业融资需求的缺口正在不断扩大。据2010年末世界银行的估计，中国小微企业贷款潜在客户至少在8 000万户以上，贷款需求按户均10万元测算，市场需求的缺口是个巨大的数额。

10.3.3 微型金融市场供给主体分析

（一）目前的供给状况

作为微型金融的一项主要服务内容的小额信贷是一种向中小客户、微型客户提供的一种金融服务，其中主要的是向客户提供贷款。在我国，不论是大型金融机构还是小型金融机构、不论商业性质的小额贷款公司还是公益性质的小额贷款组织都可以提供这样的服务。我国微型金融市场供给主体呈现多样化的局面（见图10－5）。

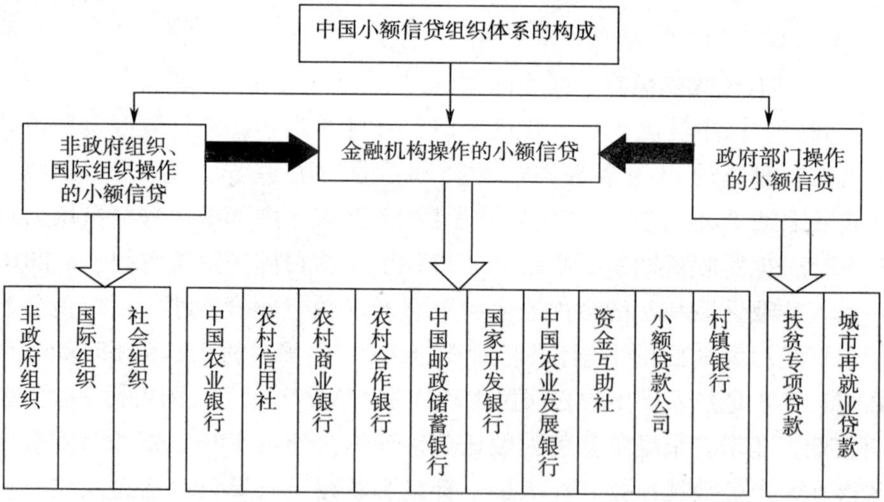

资料来源：《小额信贷蓝皮书》2009年版。

图10－5 中国微型金融市场主要供给主体构成

上述微型金融供给主体又可按照机构（组织类型）划分为两大类：一是正规金融机构，如开展小额信贷业务和农户联保贷款的农村信用社、开展农

户和小微企业贷款的中国农业银行和中国邮政储蓄银行、国家开发银行、部分城市商业银行以及农村新型金融机构。另一类是商业性的小额贷款公司及公益性及半公益性的小额信贷组织（如中和农信公司、扶贫社及其他非政府组织支持的小贷项目）。

（二）供给能力

1. 大型商业银行

国家开发银行主要是通过批发贷款形式和设立村镇银行的方式参与小额贷款活动。国家开发银行与中国扶贫基金会、全国工商联签署协议，参与小额贷款业务。2011 年第三季度末，国家开发银行旗下的村镇银行累计发放涉农贷款 34.33 亿元，受益农户近 5 万户。国家开发银行还不断加大对小微企业的贷款支持，截至 2012 年 9 月末，该行小微企业贷款余额 7 681 亿元，累计创造就业岗位 485 万个，支持了制造业、农、林、牧、渔等近 20 个行业。

其他大型银行金融机构如中国建设银行也通过各种方式参与小额贷款活动。截至 2012 年 9 月末，由中国建设银行主发起设立的村镇银行已达 22 家；21 家已开业村镇银行贷款余额共计 60.76 亿元，涉农贷款占比 90%，不良贷款率平均为 0.01%，开业满一年的 12 家村镇银行均已实现盈利，支持“三农”初显成效。2010 年末，全国农村信用社农户贷款余额达到 2 万亿元，其中，农户小额信用贷款和联保贷款余额约为 6 500 亿元，约占农户贷款的余额 33%。截至 2012 年 2 月 25 日，中国邮政储蓄银行农户小额贷款累计投放超过 2 200亿元，小微企业贷款累计投放超过 8 800 亿元，惠及农户、商户、小微企业超过 530 万家。

2. 股份制银行

截至 2012 年 11 月，民生银行小微贷款余额突破 3 000 亿元，三年来，累计为小微企业发放贷款超 6 000 亿元，服务小商户 80 万户。截至 2012 年 9 月，浦发银行专营体系下的中小企业贷款余额已突破 2 000 亿元，不良率则控制在 0.87% 的低水平。浦发银行已在全国发起设立了 13 家村镇银行，至 2012 年 6 月末，总资产达到 146 亿元，各项贷款余额 92 亿元，其中涉农、小微贷款占比超过 75%，不良贷款率为零。截至 2012 年 9 月末，招商银行境内机构发放的小微贷款余额为 4 172.12 亿元，比上年末增加 921.42 亿元。

3. 公益性小额信贷机构

作为中国最大的公益性小额信贷机构，中和农信具有近 20 年农村小额信贷经验，是中国最早开始农村小额信贷实践的机构之一。截至 2012 年末，中和农信拥有 63 家分支公司，累计发放小额信用贷款 36.83 亿元，贷款余额为

8.56亿元，覆盖770.6万客户。2012年10月，国家开发银行与中国扶贫基金会签订微小贷款扶贫试点合作协议。该协议总金额10亿元，是目前国内小额信贷领域最大的一笔贷款协议。

4. 小额贷款公司

经过近几年迅猛的发展，小额贷款公司每月以150家左右的速度增长，从业人数和贷款余额等都有了明显增多，截至2012年11月末，全国共有小额贷款公司5 948家，从业人员达6.57万人，小额贷款公司贷款余额5 637亿元。

10.3.4 我国微型金融发展的基础设施和环境

（一）征信环境

征信法制建设。征信条例立法起始于2002年，当时由中国人民银行牵头、十几个部委参与建立了征信工作小组，开始研究提出《征信业管理条例》草案，国务院法制办公室分别在2009年10月和2011年7月先后两次针对《征信业管理条例》向社会公开征求意见。2012年12月26日国务院第228次常务会议通过《征信业管理条例》，并于2013年3月15日起施行。

征信系统建设。从2004年起，中国人民银行开始加快建设企业和个人征信系统，于2004年12月中旬实现15家全国性商业银行和8家城市商业银行在全国7个城市的联网试运行；2005年8月末，中国人民银行完成与全国所有商业银行和部分有条件的农村信用社的联网运行，经过试运行后于2006年1月正式运行。截至2012年9月末，企业征信系统收录企业及其他组织1 800多万户，小微企业占比为80%。

小额贷款公司接入征信系统情况。小额贷款公司是社会融资体系中不可或缺的一部分，将小额贷款公司接入企业和个人征信系统是中国人民银行服务微型金融机构的一项重要制度安排。2008年4月，《关于村镇银行、贷款公司、农村资金互助社、小额贷款公司有关政策的通知》（银发〔2008〕137号）明确提出“具备条件的四类公司可以按规定申请加入企业和个人信用信息基础数据库”。2011年初，中国人民银行发布了《关于小额贷款公司接入人民银行征信系统及相关管理工作的通知》（银办发〔2011〕1号），在征信系统接入、系统信息使用、征信业务管理等方面给予充分的政策支持和明确规定。截至2012年9月末，已经接入征信系统的83家小额贷款公司五年间通过正规渠道累计查询个人信用报告仅为19.7万次。

商业化征信服务。自1992年我国第一家专业征信公司成立以来，目前全国已经有几百家征信公司，大多数是企业征信机构，从事个人征信的非常少。企业征信机构围绕中小企业融资提供了征信调查、信用评估、信用管理咨询等多项服务，并在中小企业贷款服务中发挥了一定作用。

（二）信用评级服务

开展中小企业信用评级意义重大。对中小企业的偿债能力和还款意愿进行公正合理的评价是中小企业信贷风险的外部揭示。通过信用评级获取企业征信数据，提供征信增值服务，有利于解决其融资难问题。从事小额信贷业务的信贷机构对专业信用评估机构的个人、企业信用评估服务有很大需求。

评级机构。我国的企业信用评级行业历经十多年的发展，已经涌现出一批具有一定经验和专业评估能力的企业评级机构，比如大公国际资信评估有限公司、联合信用管理有限公司、上海新世纪资信评估投资服务有限公司、上海远东资信评估有限公司等，它们都能够提供高质量的中小企业信用评级报告服务。中国人民银行在网站公布了评级结果可以在信贷市场使用的评级机构名单。

评级结果。专业信用评估机构大多数以提供企业信用评级报告服务为主，在小微企业和个人信用评估模型和系统方面还没有形成成熟、有效的产品，对小额信贷评估技术、方法和应用系统的研究与实践也非常少。目前，开展小额贷款业务的信贷机构还主要依靠信贷员进行实地调查、手工处理和分析相关信息、凭经验进行风险评估和判断的方式进行信贷决策。个人评分产品都是由国外相关机构开发并引入中国的，比如信用卡个人信用评分系统。一些开展小额信贷业务的商业银行正在试验将其信用卡部门使用的个人信用评估体系和评分模型经过改造后应用于小额信贷业务。

推动小额贷款公司、融资性担保公司评级。中国人民银行将推动这两类机构开展评级工作，为商业银行提供决策参考，防范银行及两类机构相关业务的顺周期波动风险，建立两类机构发展的正向激励机制。商业银行要科学合理地运用评级结果，开展相关业务。

（三）担保服务

从事小额贷款业务的信贷机构往往会在借款人信用状况不明、抵押和质押品不足情况下，为了有效控制贷款风险而需要引入第三方担保，包括自然人担保、关联机构担保和专业信用担保机构承担代偿责任的担保。自1993年10月全国信用担保机构试点工作启动以来，担保行业的快速发展，担保机构数量增长很快。截至2010年末，全国中小企业信用担保机构已达4 817家。

从担保机构的性质来看，政策性担保机构、商业性担保机构、互助性担保机构呈现并存的局面。

融资担保情况。截至2011年末，全国融资性担保行业共有法人机构8 402家，全行业资产总额9 311亿元，在保余额总计19 120亿元，其中融资性担保16 547亿元；中小微企业融资性担保贷款余额9 857亿元，中小微企业融资性担保贷款占融资性担保贷款余额的77.3%，中小微企业融资性担保在保户数17万户。

由此，虽然担保机构参与小额信贷业务的程度要高于征信机构和评级机构，但担保机构全面、系统地介入小额信贷业务市场还存在诸多问题，其中最显著的制约因素就是风险与收益的不均衡性。如何形成一个有效的、多方共赢的小额信贷行业担保服务模式是政府相关部门、金融机构和各类小额信贷机构正在研究和探索的一个问题。

（四）信息化服务

目前我国在全国和机构两个层面的信息化建设取得一定进展，有效地推动了微型金融的发展。

中国小额信贷信息交流平台（CMIX）。中国小额信贷信息交流平台是由花旗基金会出资、与MIX market合作，于2012年11月3日由中国小额信贷联盟执行、江苏省金农信息股份有限公司开发推出的。通过CMIX项目，中国小额信贷联盟开发与建立了中国小额信贷信息库和信息交流平台，以收集中国小额信贷机构的财务和社会绩效信息，将在此基础上完善中国小额信贷行业绩效基准，并编制出版小额信贷行业评估报告。

小额信贷机构信息化建设。小额信贷机构的信息化建设水平差异比较大，大致可以划分为下面三种情形：（1）外资主导的小额信贷机构一般都配备有良好的信息化基础设施，并直接使用国外的信息化业务系统。（2）银行业金融机构作为审慎性监管下的正规金融机构，具备良好的信息化基础设施和相对完善的IT服务平台。但在原有的信贷系统之上改造、升级小额信贷业务系统存在一定的困难。部分城市商业银行在国外小额信贷咨询公司的帮助下，正在开发建设独立的小额信贷业务系统。（3）试点小额贷款公司受地区、经济和社会发展水平、人员素质以及自身资金来源和业务实力等诸多因素的影响，信息化水平参差不齐。

（五）行业协会及研究机构

中国小额信贷机构联席会。目前，我国各省级地区基本上相继成立了小额信贷协会，但尚无全国性小额信贷协会。中国小额信贷机构联席会是一个全国性的小额信贷机构自律组织，于2011年1月6日成立。联席会得到各省（自治区、直辖市）金融办、小额信贷协会、小额贷款公司的大力支持，通过举办年会及创新论坛，不断增强在小额信贷行业的影响力。中国小额信贷机构联席会为会员机构搭建业务交流平台，实现机构间的协作，组织研讨行业最新课题，为引导小额信贷行业规范、可持续发展，为中国的普惠金融乃至整个社会的发展贡献力量。

中国小额信贷联盟。中国小额信贷联盟前身为中国小额信贷发展促进网络，是由国内小额信贷机构以及国内外支持小额信贷事业的机构组成的行业协会性质的组织，目前有包括NGO机构、城市商业银行、农村信用社、村镇银行、小额贷款公司、村级资金互助组织、P2P小额信贷机构及中介服务机构等在内的正式会员机构117家。联盟的宗旨是为会员提供服务，促进小额信贷和普惠金融在中国的发展。

中国小微金融研究院。中国小微金融研究院隶属于中国小额信贷机构联席会，是整合中国小微金融60人论坛、中国小额贷款公司评级指数系统、中国小额贷款公司100强研究组等元素，由国内外几十位资深专家和多家权威学术机构共建的全方位服务于中国小微金融领域的研究机构。

10.3.5　我国微型金融发展趋势预测

（一）微型金融行业发展方向上注重社会责任

近年来，国际上开始对责任金融进行深入探索，制定了行为准则和各种工具，以便对微型金融机构社会绩效进行更好的评估、管理和改进，更好地保护客户。我国的微型金融行业的发展将越来越重视客户保护和社会绩效管理。微型金融如果丢掉了社会绩效的考核，失去了社会责任，那其本身也就失去了存在的意义。政府部门逐渐重视金融消费保护的问题，行业内已发布中国小额信贷机构客户保护原则自律公约，以负责任的态度向贫困和低收入客户提供可持续的、负责任的金融服务。小额信贷机构联席会也多次举办以责任金融为主题的会议、研讨论坛，对责任金融的认识逐渐提高。作为我国微型金融机构主体的小额贷款公司，将会更重视提升履行社会责任的能力，注重服务弱势群体客户的服务深度与广度，遵循客户保护原则，这也是我国微型金融发展的方向所在。

（二）微型金融行业发展与现代信息技术条件相适应

现代通信、信息技术的飞速发展，为微型金融的发展提供了条件，同时也要求微型金融行业发展要与其相适应。截至2012年11月末，中国手机银行资金处理规模已达到8 000亿元，预计到2015年，中国手机银行资金处理规模可以突破9万亿元。随着越来越多的客户采用移动设备，金融机构已开始把发展与之相关应用程序的功能作为其长期战略的重要部分。手机银行业务在一些发展中国家微型金融的成功推广对我国也将起到示范作用，在我国幅员辽阔的中西部地区，手机银行可能成为为最弱势贫困群体提供金融服务的一种新的模式。目前技术、硬件方面条件已经成熟，真正的难点可能在于消费者的观念。此外，网络的普及使得微型金融领域的每一个环节的效率都大大提高，微型金融的监管、经营、信息的收集等都应引入先进的信息管理系统和网络平台，将来会有更多的省份统一使用小额信贷管理系统、信息上报系统等。总之，从微型金融机构自身利益出发，微型金融机构在经营模式的选择、业务产品、风险控制体系的设计等问题上，会与现代技术的发展相适应。

（二）微型金融机构的多元化和发展方向

目前，我国已基本形成了以小额贷款公司为主的多种类微型金融服务提供主体并存的局面。多元化的微型金融机构体系本身也存在包容性的问题，各类微型金融服务提供主体之间将更为包容、加强合作、协同发展。对于绝大多数商业化经营的小额贷款公司，其自身实力较弱，抵抗风险能力差。继续壮大个体实力，不仅关系到自身的生存，同时也关乎整个行业的发展。小额贷款公司转制村镇银行可能效果依然不佳，其发展方向可能是小贷机构集团化，可能走连锁加盟之路，可能是产业链金融链条上的纵向联合。做大做强小额贷款公司是行业发展的必然要求，在此过程中，出现一批小额贷款公司退出市场或是出现行业内部的机构重新组合兼并的现象均属正常。

（四）从微型金融到普惠金融的路还很长，机遇与挑战并存

我国微型金融发展的最终目标是构建有中国特色的普惠金融体系。客观地说，我国微型金融的发展还处于初始阶段，所提供的金融服务以小额贷款为主，且微型金融机构所提供的贷款数量与正规金融机构相比差距很大，小额保险、支付结算等金融服务刚刚起步。微型金融机构抵御风险的能力很弱，市场波动对微型金融行业影响可能很大。我国微型金融发展道路依旧漫长，发展路上的风险很多，需要利益相关者多方努力。2011年我国城镇人口已超过农业人口，在城镇化的大背景下，农村富余劳动力从农业生产转移到边际生产率较高的现代制造业和服务业，人口的流动和结构的变化对我国微型金融业的发展而言，是机遇也是挑战。

作者近期相关著作和文章

一、主要著作

焦瑾璞等著：《农村信贷配给与小额信贷体系建设》，中国财政经济出版社，2013 年 3 月第 1 版。

中国银行业协会组织编写，吴晓灵主编，杨再平、焦瑾璞副主编：《小额信贷》，中国金融出版社，2012 年 3 月第 1 版。

吴晓灵、焦瑾璞等著：《中国小额信贷蓝皮书》（2009/2010），经济科学出版社，2011 年 4 月第 1 版。

焦瑾璞、陈瑾著：《建设中国普惠金融体系——提供全民享受现代金融服务的机会和途径》，中国金融出版社，2009 年 11 月第 1 版。

吴晓灵主编，焦瑾璞、陈钟副主编：《中国小额信贷蓝皮书（2008）》（研究报告），2009 年 11 月。

焦瑾璞等著：《农村金融体制和政府扶持政策国际比较》，中国财政经济出版社，2007 年 9 月第 1 版。

中国人民银行小额信贷专题组编：《小额贷款公司指导手册》，中国金融出版社，2006 年 12 月第 1 版。

焦瑾璞、杨骏著：《小额信贷与农村金融》，中国金融出版社，2006 年 10 月第 1 版。

二、主要文章

焦瑾璞：《2012 年小额贷款公司竞争力研究》，载《中国征信》，2013 年第 2 期。

焦瑾璞：《完善“三农”金融投入长效机制》，载《中国城乡金融报》，2013 年 2 月 20 日。

焦瑾璞、万明：《小额信贷机构发展与竞争力评价》，载《中国金融》，2012 年第 18 期。

焦瑾璞：《以金融体制创新解决小微企业融资难》，载《支点》，2012 年第 6 期。

焦瑾璞：《金融改革不能盲目乐观和悲观》，载《上海证券报》，2012年4月24日。

焦瑾璞：《创新我国的金融监管体制》，载《中国城乡金融报》，2012年3月8日。

焦瑾璞：《发展微型金融：化解农村金融难题的必然选择》，载《中国征信》（总第38期）封面文章，2012年第2期。

焦瑾璞：《“穷人的银行”为何变味?》，载《金融时报》，2011年5月28日。

焦瑾璞：《小额信贷发展需要各方全力》，载《金融博览》，2011年6月上半月。

焦瑾璞：《构建立体小额信贷体系》，载《中国经营报》，2011年3月7日。

焦瑾璞：《金融政策为城乡发展注入活力》，载《中国金融家》，2010年第10期。

焦瑾璞：《构建普惠金融体系的重要性》，载《中国金融》，2010年第10期。

焦瑾璞：《中国小额信贷的任务和发展愿景》，载《中国金融》，2010年第9期。

焦瑾璞：《创造微型金融规范持续发展的良好环境》，载《中国金融》，2010年第3期。

焦瑾璞：《创造良好环境推动微型金融规范持续发展》，载《黑龙江金融》，2009年第11期。

焦瑾璞：《政府在市场失灵时不能放任不顾》，载《名家谈金融风暴后的中国经济》，和讯网主编，浙江大学出版社，2009年9月第1版。

焦瑾璞：《我的小额信贷岁月》，载《中国金融家》，2009年第6期（总第74期）。

焦瑾璞：《市场化改革与政策扶持相结合，创新我国农村金融体制》，载《中国金融》增刊，2009年3月。

焦瑾璞：《中国农村金融改革和发展的“三缺”和“三不缺”》，载《银行家》，2009年1月（总第87期）。

焦瑾璞：《金融机构资金设定反哺农村比例值得期待》，载《第一财经日报》，2009年2月17日。

焦瑾璞：《用金融为农村改革破题》，载《领先》，2009年第1期。

焦瑾璞：《现代农村金融体制呼唤存款保险制度》，载《中国证券报》，2009 年 1 月 6 日。

焦瑾璞：《我国农村金融服务现状分析与改革展望》，载《中国农村改革：过去与未来》，农业部农村经济研究中心编，中国农业出版社，2008 年 9 月第 1 版。

焦瑾璞：《农村金融机构如何构建有效风险防范体系》，载《中国城乡金融报》，2008 年 4 月 30 日。

焦瑾璞：《“望闻问切”中国农村金融改革前景》，载《上海证券报》，2008 年 3 月 24 日。

焦瑾璞：《农村金融市场的机会和创新》，载《中国城乡金融报》，2008 年 1 月 23 日。

焦瑾璞：《改善农村金融服务，支持新农村建设》，载《金融时报》，2007 年 6 月 8 日。

焦瑾璞：《小额信贷发展须“多路开花”》，载《第一财经日报》，2007 年 5 月 30 日。

焦瑾璞：《2007 年通胀压力不大、农村金融发展要百花齐放》，载《银行家》，2007 年第 4 期。

焦瑾璞：《我国农村金融的难点与改革思路》，载《瞭望》，2007 年第 8 ~ 9 期。

焦瑾璞：《以调整放宽市场准入为契机、推进我国农村金融体系改革——中国银监会“调整放宽农村地区银行业金融机构准入政策专家座谈会”观点摘录》，载《中国金融》，2007 年第 4 期。

焦瑾璞：《农村金融改革欲整体推进》，载《瞭望》，2007 年第 5 期。

焦瑾璞：《发展农村金融难题依旧》，载《银行家》，2007 年第 1 期。

焦瑾璞：《探索发展小额信贷的有关模式》，载《中国金融》，2007 年第 2 期。

焦瑾璞：《探索发展健康可持续的小额信贷机构——访人民银行研究局副局长焦瑾璞》，载《金融时报》，2006 年 10 月 23 日。

焦瑾璞：《尤努斯印象——不能穿皮鞋搞小额信贷》，载《21 世纪经济报道》，2006 年 9 月 12 日。

焦瑾璞：《要让农村金融进村入户》，载《人民日报》海外版，2006 年 7 月 7 日。

焦瑾璞：《四家试点小额贷款公司开局良好》，载《银行家》，2006 年第

10 期。

焦瑾璞：《积极探索和发展有效支持新农村建设的金融服务方式》，载《济南金融》，2006 年第 4 期（总第 292 期）。

焦瑾璞：《多策并举，有效支持新农村建设》，载《金融时报》，2006 年 4 月 10 日。

焦瑾璞：《构建多层次农村金融体系》，载《中国证券报》，2006 年 3 月 9 日。

焦瑾璞、易诚、王瑱：《金融杠杆撬动大国农业——我国农村金融服务现状与国际比较》，载《21 世纪经济报道》，2006 年 2 月 13 日。

焦瑾璞：《农村金融向何处去》，载《财经》，2006 年第 3 期。

焦瑾璞：《全面推进农村金融改革》，载《经济日报》，2006 年 1 月 4 日。

焦瑾璞：《小额信贷在实践中探索和成长》，载《经济日报》，2005 年 12 月 23 日。

焦瑾璞、闫伟、杨骏：《小额信贷和小额信贷组织探讨（系列）》，载《金融时报》（农金周刊），2005 年 10～11 月。

焦瑾璞、周诚军：《发展我国农村金融市场的八大理论争论》，载《河南金融管理干部学院学报》，2004 年第 3 期。

后　记

《微型金融学》一书历时三年，终于出版了。从2003年开始，因工作职责要求，我一直关注并热心于研究微型金融，陆续发表一些理论文章和研究报告阐述微型金融理论和实践。从2010年开始，我在中国人民银行研究生部和清华大学五道口金融学院连续三年讲授微型金融学硕士课程，进一步将微型金融从理论体系和教学内容要求上完善提高，力求在阐述理论的同时，兼顾操作性和实践性，使之能够成为供高校经济金融专业学生、研究人员及微型金融实践者的参考用书。

《微型金融学》全书共分十章。第一章主要阐述了微型金融的基本概念、目标、客户以及主要的服务类型。第二章描述了微型金融的产生和发展。第三章从理论上分析了微型金融的微观运行机理。第四章详细叙述了微型金融的放贷方法。第五章分析了微型金融利率种类及其不同类型利率的计算、定价结构等。第六章描述了微型金融机构的财务报表及可持续能力。第七章分析了微型金融的风险管理和风险管理技术。第八章阐述了微型金融机构的绩效管理和评估。第九章分析了微型金融的监管问题及其特殊性。第十章描述并分析了微型金融的发展前景。全书结构上环环相扣，内容上承上启下，方法上深入浅出，辅之以案例分析和财务计算，使读者对微型金融有一个全面的了解，并对实际操作有重要指导作用。

《微型金融学》一书是集体智慧的结晶。感谢我的领导和同事的大力支持和帮助，全国人大财经委副主任委员吴晓灵教授、中国小额信贷机构联席会会长刘克崮先生、国务院参事汤敏教授、中国银行业协会专职副会长杨再平先生、小额信贷专家杜晓山教授等提出了很多好的修改意见，中国农业大学经济管理学院何广文教授、中国人民银行金融研究所杨骏博士、中国人民银行研究局王瑱博士、商务部国际经济交流中心白澄宇先生等在具体写作上提供了大量资料和意见。感谢中国人民银行研究生部和清华大学五道口金融学院选修微型金融学的同学们，无论是在课堂上还是在讨论课上，他们对微型金融发表了很好的建议和意见，对我写作该书大有益处，其中王梅同学、赵永增同学、董辰珂同学等撰写了部分初稿。感谢中国人民银行金融研究所张睿女士、清华大学五道口金融学院彭锡光博士、中国农业大学秦颐博士、中国农业大学董成武博士等，他们在参与该书教学过程中帮我整理并撰写了部分章节，其中秦颐博士负责撰写了第八章和第十章的主要内容。感谢一些从事微型金融实践的业内人士的支持，在我选择典型案例的时候，他们给予了无私的帮助。特别感谢中国小额信贷机构联席会秘书处，它们出资聘请速记人员记录了我的全部讲课内容，节省了我大量的写作时间，其中秘书长助理万明同志补充了很多具体资料，校改了全部内容。感谢中国人民银行金融研究所曾辉博士在该书出版过程中提供的帮助。

《微型金融学》是我在微型金融领域研究成果的第三本书，至此我计划中的《小额信贷》、《微型金融学》和《建设中国普惠金融体系》系列著作已完成，也是我十几年来关注小额信贷、微型金融和普惠金融的研究总结。同时也希望我的研究能够对我国微型金融的发展以及金融体系的完善尽一点微薄之力。

近期，由于工作职位的变动，我的主要精力将以本职工作为主，但我仍将在业余时间关注和跟踪微型金融的研究，同时也期待更多的人关心和支持微型金融的发展。

焦瑾璞
2013 年 3 月